新时代高校思政课小班讨论教学的实践与理论研究

李文强　著

WUHAN UNIVERSITY PRESS

武汉大学出版社

图书在版编目(CIP)数据

新时代高校思政课小班讨论教学的实践与理论研究 / 李文强著 .
武汉 :武汉大学出版社,2025.3. -- ISBN 978-7-307-24773-4

Ⅰ. G641

中国国家版本馆 CIP 数据核字第 2024TF6170 号

责任编辑:周媛媛　　　责任校对:鄢春梅　　　整体设计:韩闻锦

出版发行:**武汉大学出版社**　　(430072　武昌　珞珈山)

　　　　　(电子邮箱: cbs22@ whu.edu.cn　网址: www.wdp.com.cn)

印刷:湖北云景数字印刷有限公司

开本:720×1000　　1/16　　印张:14　　字数:233 千字　　　插页:1

版次:2025 年 3 月第 1 版　　　2025 年 3 月第 1 次印刷

ISBN 978-7-307-24773-4　　　　定价:69.00 元

目　　录

第一章　高校思政课的发展历程 ……………………………………………… 1

第一节　社会主义建设时期高校思政课教育教学 …………………… 2

第二节　改革开放新时期高校思政课教育教学 ……………………… 11

第三节　新时代高校思政课教育教学 ………………………………… 21

第二章　高校思政课教学改革前景 …………………………………………… 33

第一节　传统思政课教学面临的问题 ………………………………… 33

第二节　思政课教学改革的方向 ……………………………………… 41

第三节　"三位一体"教学改革实践与理论的初步探索 …………… 52

第三章　高校思政课小班讨论教学 …………………………………………… 65

第一节　中外讨论教学的历史与现状 ………………………………… 66

第二节　实施思政课小班讨论教学的必要性和可能性 …………… 74

第三节　思政课小班讨论教学存在的挑战和机遇 ………………… 85

第四章　思政课小班讨论教学的组织设计 …………………………………… 97

第一节　思政课小班讨论教学的组织原则 …………………………… 97

第二节　思政课小班讨论教学的人员组织 …………………………… 111

第三节　高校思政课小班讨论教学的多种形式 …………………… 120

第五章　思政课小班讨论教学主体定位 ……………………………………… 130

第一节　学生主体 ……………………………………………………… 132

第二节　教师主体 ……………………………………………………… 138

　　第三节　社会先进典型主体 ………………………………………… 148

第六章　思政课小班讨论教学主题内容设计 …………………………… 162
　　第一节　思政课小班讨论教学主题从教材内容选取 ……………… 162
　　第二节　马克思主义经典著作 ……………………………………… 171
　　第三节　根据舆论热点设计讨论主题内容 ………………………… 182

第七章　思政课小班讨论的实践价值与意义 …………………………… 194
　　第一节　促进思政课教学改革 ……………………………………… 194
　　第二节　塑造学生 …………………………………………………… 200
　　第三节　结语与反思 ………………………………………………… 211

参考文献 …………………………………………………………………… 218

第一章　高校思政课的发展历程

　　马克思主义哲学告诉我们，事物是普遍联系和永恒发展的，世间的万事万物不是从来就有的，而是有一个发生发展的过程。社会主义办大学，开办高等教育，也经历了一个坎坷的过程。在这个过程中，一方面思想政治教育教学的内容发生很大变化；另一方面，不管内容如何变化，思想政治教育教学的地位从来没有动摇过。本书认为对高校思想政治理论课教学的历史进行梳理和挖掘，对加强新时代高校思想政治理论课建设有重要的现实价值和理论意义。思想政治理论课教学作为执行思想政治教育工作的关键环节，具有鲜明的时代特征、使命特色、较强的政治色彩。同时受政治环境和国际关系影响较大。思想政治教育是无产阶级的一项优良传统，马克思等无产阶级革命领袖一直重视思想政治教育在革命中的作用，思想政治教育也是中国共产党的一项优良传统。文献显示，这一优良传统在战争时期产生，在和平建设时期得以发展传承，在改革开放新时期得以创新性发展。社会主义进入新时代，思想政治教育特别是思政课教育教学得到空前重视，以习近平总书记"3·18"重要讲话为标志，思政课教育教学的发展迎来了春天。在习近平总书记的指示下，教育界就如何开展思政课教学改革，进行了大量实践探索并取得良好教学效果。

　　追溯历史，我们党历来高度重视思政课建设。在革命、建设、改革各个历史时期，党对思政课建设都做过重要部署。新民主主义革命时期，我们党在红军大学、苏维埃大学、抗日军政大学、陕北公学等高校开设"党的建设""中国革命运动史""马列主义""辩证唯物主义""科学社会主义"等马克思主义课程；在列宁小学开设"社会工作"课程，在解放区的小学、陕甘宁边区的中学开设"政治常识"课程。这些课程虽然体系性不强，但是在特殊的历史时期，为革命队伍锻造政治素质起到很好的教育保障作用。中国共产党全国执政以后，思想政治理论课作为承担思想政治教育任务的主要阵地开始在各类教育机构教学中发挥作用，特别是高等学校思想政治教育教学工作是非常重要的板块，其中思想政治理论课教学是统领高校思想政治教育的重要教学活动。

　　高校思想政治理论课的建设和发展与党史、新中国史、改革开放史、社会主义发展史及国际形势变化紧密联系。因此，本章内容依据中华人民共和国成立以来党中央、教育部等相关部门颁布（发布）的法规及专门文件为主要线索，对高校思想政治教育（特别是思想政治理论课教学）历程进行回顾，科学总结思政课教学历史经验，探索思政课教学规律，提升思政课教学理论，力求为新时代思想政治理论课教学改革提供基础性依据和建设性发展路径。在梳理专门文件文献的基础上，本章关注的重点还包括将根据该领域同行研究者取得的公认成果来"综合""反思"研究样本所处时间阶段的得失，所谓"综合"，因为研究者的视角各异，难免有一家之言的嫌疑，在研究中，我们会综合各家之言，取各家之长，当然，也"反思"各家之短，总之，就是要充分利用前人的各种研究成果。在继承前人的传统方面，经验和教训都是宝贵的财富，经验是值得珍惜的，教训更不能弃之不管，有时候，教训比经验更加珍贵。

第一节　社会主义建设时期高校思政课教育教学

　　高校思想政治理论课教学在世界冷战的特殊时期，不可避免地受到美苏争霸时代特征的冲击，以及以意识形态划分世界阵营等特殊历史环境的影响。同时，国内频发的各类或政治或经济建设运动对思政课建设产生较为明显的时代特征的痕迹化影响。在我们的研究中，不难发现，这些外界的影响有时很大，有时较小，为了清晰地考察思政课教学的历史脉络，我们在不影响整体判断的基础上适当描述这些外因，而最根本的还是党的方针政策。以邓小平发表《解放思想，实事求是，团结一致向前看》的重要讲话为标志，在十一届三中全会以前的相当长一段时期内，我国思想政治理论课教学目标基本上定位于帮助学生树立马克思主义世界观和建立革命人生观，这一时期思想政治理论课建设集中于探索课程体系，并取得一定的相关成果，奠定了思政课的基本架构，这个基本架构尽管在今天来看还很粗糙，但是我们不能用今天的教学要求和教学标准去评价前人，要求前人做出只有后人才能做出的成绩。客观来讲，这一时期的思政课教学还存在一些问题，特别是课程结构设置不稳定，内容变化较大，体系性略差，稳定性差，内容调整幅度较大等。在这一部分我们以时间为线索，把这一时期的思政课建设大体上划分为三个阶段。同时我们还结合具体的时间阶段详细研读同一时期的马克思主义专业方向的理论研究文章，从学术角度考察该时期的理论动向，从而通过横向映像对比当时思政课堂的教学内容。

一、思想政治课教学建设初期

中华人民共和国成立前夕（在共产党局部执政时期，就有了办教育的一些宝贵经验，本书把研究的上限追溯到新中国成立之时，界定思想政治课教学建设初期的时间跨度为 1949—1956 年），中国人民政治协商会议第一届全体会议通过《中国人民政治协商会议共同纲领》，这一具有临时宪法性质的纲领从总体上明确了新中国教育的主要任务，即"人民政府的文化教育工作，应以提高人民文化水平，培养国家建设人才，肃清封建的、买办的、法西斯主义的思想，发展为人民服务的思想为主要任务"。这一任务是社会主义办大学教育的指导方针，为即将到来的社会主义教育奠定了基础，指明了方向。中华人民共和国成立之日，社会主义政治制度就已经确立，用马克思主义指导高等教育，兴办社会主义大学就已经提上新的国民教育日程。当时百废待兴，教育先行，党中央根据新民主主义社会建设的需要，在顺利推进社会主义三大改造的伟大历史进程中，为了巩固新生的社会主义人民政权，为国家培养政治合格的人才，党和国家教育工作者在科学总结革命战争时期根据地举办革命型大学教育实践经验基础上，通过学习借鉴苏联高等教育关于思想政治教学的模式，探索自己的思政课教学模式。苏联思政教育的模式是怎样的呢？资料显示，就苏联来看，似乎对于高校的思想政治工作颇为重视。在斯大林时期，便设定了所有的高校都必须上三门思想政治课，师范类的还要多加一门。到了勃列日涅夫时代，又把高校学生必修的思想政治课程从三门增加到四门。我们要辩证地看待苏联时期高校思想政治课的建设，苏联高校马克思主义哲学课本的第一次重大变化发生在赫鲁晓夫时期。这一时期，马克思主义哲学对内容和整个体系改动不多，但对于整个思想政治导向有了一个根本性的转变，其主要的变化有两个。第一是在高校的马克思主义哲学课本中，大幅度地增加了批判所谓"斯大林个人崇拜"的内容，要求每个人都要认识到斯大林乃至整个斯大林时代的错误。第二个是把赫鲁晓夫的所谓和平过渡理论塞入了高校的哲学课本，认为阶级斗争并不必然导致暴力革命，在核战争的阴影下，通过议会竞选实现和平过渡是未来实现社会主义的主要途径。这两个变化使得所有接受高校马克思主义哲学教育的学生普遍认为斯大林的社会主义不好，西方的多党竞选模式比较好。这和斯大林时代强调发挥社会主义优越性，坚持马克思列宁主义的指导地位的导向有了根本性的变化。① 参考苏联的教学模式，中国创建了自己的社会主义性质的高等教育阶段思想政治理论课。这一时期的高等学校思想政治课建设承担着历史重任，相对于其他专业的传承，思想政治课不可能也不应该依据过去的课程建设，社会主义大学与过去一切统治阶级所倡办的高等教育有根本区别，社会主义大学是为人民服务的。在这个大方向指导下，这一时期的大学思想政治课坚持以"逐步地建立革命的人生观"为主导。新中国成立初期，围绕"废除政治上的反动课程，开设新民主主义的革命的课程"② 这一教学任务，以及"逐步地建立革命的人生观"的社会主义办学目标，党和国家教育部门对全国高校思想政治理论课进行了彻底改革，该删除的坚决删除，能够保留的要经过严格审查和论证，需要重新建设的要破除各种现实困难以极大的勇气另起炉灶重建。主要表现在对课程设置作出调整，对课程内容进行重新编写，但是在教学方法上大多继续沿袭传统教学方式。在研究过程中，通过查阅大量文献，在已有的研究基础上发现，这些重要的变化可以从党和国家的相关政策里找到重要的线索和实证。

1950 年 10 月 4 日，教育部颁发《关于高等学校政治课教学方针、原则与方法的几项原则》，将《中国人民政治协商会议共同纲领》提出的文化教育工作主要任务作为高校开展思政课教学的目的。1951 年 9 月 10 日，教育部颁发《关于华北区各高等学校 1951 年度上学期进行 "辩证唯物论与历史唯物论" 等课程教学工作的指示》，较具体地明确了 "社会发展史" "政治经济学" "新民主主义论" 三门课程是改造学生思想，帮助其树立科学世界观、革命人生观的最基本课程。这就从课程建设方面夯实了基础，同时强调，各高校必须高度重视这些课程的建设，要求建立完备且正规的教学组织。新陈代谢是一个有机体健康发展的自然规律，教育同样如此，各高等学校按教育部规定，依年级顺序分别开设 "新民

---

① 鹿野. 苏联高校政治课本的演变与苏联解体［EB/OL］.（2016-12-16）［2016-12-16］. https://www.hswh.org.cn/wzzx/xxhq/oz/2016-12-13/41574.html.

② 政治反动课程主要指国民党统治时期大学的 "党义" 课。

主主义论""政治经济学""辩证唯物论与历史唯物论"等三门课程。这些课程的设置，不但为社会主义大学坚定了办学方向，也为新型人才的培养提供了政治保障。影响思政课教育教学的因素会在思政课教学中留下或多或少的烙印，这些烙印到了1953年已经显现，伴随着以社会主义三大改造为主题的过渡时期的到来，为深入贯彻过渡时期总路线，迎接即将到来的伟大的社会主义经济制度变革，思想政治课及时进行调整和更新，在满足现实需要的同时，从长久目标来看，更重要的是使高校青年学子深入系统地学习和认识中国共产党领导中国人民进行革命的伟大历史、掌握社会主义建设的科学规律。这可以从相关资料得以佐证，1955年4月25日，刘子载（时任教育部副部长）在高等工业学校、综合大学校院长座谈会上的讲话中指出："系统的马克思列宁主义理论教育是提高青年社会主义觉悟，培养青年辩证唯物主义世界观，培养青年共产主义道德和行为的基础。"研究发现，社会主义大学开办初始，思政课就受到党和政府的高度重视，作为必修课程，被赋予改造思想、树立科学世界观、培养共产主义理想的重要使命。①

在课程方案建设及调整方面。1949年10月，华北高等教育委员会发出《华北专科以上学校一九四九年度公共必修课过渡时期实施暂行办法》，《办法》规定："辩证唯物论与历史唯物论"和"新民主主义论"作为必修课应贯穿大学四年，"政治经济学"为文、法、教育（或师范）学院毕业班学生的必修课。这一过渡时期的思政课程实施方案经过两年的实践，取得的宝贵经验经过总结完善后被推广至全国实施。这个方案是中华人民共和国初步尝试课程建设的首个方案，而局部试点的实践经验也为以后的思政课程建设奠定了基础。1952年10月7日，教育部发出《关于全国高等学校马克思列宁主义、毛泽东思想课程的指示》，规定设置"辩证唯物论与历史唯物论""新民主主义论""政治经济学""马列主义基础"四门课程，并对不同类型高校开设课目、学时及次序等作出规定。这一指示的发布，标志着中华人民共和国成立后第一个全国性高校思政课设置方案基本建立。科学的课程建设始终处于调整之中，1953年6月17日，高等教育部②下

---

①　黄艳，成黎明.高校思想政治理论课70年建设历程及启示：以党和政府印发的系列重要政策文件为视角［J］.文化软实力，2020，5（1）：14-22.

②　1952年11月国家增设高等教育部，1958年2月并入教育部，1964年7月恢复，1966年7月再次并入教育部。

发通知，改"新民主主义论"为"中国革命史"。到了1954年7月1日，又决定工、农、医的二年制专修科二年级停设"马列主义基础"，改设"社会主义经济建设"。经过实践探索与总结经验，高等教育部于1956年9月9日颁布《关于高等学校政治理论课程的规定（试行方案）》，明确规定高校各系科应统一开设"马列主义基础""中国革命史""政治经济学"和"辩证唯物主义与历史唯物主义"四门课程，并就具体学时、开设顺序、讲授和课堂讨论的学时比例、考试和考查方式等作出安排。必须指出的是，这个方案中开始出现课堂讨论的内容，而且给出了学时分配比例。

在组织机构和师资队伍建设方面。主要从以下几个方面展开描述：关于建设主体的领导者，新中国成立初期，为了加强对课程建设的组织领导，党和政府对教学组织机构及机制建设进行艰辛的探索。关于建设主体的承担者，1950年10月，教育部规定，高校要成立由全体政治课教师和学生代表参加的政治课教学委员会（或教学研究指导组），这个委员会不是协会，而是作为政治课教学的领导机构开展实质性工作，其日常工作在学校行政领导下进行。1951年9月，教育部根据实践情况将政治课教学委员会（或大课委员会）改为各科目的教学研究指导组，指导组由教务长负责计划组织和督导检查，教研指导组主任定期向教务长汇报工作。经过初步实践探索之后，这一组织在全国高校推广并延续下来，发展成为现今的教研室。具体的师资要求也经历了一个不断变化的过程，1952年10月，教育部发出《关于在高等学校有重点地试行政治工作制度的指示》，提出在高校设立政治辅导处，其主要职责是承担指导教职员工政治理论学习、协助教务处指导马克思列宁主义理论教学等任务。同年9月，中共中央颁发《关于培养高等、中等学校马克思列宁主义理论师资的指示》，对开设马克思列宁主义研究班、选拔思政课助教或助理，加强对师资培养的组织领导等方面作出相关具体安排。这些文件的颁布，为思政课建设提供的重要制度保障。从课程创设之初，师资队伍建设就被提上议事日程，并经过严密部署，精心组织，有力保证了课程方案的实施。回顾这段历史，时间虽然短暂，但是探索非常富有现实意义，为举办社会主义大学提供了强有力的政治方向保障，为处在思想混沌中的人们指明了方向，也为培育新社会大学生政治品质起到重要作用。

二、社会主义建设道路初步探索时期

教育是为现实服务的，实践是具体的、历史的，教育实践同样是具体的历史的。随着时代的发展，高校思想政治课教学实践也有了新的变化。"三大改造"的胜利完成使社会主义基本制度得以确立，我国开始探索符合自身特点的社会主义建设道路。通过中华人民共和国成立初期的思想政治教育探索与实践，高校思政课建设也逐步走上了正轨，但探索之路并不是一帆风顺的，特别是面对新鲜的教育实践，人们还是受到战争时期某些错误思想的影响，这种错误不但影响政治经济建设，也涉及教育领域，特别是在思政课教学方面，思政课建设实践遭遇挫折，出现较大的偏差。总体来说，这一时期的思想政治教育还是在艰难探索中曲折前进，并取得一定的成绩，也总结了经验与教训。根据形势的发展和现实的需要，1956 年 9 月，教育部颁发了《关于高等学校政治理论课程的规定（试行方案）》，明确规定了高校各学科应开设马列主义基础、中国革命史、政治经济学、辩证唯物主义与历史唯物主义四门课程。特别是对"54 方案"（1954 年政治理论课程的规定）实施的课程门数、课程学时和讲授次序等基本方面进行了完善和修改。该方案更加体现出科学性、逻辑性、专业性；更加突出马克思主义基本理论教育；更加符合学科建设和发展规律。该方案突出强调了思想政治理论的专业必修课地位，为高校思想政治理论课教学体系的构建作出巨大贡献。其中，"马列主义基础"和"中国革命史"为所有专业必修课，马克思主义理论中的经典部分"政治经济学"和"辩证唯物主义与历史唯物主义"两门课为除某些特定专业外的必修课。这个课程体系虽然经过多番变化，但是延续至今，依然发挥着重大作用。遗憾的是，1956 年《关于高等学校政治理论课程的规定（试行方案）》并未得到贯彻执行，关于思想政治理论课教育教学应走上正轨的设计未能如期实现，这不能不说是一个遗憾。

1957 年 2 月，毛泽东同志作了《关于正确处理人民内部矛盾的问题》的重要讲话。毛泽东科学论证了矛盾是普遍存在的，社会主义社会也存在矛盾。关于思想政治教育工作方面，则"需要加强思想政治工作"和"要学会正确处理人民内部矛盾"。同年 3 月，《在普通教育工作座谈会上的讲话》中，毛泽东强调要加强学校思想政治教育，要求"每省要有一位宣传部部长、教育厅厅长亲自抓这项工作"；"政治课要联系实际"；"课本要两三年修改一次，使之不脱离实

际";"党委应当指导青年的思想，指导教师的思想";"苏联的教材，应当学的
就要学，不应当学的就不要学"①；等等。这些要求在政治战线和思想战线方面
需要进行社会主义革命斗争和社会主义教育。这就为当时的高校思想政治课教育
教学指明了新的发展方向，确定了教学内容方面的要求。同年 12 月，教育部门
出台《关于在全国高等学校开设社会主义教育课程的指示》专门文件，该文件要
求在全国高等学校各个年级普遍开设社会主义教育课程，文件明确要求以《关于
正确处理人民内部矛盾的问题》为教材，同时阅读一些必要的马克思列宁主义经
典著作、党的文献和其他文件等材料。因此在 1957 年至 1960 年，高校思想政治
课主要以学习《关于正确处理人民内部矛盾的问题》为主，以马克思列宁主义经
典著作和相关文献为补充的社会主义教育课，取代原来的思想政治理论课，让高
校思想政治教育突出政治化教育元素。由于国际环境变化的影响，为了增强学生
反对修正主义的意识和能力，1961 年教育部颁发了《关于改进高校思想政治理
论课的指导意见》。该文件明确指出，思想政治理论课的教学任务在于：对青年
学生进行理论与实践统一的马克思列宁主义教育，帮助学生理解马克思列宁主
义、毛泽东著作，了解党的路线、方针、政策；不断同现代修正主义、资产阶级
思想和其他反动思想作斗争。在严格遵循文件精神的基础上，该文件决定高校文
科专业统一学习"中共党史""马克思列宁主义基础""政治经济学""哲学"
等课程；高校理工科专业学习"中共党史"和"马克思列宁主义概论"课程；
同时开设"形势与任务"课程作为文理科专业的共同必修课，主要讲解国内外形
势、党和国家的任务、方针、政策。这套课程建设办法史称"61 方案"。

　　这一时期高校思政课的特点：一是课程设置方案频繁调整。表现出党和政府
在不断摸索尝试中对高校思政课设置方案，其间进行了多次调整。这主要是受当
时国内外形势变化的影响，加之社会主义建设以及与之相适应的教育也缺乏实践
经验。1957 年 12 月 10 日，高等教育部、教育部颁发《关于在全国高等学校开设
社会主义教育课程的指示》，要求全国各高校各年级开设"社会主义教育"课
程，停开 1956 年提出的原应开的四门政治课。1958 年 4 月 12 日，教育部要求任
何类型的高校一律开设"马列主义基础"（即当时所开的"社会主义教育"课
程）"政治经济学""辩证唯物主义与历史唯物主义"三门政治课。1959 年 4 月

---

　　① 毛泽东文集：第七卷 [M]. 北京：人民出版社，1999：247.

6 日至 7 月 27 日，教育部举办马克思列宁主义课程教师学习会，将"社会主义""政治经济学""哲学""中共党史"四门课定为今后高校公共必修课的马列主义课程。1961 年 4 月 8 日，由教育部颁发的《改进高等学校共同政治理论课程教学的意见》规定，高校共同政治理论课程由"马克思列宁主义基础理论"与"形势和任务"两个部分构成，其中前者设置"中共党史""马克思列宁主义基础""政治经济学""哲学"四门课程。1964 年 10 月 11 日，中宣部、教育部临时党组、高等教育部党组联合颁发了《关于改进高等学校、中等学校政治理论课的意见》提出，要改进课程和教材，坚决贯彻毛泽东提出的"少而精"指导思想，设置"中共党史""哲学""政治经济学"等课程。高校思政课名称也经历多次调整，先后出现过"公共必修课""政治课""政治理论课""共同必修课""共同政治理论课"等不同说法。频繁的政策调整，令高校应接不暇、无所适从，导致一些政策由于条件不成熟难以有效执行。

二是开启高校思政课中国化建设道路。这一时期前半部分，党中央提出"在全国掀起一个学习苏联的高潮，来建设我们的国家"。高校思政课在课程设置、教学内容、教学大纲、教学方法等方面都充分借鉴了苏联做法，参考书目也多是翻译的苏联教材，许多苏联专家还受聘到我国高校进行指导。到了 20 世纪 50 年代末 60 年代初，中苏关系走向破裂，高校思政课建设由"以苏为师"转向"以苏为鉴"。1958 年 4 月 12 日，教育部颁布《对高等学校政治教育工作的几点意见（草稿）》，提出政治课"要贯彻理论和实际相结合的教学方针，克服教条主义，反对修正主义"，要求以后开设政治课应"确立以研究中国实际问题为中心，以马克思列宁主义基本原则为指导的方针，废除静止地孤立地研究马克思列宁主义的方法"。在课程设置上，停止开设"苏共党史""中国革命史"两门课程，代之以"社会主义教育"课程。"'政治经济学'和'辩证唯物主义与历史唯物主义'要从中国当前的阶级斗争、革命形势、党的任务和具体教育对象出发，进行专题教授或开设讲座。"在教学方法上，强调"必须创新性地吸收我们老解放区的政治课教学经验"。1964 年 10 月 11 日，中宣部、高等教育部、教育部又提出，政治理论课必须以毛泽东思想为指引，将宣传毛泽东思想作为基本任务，把毛泽东著作作为最基本的教材。由此显示出强烈的"去苏联化"和"中国化"意志。总之，在这一时期，由于中苏关系的影响，思政课教学开始探索具有中国特色的符合中国实际的教学模式。

　　三是经历曲折和混乱。这一时期，党和国家的工作在指导方针上出现过严重失误，高校思政课受到"反右""大跃进""阶级斗争扩大化"等"左"倾错误思潮的严重冲击，这些冲击造成一部分青年的迷茫，甚至出现了一定程度的混乱，在当时的政治氛围下，思政课教学逐渐演变为以进行"反右派"斗争、反对修正主义、阶级斗争为中心内容的政治化教育。1958年9月19日，中共中央、国务院印发《关于教育工作的指示》，发出"教育革命"的号令，突出强调了"两条道路之间的斗争"和"克服教育工作中的右倾思想和教条主义思想"。1964年3月6日，全国教育厅局长会议提出，"在思想政治教育中要坚持政治挂帅、要以阶级教育和劳动教育为纲"。中宣部、高教部党组、教育部临时党组于1964年10月11日联合颁布的《关于改进高等学校、中等学校政治理论课的意见》指出："政治理论课的根本任务，……是配合学校中各项思想政治工作，反对修正主义，同资产阶级争夺青年一代。"强调"政治理论课必须从思想上和理论上积极参加这一场阶级斗争，兴无产阶级思想，灭资产阶级思想"。其间，为了响应党中央提出的在全国范围内开展以"四清""五反"为主要内容的"社会主义教育运动"，教育部多次下发通知组织学生参加。许多高校停课或半停课，把原有的教学计划、教学大纲完全搁置不用，造成教学秩序混乱、教育质量下降，教育工作蒙受重大损失。虽然有曲折，但难能可贵的是，思政课教育始终掌握在党的领导下，我们今天只能遗憾地表示，如果没有这些错误，我们的思政课教学会更加完善。

三、高校思政课建设停滞时期

　　从1966年5月，各项教育教学工作受到严重影响，这种严重影响主要表现在高等教育工作中断了正常教学运行，教学秩序混乱，高校思想政治理论课程建设陷入停滞状态，这种断裂不仅影响当时，更恶劣地影响到后世。党的十一届三中全会以后，党果断停止了"以阶级斗争为纲"的口号，决定把全党工作的着重点和全国人民的注意力转移到社会主义建设上来，实现了中国当代历史上最具深刻意义的转折。因此，教育必须服从并服务于党的这一中心任务，即教育必须为社会主义建设服务。社会主义建设，既包括经济建设，也包括政治建设和文化建设。这样，"教育为社会主义建设服务"比"教育必须为无产阶级政治服务"的提法就更全面、更准确了，对社会主义教育的性质也揭示得更深刻了。①这次全会以后，我们党作出彻底否定"文化大革命"的重大决策，在各方面工作中恢复并制定一系列正确政策。

第二节　改革开放新时期高校思政课教育教学

历史在曲折中前进，前进的道路并不总是曲折的，走过曲折，就会迎来光辉的坦途。随着教育工作开始逐渐恢复正常秩序，高考制度的恢复像一面旗帜唤起人们的理性思考，如何进行高校思政课教育教学的工作再次摆在人们面前，经过一系列艰苦的工作，高校思想政治理论课教育教学工作经过数年的断裂之后，重新走上正轨，思想政治课教学首先是重回"61方案"的课程设置。1978年12月，十一届三中全会召开，党和国家重新确立了马克思主义实事求是的思想路线，这条正确路线将工作重心从"以阶级斗争为纲"的抓革命促生产转移到"以经济建设为中心"的社会主义现代化建设。在实践中，我国的社会主要矛盾已经转变为人民日益增长的物质文化需要同落后的生产力之间的矛盾。随着实践的发展和社会主要矛盾的转变，思想政治理论课教育教学的任务和目标也发生了巨大的变化，经济的发展必然推动教育的进步，邓小平说，"对我国教育的发展，我是乐观的"。② 新的高校思想政治课教育教学工作坚持以马克思主义理论为指导，紧密结合社会发展需要，随着我们党认识能力的提高，要培育学生创造性地运用马克思主义基本原理解决当代中国特色社会主义建设中的许多新问题，为社会主义现代化建设培养各类优秀人才。这是一个伟大的时代，更是一个朝气蓬勃的时代，随着日新月异的实践变化，促使这一时期思想政治理论课课程设置随时代任务的要求而不断调整，课程体系建设也在不断完善。当然，这一时期也存在一些问题，有文献指出，改革开放最初十年最大的失误是教育，特别是思想政治教育出现了明显的失误。③ 本章将科学地分析这一阶段思政课教育教学取得的成

---

① 于文书. 党的教育方针的新视角［EB/OL］.（1999-10-18）［1999-10-18］. https：//www. gmw. cn/01gmrb/1999-10/18/GB/GM%5E18213%5E7%5ECGM7-1803. HTM.

② 邓小平文选：第三卷［M］. 北京：人民出版社，1993：121.

③ 许光建. 从"两手论"到"五位一体"如何演进：社会主义事业总体布局的40年历史演进［J］. 人民论坛杂志，2018（33）：27-29.

绩与存在的失误。

一、改革开放初期的思想政治理论课教育教学

1978 年 4 月，全国教育工作会议召开，在这次会议上，邓小平发表重要讲话，他强调加强"革命的理想，共产主义的品德"教育，尊重"个人在成长过程中所表现出来的才能和品德的差异"，他还谈到"尊重教师的劳动，提高教师的质量问题"。邓小平关于教育的这些重要讲话，为思政课教育教学指明了方向。教育部发布《关于加强高等学校马列主义理论教育的意见（全国教育工作会议征求意见稿）》，该《意见》一方面肯定了新中国成立以来思想政治理论课教育教学取得的成绩，另一方面指出高校思想政治理论课建设的新要求、新方向。"学校应该永远把坚定正确的政治方向放在第一位，但这并不是说要把大量的课时用于思想政治教育。"① 这个重要论述既强调了思想政治教育的重要性，又指出如何加强思想政治教育。在思想政治理论课教学任务方面，《意见》指出，第一，思想政治理论课的主要任务，就是加强马克思主义哲学、政治经济学、科学社会主义教育，文件原文表述为"在于系统地对学生进行马克思主义三个组成部分的基本理论教育，武装学生的头脑"；第二，在思想政治理论课课程设置方面，《意见》提出，全国高校的马列主义理论课程应开设"辩证唯物主义与历史唯物主义""政治经济学""中国共产党党史"三门课；第三，除该三门所有高等院校共同开设课程之外，文科院校开设"国际共产主义运动史"课程，理工农医专业还开设"自然辩证法"课程。《意见》还对每一门思政课程相关教学内容、教学方法改进、新教材编写、领导体制、教师队伍建设等具体问题给出科学合理的指导性建议。从今天来看，这些内容集中在马克思主义基本原理的教育，断裂数年的高校思政课教学开始慢慢弥补历史的裂痕，科学战胜狂热，真理开始回归。在改革开放初期的探索阶段，党能够坚定地把思想政治教育的目标聚焦在马克思主义基本原理领域，这毫无疑问是正确的，因为此时的新实践才刚刚开始，人们还没有足够的经验升华新的理论。

高校思想政治课教学随着实践开展在不断发展完善。先是大环境的变化提供有利的发展时机，1981 年党的第十一届中央委员会第六次全体会议通过的《关

---

① 邓小平文选：第二卷［M］. 北京：人民出版社，1993：104.

于建国以来党的若干历史问题的决议》，标志着党的教育方针在拨乱反正后得到重新发展。《决议》指出："坚持德智体全面发展、又红又专、知识分子与工人农民相结合、脑力劳动与体力劳动相结合的教育方针。"① 同一时期，高等教育领域进行体制改革。为了激发高校办学活力，《中共中央关于教育体制改革的决定》明确提出："在国家统一的教育方针和计划的指导下，扩大高等学校的办学自主权，加强高等学校同生产、科研和社会其他各方面的联系，使高等学校具有主动适应经济和社会发展需要的积极性和能力。"② 从这两个重要文献来看，思想政治教育在高校的重要性和如何把这种重要性发挥出来是当时高校发展的重大课题。为了培育学生的共产主义政治信仰和远大理想，1982 年 10 月，教育部发布《关于在高等学校逐步开设共产主义思想品德课的通知》，《通知》对共产主义思想品德课的教学大纲、教学参考材料编写、教学组织、教学实施办法等问题作了详细规定。这份文件的影响不仅体现在共产主义思想品德课本身，还为即将到来的思政课整体建设打下良好基础。理论与实际相结合是马克思主义宝贵的理论品质。随着社会主义改革开放鲜活而生动实践的不断发展，马克思主义理论教育也必须与时俱进。1984 年 9 月，中宣部、教育部再次印发了《关于加强和改进高等院校马列主义理论教育的若干规定》。首先，《规定》强调："马克思主义是我们党和国家的行动指南，是培养学生无产阶级世界观和共产主义道德的理论基础。把马列主义理论课作为必修课，是社会主义大学区别于资本主义大学的重要标志。"这段重要表述为高校思政课教育教学赋予了新的历史使命，要时刻认识到两种不同的社会制度、两种不同的社会意识形态的斗争一直存在着，不同社会制度下的大学教育必须彰显意识形态教育的区别，社会主义意识形态教育是社会主义大学的特点，更是优点，增强无产阶级意识形态的斗争本领，需要从思政课教育教学抓起，高校思政课教育阵线尤其是课堂教学更是社会主义意识形态教育的主阵地。其次，《规定》强调："为了增强马列主义理论教育的现实性，现在着手准备在全国高等院校增设《中国社会主义建设基本问题》课程。"理论联系实际是马克思主义宝贵的理论品质，我们应加强理论与实际相结合的教育，思

---

① 中共中央文献研究室. 三中全会以来重要文献选编：下 [M]. 北京：人民出版社，1982：842.

② 中共中央文献研究室. 十二大以来重要文献选编：中 [M]. 北京：人民出版社，1986：731.

想政治教育课程的开设，一方面是社会主义建设实践经验通过理论升华走进课堂的理论要求；另一方面是社会主义改革开放实践发展的实际需要；这两方面的需求充分体现了理论与实际相结合的优良作风。最后，《规定》还专门针对思想政治理论课教育教学的各个环节，诸如对教学方法、教学管理、教师队伍建设等问题作了专门规定。这些专门规定从学科建设等方面更加注重学术性、专业性，高校思政课教学开始进入专业化时代。与此同时，教育部还印发了《关于高等学校开设共产主义思想品德课的若干规定》，规定提出应在高校增开共产主义思想品德课，以对学生进行系统的马克思主义思想道德教育。从此以后，"马克思主义理论课"和"共产主义思想品德课"构成的"两课"初具雏形，高校思想政治教育学科化、专业化建设开始启动，为以后高校思政课建设打下了一个坚实的基础。

20世纪80年代中期，随着改革开放取得初步成效，中国特色社会主义文化教育事业也出现繁荣景象，文化交流频繁，为巩固社会主义制度，坚定共产主义远大理想、社会主义共同理想，应通过人才培养为改革开放服务。形势的发展已经把改革思想政治理论课教育教学的任务摆在人们面前。鉴于此，中共中央于1985年8月正式发布《关于改革学校思想品德和政治理论课程教学的通知》的文件。该文件明确指出新时期不同层次学校（从小学到研究生阶段）进行马克思主义思想品德和政治理论课教学的主要内容和基本要求。为了贯彻该通知，1986年3月，国家教委（今教育部）发布《关于在高等学校进一步贯彻〈中共中央关于改革学校思想品德和政治理论课教学的通知〉的意见》。在该文件指导下，高等教育统一了新的思想政治理论课课程方案，该课程方案包括"中国革命史""中国社会主义建设""马克思主义原理""世界政治经济和国际关系"等课程。1986年7月《关于对高等学校学生深入进行形势与政策教育的通知》、1986年9月《关于在高等学校开设"法律基础课"的通知》、1987年10月《关于高等学校思想教育课程建设的意见》等系列文件的发布，标志着思想政治理论课体系逐渐成型，除马克思主义基础课外，又新增加了"法律基础""形势与政策""大学生思想修养""人生哲理""职业道德"等五门课程。

二、改革开放全面深化时期思想政治理论课教育教学的发展

以邓小平发表南方讲话和党的十四大召开为标志，我国改革开放和社会主义

现代化建设事业进入新的发展阶段。随着改革开放的深入推进，我国经济实力逐渐增强，综合国力在国际上的地位也快速提升。在取得以经济成就为主要成分的物质文明提升的同时，精神文明建设也走上快速发展道路，当然，精神文明建设也面临一些困难和挑战。随着中外交流合作日益频繁，西方各种社会思潮蜂拥而入，不同的价值观念和资产阶级思想也乘虚而入，对我国的精神文明建设，特别是对我国高等教育带来巨大挑战，青年学生的世界观、人生观、价值观正处于形成阶段，如果不及时加强思想政治教育，势必会造成严重后果。如何加强学生对社会主义的科学认识，树立共产主义理想显得尤为重要。

面对新的形势，高校思想政治教育开启了新的任务。为了更好地发挥高校思想政治课的教育作用，国家教育部门开始探索思想政治教育新的规律。随着思想政治教育实践的发展，人们揭示的这些规律性认识越来越科学，越来越具有真理性。20 世纪 80 年代的课程体系结构经过数年的实践运行，取得了良好的教学效果。随着社会发展的需要，1993 年 6 月，国家教委思政司召开了"新形势下高校思想政治教育课程建设座谈会"。在这个会议精神指导下，将"思想教育课"的名称改为"思想政治教育课程"，经过科学研判社会发展的实际情况，对课程进行大胆改革，将原有的"大学生思想修养"和"人生哲理"两门课合并调整为"思想道德修养"，并作为必修课，这是第一次把思想政治教育课与马克思主义理论课并列。1994 年 8 月，中共中央《关于进一步加强和改进学校德育工作的若干意见》提出："增强适应时代发展、社会进步，以及建立社会主义市场经济体制的新要求和迫切需要的素质教育。"[1] 这是中央文件第一次正式使用"素质教育"的概念。[2] 随着教学实践经验的不断积累，高校思想政治课程体系逐步得到优化。

"95 方案"的形成。在高校思想政治教育历史上，有几个方案具有较大影响，比如我们前述的"61 方案""85 方案"等，这些方案标示着思想政治教育发展史上的关键转折点，也是阶段性探索的重要成果。1995 年《中华人民共和国教育法》颁布，明确提出"教育必须为社会主义现代化建设服务，必须与生产

---

[1] 何东昌. 中华人民共和国重要教育文献：1991—1997 [M]. 海南：海南出版社，1998：3468.

[2] 吴德刚. 中国共产党教育方针百年历史研究 [M]. 北京：教育科学出版社，2021：261.

劳动相结合，培养德、智、体等方面全面发展的社会主义事业的建设者和接班人"①，首次以法律形式强调加强德育。同年 10 月国家教委公布《关于高校马克思主义理论课和思想品德课教学改革的若干意见》（以下简称《意见》），《意见》把马克思主义理论课和思想品德课统称为"两课"。"两课"的发展重在建设、重在发展、重在创新、重在实用。《意见》对"两课"师资队伍建设、教学方法改革、"两课"的科学研究和学科建设及"两课"教学的领导与管理作出明确的规定。比如在课程设置方面，分为三个层面：一是以马克思主义基本原理为主题的课程设置；二是以马克思主义与中国实际相结合实现两个历史性飞跃，形成两个伟大理论成果为主题的课程设置；三是以用马克思主义的立场、观点和方法认识当代世界经济与政治，促进以树立正确的人生观和价值观为主题的课程设置，如"当代世界经济与政治""思想道德修养"等。同时提出要把"两课"教学的实际水平作为评估学校工作和各级领导干部工作实绩的重要条件，作为学校办学水平和"211 工程"评估的标准之一。同年 11 月国家教委颁布了《中国普通高等院校德育大纲（试行）》，《大纲》规定马克思主义理论课程应包括"马克思主义基本原理""中国特色社会主义建设""中国革命史论"，思想品德课应设置"思想道德修养""法律基础"和"形势与政策"。另外，文科类专业应开设《世界政治经济与国际关系》。"95 方案"在加强马克思主义理论课程教学的基础上，对思想品德课的建设起到重要推动作用。

中国共产党始终重视理论创新，理论创新的基础和源泉是实践创新，在马克思主义指引下，改革开放不断取得新的伟大成就，马克思主义与中国具体实际相结合不断产生新的理论成果。高校思想政治课教学的一项重要任务就是及时把党的理论创新成果融入课堂，写进教材。基于这样的科学性认识。1998 年 6 月，中宣部、教育部印发《关于普通高等学校"两课"课程设置的规定及其实施工作的意见》的通知，在继承"85 方案"的基础上，完善了"95 方案"，进一步调整了"两课"的课程设置，具体包括：（1）马克思主义基本原理层面，"马克思主义哲学原理""马克思主义政治经济学原理"；（2）马克思主义中国化层面，"毛泽东思想概论""邓小平理论概论"；（3）基于马克思主义基本原理的思想品

---

① 何东昌. 中华人民共和国重要教育文献：1991—1997 [M]. 海南：海南出版社，1998：3790.

德课，"思想道德修养""法律基础""形势与政策"。新的课程设置，充分体现了马克思主义的整体性和开放性，统一性与多样性，把马克思主义中国化的最新理论成果充实到高校思想政治课教学，整个课程体系更加重视马克思主义基本观点和基本方法的教育，体现了理论和实际相结合的宝贵品质。"98方案"是对"85方案"的继承、创新和调整，此次变动基于改革开放深入推行的伟大实践，处于国际关系深刻变化的世界局势，课程体系调整后，形成为一个以马克思主义为核心的有机整体，不仅体现了马克思主义理论课程之间一脉相承又与时俱进的理论逻辑，而且使马克思主义理论和思想政治教育学科建设得到跨越式发展。

回顾高校思想政治课教学的发展史，在这一时期，在思想政治理论课教育教学"85方案"的基础上，形成思想政治课教育教学的"95方案"。这个方案突出了马克思主义中国化的理论成果，为马克思主义教育大众化和普及化实现跨越式发展创造了有利条件。经过数年教学实践经验的科学总结，如何构建高校思想政治理论课的体系问题基本得到解决，思想政治理论课课程体系基本形成，随着实践创新不断深入，理论创新的成果在教材修订中及时得到体现；教学内容和教学方法比较符合改革开放环境中大学生的学习要求和成长需要，同时改革开放后成长起来的青年教师开始成为思政课教学的中坚力量，新鲜事例和先进技术为核心的新表述激活了思想政治教育教学课堂，在种种因素综合优化的基础上，这一时期的思政课教育教学取得很好的教学效果。在学术发展方面，思想政治教育学科建设的基础已经打好，部分研究进入快速发展阶段。研究发现，这一时期思政课教师的研究成果非常丰富，内容涵盖马克思主义的继承和发展及思政课教学方法等多个领域，今天在国内马克思主义教育领域有较大影响的诸多大家大部分活跃在这一时期。

三、新时期思想政治理论课教育教学的稳步发展

实践在发展，理论也在发展。进入21世纪，世界格局发生剧烈变化，我党面对复杂的国际形势，在中国特色社会主义取得伟大实践成就的基础上，使马克思主义中国化进一步得到丰富和发展。"三个代表"重要思想、科学发展观等马克思主义中国化新的理论成果先后形成，为马克思主义理论宝库增添了新的内容。这些新的理论成果为思想政治教育指明方向、提供指导、增加内容。同时科技革命在世界范围内掀起巨大的冲击浪潮，科技作为第一生产力的推动作用越来

越强，人们的思想活动更加活跃。特别是互联网的兴起、新媒体的出现使人们的思想交流更加频繁和便捷，各种新鲜思想交互碰撞，各种价值观念充斥在年轻人的世界，高校思想政治课面临新的挑战和要求。新的问题需要新的解决办法，需要新的理论指导，把马克思主义中国化的最新理论成果写进教材是当时的重要任务，为了将最新的理论成果融入课堂，2001年7月，《关于普通高等学校"两课"教育教学中贯彻江泽民同志"七一"重要讲话精神的通知》发布，《通知》提出要推进"三个代表"重要思想的"三进"工作。2003年2月，教育部《关于进一步深化"三个代表"重要思想"三进"工作的通知》，提出要将"三个代表"重要思想和各门课程结合，将"邓小平理论概论"调整为"邓小平理论和'三个代表'重要思想概论"。教材的变化体现了马克思主义中国化的历史进程，这是马克思主义发展的科学规律使然，也是思想政治教育教学与时俱进的必然。

随着中国特色社会主义伟大实践的深入推进，高校思想政治课教学实践取得相应的成绩同时也需要新鲜动力的加入。为适应新形势下高等教育思政课教学新任务的要求，思想政治课教学除传统传授知识的教学功能外，还将培育学生的思想政治素质、提高学生的政治能力（学政治、讲政治、懂政治）作为重要任务，其最终目的在于促进大学生的全面发展。基于这样的教育背景，2004年10月，中共中央、国务院下发了《关于进一步加强和改进大学生思想政治教育的意见》，从九个方面对进一步加强和改进大学生思想政治教育提出意见，着重强调开展社会实践、建设校园文化、主动占领思想政治教育网络新阵地等。仔细研究我们就会发现，在思政课堂之外，思想政治教育扩大了阵地，外延了空间，马克思主义必须统领其他意识形态有可能侵蚀的领域。另外，围绕高校学生学习或生活中产生的实际问题的思想政治辅导工作和心理健康教育得到重视。在《意见》精神指引下，思政课教师、政治辅导员、心理辅导教师作为新的教学主体开始协同工作。

"05方案"的问世。2005年2月7日，中共中央宣传部、教育部印发了《〈中共中央宣传部　教育部关于进一步加强和改进高等学校思想政治理论课的意见〉实施方案》（"05方案"），将"两课"改称为"思想政治理论课"，课程设置包括"马克思主义基本原理""毛泽东思想、邓小平理论和'三个代表'重要思想概论""中国近现代史纲要""思想道德修养与法律基础""形势与政策"和"当代世界经济与政治"（为选修课）。新的课程体系沉淀了前面数个方案的精华，对各门课程资源进行重新组合。实践证明，这次课程体系重构是科学的，也是成功的，沿袭至 2024 年，这个体系仍然稳定地发挥着巨大作用。文件还就思想政治理论课教材编著、学科建设、师资队伍培养等方面内容进行相关规定。特别是学科建设方面，2005 年 12 月，《关于调整增设马克思主义理论一级学科及所属二级学科的通知》的发布实现了"05 方案"中关于设立马克思主义理论一级学科的设想，至此思想政治理论课纳入学科建设轨道，学科建设更具有科学性和理论性，这是思想政治课发展史上一个里程碑式的突破，为未来思政课建设创造了广阔的发展空间。

教学实践中"05 方案"的实施逐渐得到广大师生的认同和赞许。课程体系的科学规定并没有遏制教材存在多种版本的问题出现，特别是思政课教师在职称晋级的压力下，纷纷加入编写教材的"队伍"，为了规范教材、严肃教学内容，在巩固"05 方案"取得的实践成果基础上，为了进一步贯彻"05 方案"指导精神，教育部连续下发系列相关文件，从各方面给予思想政治理论课教育教学以引导、规范和支持。这些文件分别是：2006 年 1 月《关于进一步加强高等学校思想政治理论课教材编写管理、规范教材使用的通知》、2006 年 6 月《教育部办公厅关于全国普通高校从 2006 级学生开始普遍开设〈思想道德修养与法律基础〉课的通知》、2007 年 4 月《中共中央宣传部　教育部关于组织高校思想政治理论课骨干教师研修的意见》、2008 年 3 月《关于印发重申高校思想政治理论课教材编写、出版、使用要求的通知》、《关于 2008 年做好"高校思想政治理论课教师在职攻读马克思主义理论博士学位"专项计划招生工作的通知》、2008 年 4 月《关于增设"中国近代史基本问题研究"二级学科的通知》。同时，马克思主义中国化的理论研究成果继续深化思政课教学工作，从 2008 年秋季学期开始，"毛泽东思想、邓小平理论和"三个代表"重要思想概论"课程更名为"毛泽东思想和中国特色社会主义理论体系概论"，教材同步更名。从 2008 年至 2023 年，该教材名称一直延用，只是 2023 版的内容发生了较大变化，后面的研究我们会专门讨论这个问题。这一系列文件的颁布和实施，大力促进了高校思政课建设和发展，规范了思政课教材的编写和使用，从根源上杜绝了个别分歧性认识的存在，保证了统编教材内容的权威性和教材使用的普及率。在党和国家的重视下，思想政治理论课建设迎来了快速发展时期。

研究生思政课的发展。社会经济的发展对高等教育提出了更高的要求，社会越来越需要高层次人才充实到各个行业解决发展中出现的实际问题，研究生教育继普通本专科扩招后开始成为社会关注的教育重点，为了适应社会的发展需要，研究生培养规模开始扩大。为了加强高校研究生思想政治教育，2010年8月，《关于高等学校研究生思想政治理论课课程设置调整的意见》颁布，《意见》强调加强高层次人才培养的马克思主义教育，促进高校培养德才兼备、全面发展的高层次创新人才，助力又红又专人才培养模式的更加完善。在《意见》指导下，研究生思政课教育教学更加注重提升学生的政治使命感和社会责任感，提高研究生的政治理论水平和理论思维能力，树立现代化强国建设者的主力军意识和中国特色社会主义接班人的远大理想。文件提出：（1）在硕士研究生阶段开设思想政治必修课"中国特色社会主义理论与实践研究"，主要是在当代背景下，以专题形式介绍当前中国特色社会主义实践中的重大问题，深化和拓展本科阶段思想政治理论课的学习内容，进一步掌握中国特色社会主义理论体系，促进学生从理论联系实际的角度思考现实问题，政治上坚定中国特色社会主义道路自信、理论自信、制度自信、文化自信。针对理工科硕士研究生开设选修课"自然辩证法概论"，以培养硕士生的辩证思维能力、创新精神、创新能力；开设"马克思主义与社会科学方法论"（马克思主义基于对社会现象的观察和分析，提出一种以历史唯物主义和辩证唯物主义为基础的社会科学研究方法和思维方式），以培养硕士生的理论思维能力，帮助硕士生掌握学习和研究哲学社会科学的科学方法。（2）在博士研究生阶段开设思想政治必修课"中国马克思主义与当代"。中国问题是复杂的，中国道路的探索也是极不平凡的，马克思主义必须与中国具体实际相结合，与时代发展相结合，鉴于这样的目的，该课程主要运用马克思主义的基本观点，深入分析当代世界重大社会问题和国际经济政治热点问题、聚焦当代社会和生态问题、当代科学技术前沿问题、当代重大社会思潮和理论热点、科技走向等，进一步提高博士生运用马克思主义立场、观点、方法来发现问题、分析问题、解决问题的能力。开设选修课"马克思主义经典著作选读"，积极推动博士生学习马克思主义原著，通过学原著悟原理，加强其对中国马克思主义及其理论成果的认识、理解、掌握、运用。

思想政治课实践教学受到重视。中国经济的持续增长迎来了里程碑式的跨越，2010年中国经济总量超越日本，成为世界第二大经济体，同时中国的综合国力也持续攀升。基于这样的发展成就，高等教育事业迎来飞速发展，高校思政课教育教学进入深化细化专业化建设时期。2011年1月《教育部关于印发〈高等学校思想政治理论课建设标准（暂行）〉的通知》发布，为进一步加强宏观指导、为规范高校思想政治理论课的组织管理、教学管理、队伍管理和学科建设指明了发展方向，提出了建设要求。在队伍建设中重点纠正"谁都能教思政课"的认识误区，对思政课教师提出更高更严的要求，促进思政课教师的理论化水平。一年后，本着教育一直倡导理论联系实际的初衷，教育部门开始注重实践教学在思政课建设中的作用。实践教学，是巩固理论知识，加深理论认识的有效途径，是培养具有创新意识的高素质人才的重要环节，是理论联系实际、培养学生掌握科学方法和提高动手能力的重要平台。2012年1月，教育部等多部门联合发布《关于进一步加强高校实践育人工作的若干意见》，重点强调高校思想政治工作应强化实践教学环节、深化实践教学方法改革；增加实践教学比重，确保人文社会科学类本科专业不少于总学分（学时）的15%、理工农医类本科专业不少于总学分（学时）25%、高职高专类专业不少于总学分（学时）50%，师范类学生教育实践不少于一个学期，专业学位硕士研究生不少于半年。《意见》强调各高校要把加强实践教学方法改革作为专业建设的重要内容，重点推行基于问题、基于项目、基于案例的教学方法和学习方法，加强综合性实践科目设计和应用。要加强大学生创新创业教育，支持学生开展研究性学习、创新性实验和创业模拟活动。从相关研究中可以发现，思政课实践教学的组织实施和评价还处于探索阶段，人们对思政课实践教学的规律性认识还缺乏深度和缺乏科学性、体系性。

第三节　新时代高校思政课教育教学

随着中国经济成为世界第二大经济体，世界经济格局发生深刻调整；美国在世界各地继续谋求世界霸权，国际上各种力量此消彼长，导致世界政治出现大变革的趋势。总的来说，世界处于百年未有之大变局之中，变局中的国际关系出现持续增加的不确定性和非稳定性。世界经济发展速度放缓，经济发展动能乏力，在新一轮科技革命及其引发的产业革命尚未实现重大突破的前提下，主要发达经济体经济通胀明显上升，失业率长期高居不下，社会问题突出，信仰危机加剧，社会日益分裂。在世界形势的剧烈变局中，中华民族伟大复兴的大局稳如磐石。尤其是党的十八大以来，随着中国全面深化改革的不断推进，高质量发展要求产业结构深刻调整，新产业促使创新发展，共享经济、自媒体、电商平台等新型经济元素的崛起，中国经济进入一个新的稳定增长期。在经济稳定增长的基础上，中国物质文明实现大跨越，社会财富持续增长。在物质文明发展的同时，精神文明的建设也不失时机地摆在人们面前。"精神的力量是无穷的，道德的力量也是无穷的。中华文明源远流长，孕育了中华民族的宝贵精神品格，培育了中国人民的崇高价值追求。自强不息、厚德载物的思想，支撑着中华民族生生不息、薪火相传，今天依然是我们推进改革开放和社会主义现代化建设的强大精神力量。"①新的社会发展实践对精神文明建设提出更高的要求，思想政治教育在现代化建设中越来越扮演重要的角色。新时代以来，高校思想政治教育格外受到重视，特别是2019年党中央召开学校思想政治理论课教师座谈会，这次座谈会具有重大意义，开启了思想政治理论教育的春天，在高等教育领域激起广大思政课教师的教学热情，思政课教师社会地位得到广大人民群众的认可。各级教育部门对思政课教育教学设立专门机构、发布专项研究课题、博士研究生招生计划增加思政教师专项等。本章以时间为线索，以国家相关部门颁布的文件为基础，回顾新时代高校思政课课程建设的发展历程。

一、新时代高校思政课建设强基时期

党的十八大之后，高校思想政治理论课建设进入了一个新的发展阶段，进入了新时代。党的十八大报告指出，"全面贯彻党的教育方针，坚持教育为社会主义现代化建设服务、为人民服务，把立德树人作为教育的根本任务，培养德智体美全面发展的社会主义建设者和接班人"。② 报告将立德树人作为教育的根本任务确立下来。2013年9月25日，习近平总书记在联合国"教育第一"全球倡议行动一周年纪念活动上发表视频讲话时指出，"教育是人类传承文明和知识、培养年轻一代、创造美好生活的根本途径"。③ 2015年12月修订的《中华人民共和国教育法》规定，"教育必须为社会主义现代化建设服务、为人民服务，必须与生产劳动和社会实践相结合，培养德、智、体、美等方面全面发展的社会主义

---

① 习近平谈治国理政：第一卷 [M]．北京：外文出版社，2014：158．

② 坚定不移沿着中国特色社会主义道路前进 为全面建成小康社会而奋斗：在中国共产党第十八次全国代表大会上的报告 [M]．北京：人民出版社，2012：35．

③ 习近平谈治国理政：第一卷 [M]．北京：外文出版社，2014：191．

建设者和接班人"。① 新的规定与原来的条款相比，增加了为人民服务、与实践相结合及美育等方面的要求。为了贯彻落实十八大报告的教育方针和新的教育法，也为了适应新的形势和任务，在思想政治教育方面，党和国家推出了一系列重大新举措。2015 年 1 月，中共中央办公厅、国务院办公厅印发了《关于进一步加强和改进新形势下高校宣传思想工作的意见》，《意见》分七个部分对高校思想政治教育宣传工作给予指导：（1）加强和改进高校宣传思想工作是一项重大而紧迫的战略任务；（2）指导思想、基本原则和主要任务；（3）切实推动中国特色社会主义理论体系进教材进课堂进头脑；（4）大力提高高校教师队伍思想政治素质；（5）不断壮大高校主流思想舆论；（6）着力加强高校宣传思想阵地管理；（7）切实加强党对高校宣传思想工作的领导。中办、国办联合印发的《关于进一步加强和改进新形势下高校宣传思想工作的意见》将思想政治理论课作为高校宣传思想工作的重要组成部分，并作出部署，明确了目标任务。文件整体是以高校宣传工作为主题，宣传工作与思想政治工作结合紧密，其中文件大纲第三项和第四项则直接关系高校思想政治理论课教学工作。

　　新时代的《创新计划》。中国特色社会主义进入新时代，社会主义建设取得巨大进步，马克思主义也实现新的飞跃，在这一时期，习近平总书记发表大量关于治国理政的重要论述，产生不同领域的科学认识，"五位一体"总体布局、"四个全面"战略布局等理论成果是马克思主义的丰富和发展。把这些新的理论认识写进思政课教材是宣传工作的要求，更是高校思政课课程建设的需要。同时，围绕提高思政课教师的政治和专业素质，出台了培养思政课教师的具体措施，等等。实现中华民族伟大复兴的中国梦要求把教育摆在优先发展战略位置，教育优先，思政先行。在时代快速发展的巨大洪流中，高校思想政治理论课建设在教材、教师、教学等方面还存在许多困难和不足。面对高校思想政治理论课建设的新形势、新情况、新问题，2015 年 7 月中宣部、教育部印发《普通高校思想政治理论课建设体系创新计划》，同年 9 月教育部印发修订后的《高等学校思想政治理论课建设标准》。《创新计划》是这一时期最具有标志性的文件，它在总结梳理现有政策的基础上，推动高校思想政治理论课综合改革创新作了全面部署。制订《创新计划》，是贯彻落实党的十八大和十八届三中、四中全会精神，

① 中华人民共和国教育法 ［M］. 北京：中国法制出版社，2016：8.

贯彻落实习近平总书记重要讲话精神，贯彻落实《关于进一步加强和改进新形势下高校宣传思想工作的意见》精神，在新的形势下加强高校思想政治理论课建设的重要举措。《创新计划》把高校思想政治理论课的教材建设、师资队伍建设、教学方法、学科建设、评价标准和二级机构建设等方面提升到体系化高度，明确指出了高校思想政治理论课建设体系创新计划的指导思想、基本原则和目标任务，并且确定了高校思想政治理论课建设体系创新计划的重点建设内容；教育部文件是对《创新计划》文件精神的具体落实。

高度重视创新计划具体落实。《普通高校思想政治理论课建设体系创新计划》明确提出，思想政治理论课是巩固马克思主义在高校意识形态领域指导地位，坚持社会主义办学方向的重要阵地是全面贯彻落实党的教育方针，培养中国特色社会主义事业合格建设者和可靠接班人，落实立德树人根本任务的主干渠道，是进行社会主义核心价值观教育、帮助大学生树立正确世界观、人生观、价值观的核心课程。《创新计划》的通知，强调高校思想政治理论课建设体系创新计划，必须高举中国特色社会主义伟大旗帜，以马克思列宁主义、毛泽东思想、邓小平理论、"三个代表"重要思想、科学发展观为指导，深入贯彻落实《关于进一步加强和改进新形势下高校宣传思想工作的意见》精神。《创新计划》按照系统规划、积极稳妥、敢于创新、重点突破的思路，紧紧围绕提升思想政治理论课课堂教学效果，推进思想政治理论课建设体系创新。主要突出三个方面的考虑：一是顶层设计、系统规划。立足于巩固马克思主义在意识形态领域的指导地位，巩固全党全国人民团结奋斗的共同思想基础，落实立德树人的根本任务，从教材、教师和教学三方面设计总体结构和布局，同时通过一系列具体举措使思想政治理论课建设的各个方面构成相互衔接、彼此支撑、整体推进的建设体系。二是积极稳妥、改革创新。既尊重以往工作基础、取得的成绩和总结的经验，也根据新形势、新任务、新要求，力求思路创新、体系创新和政策举措创新。既面向校内，也面向全社会，力求构建思想政治理论课建设新格局。三是狠抓落实、突破重点。紧紧抓住突出矛盾和问题，重点围绕教师队伍建设、教学方法改革、马克思主义学院建设等，将中央的要求与一线师生的期待结合起来，对准焦点，突破重点，力争目标量化可检测。《创新计划》首次提出要规范马克思主义理论学科本科生、硕士生、博士生培养工作，探索建立本硕博相衔接的人才培养体系。

思政课实践教学进入具体操作环节。2015 年 9 月，《高等学校思想政治理论课建设标准》将"实践教学纳入教学计划，统筹思想政治理论课各门课的实践教学、落实学分（本科 2 学分，专科 1 学分）、教学内容、指导教师和专项经费。实践教学覆盖全体学生，建立相对稳定的校外实践教学基地"。实践教学是思政课的必要组成、重要环节和有效延伸。新时代以来，高校思政课实践教学取得了一定的成效，但仍存在内容缺乏设计性、主体缺乏广泛性、方式缺乏灵活性、资源缺乏多样性、考核评价缺乏系统性等问题。研究发现，很多一线思政课教师建议从设计教学内容、拓展教学主体、创新教学方式、盘活教学资源、优化教学评价等方面推进高校思政课实践教学改革。从 2012 年《关于进一步加强高校实践育人工作的若干意见》中对实践课的要求，到 2015 年《高等学校思想政治理论课建设标准》的颁布，思政课的实践教学进入建设标准实施阶段。

二、新时代高校思政课建设进入标准化时期

在研究中，我们发现部分学者认为从 2016 年开始思政课建设进入标准时期，因为行动总在计划后，虽然 2015 年《高等学校思想政治理论课建设标准》颁布，但真正进入实践阶段是 2016 年。学科建设标准化改变了人们对思政课教学就是"读读文件"的错误认识。2016 年 12 月 7 日至 8 日，全国高校思想政治工作会议在北京举行，加强党对高校思想政治教育的领导。会议上，习近平总书记强调，我们的高校是党领导下的高校，是中国特色社会主义高校。办好我们的高校，必须坚持以马克思主义为指导，全面贯彻党的教育方针。要坚持不懈传播马克思主义科学理论，抓好马克思主义理论教育，为学生一生成长奠定科学的思想基础。课程思政受到重视。在这次工作会议上谈到各类课程与思想政治理论课同向同行，形成协同效应。这就为后来课程思政的建设指明发展方向，至于专业课如何蕴含思政元素，思政课如何将专业化知识融入课堂教学是后来课程建设的主要任务。课程思政是落实立德树人根本任务的理念创新和实践创新。课程思政建设的核心是：课程门门有思政，教师人人讲育人，所有课堂都是育人主渠道。课程思政明确了要把做人做事的基本道理、把社会主义核心价值观的要求、把实现民族复兴的理想和责任融入各类课程教学，要求更明确，行为更规范。

重视思政工作新途径。2017 年 2 月，《关于加强和改进新形势下高校思想政治工作的意见》（以下简称意见）指出，要推进高校思想政治工作改革创新。强调要贴近师生思想实际，加强互联网思想政治工作载体建设，加强学生互动社

区、主题教育网站、专业学术网站和"两微一端"建设，运用大学生喜欢的表达方式开展思想政治教育。《意见》指出，要强化思想理论教育和价值引领。把理想信念教育放在首位，切实抓好马克思列宁主义、毛泽东思想学习教育，广泛开展中国特色社会主义理论体系学习教育，深入学习习近平总书记系列重要讲话精神，引导师生深刻领会党中央治国理政新理念、新思想、新战略，坚定中国特色社会主义道路自信、理论自信、制度自信、文化自信。加强实践教学。要强化社会实践育人，提高实践教学比重，组织师生参加社会实践活动，完善科教融合、校企联合等协同育人模式，加强实践教学基地建设。在实际研究中，我们发现思政工作实践育人与思政课实践教学是两个不同的概念，有观点指出二者的不同仅是参与主体的区别。笔者认为，思政课实践教学与思政工作实践育人有着本质的区别，除了参与主体的不同外，参与形式与工作方法也有很大区别，实践教学必须在教学任务中界定。

马克思主义学院建设标准出台。2017年9月教育部印发的《高等学校马克思主义学院建设标准（2017年本）》，这个文件进一步强化了高校思想政治理论课的机构建设，为思想政治理论课建设和发展提供了强有力的组织保证。《标准》进一步建强建好高校马克思主义学院，不断提升马克思主义学院建设的科学化、规范化、现代化水平，打造马克思主义学院成为马克思主义理论教学、研究、宣传和人才培养的坚强阵地，使之成为办好高校思想政治理论课的坚强战斗堡垒。该标准以"紧紧围绕坚持和发展中国特色社会主义这条主线，引导师生建设良好的政治文化，为巩固马克思主义在高校意识形态领域的指导地位发挥示范引领作用"。同时指出，"把思想政治理论课作为重点课程、把马克思主义理论学科作为重点学科、把马克思主义学院作为重点学院，纳入学校发展规划，进行重点建设，全面推动思想政治理论课建设的思路攻坚、师资攻坚、教材攻坚、教法攻坚、机制攻坚，全面贯彻党的教育方针，落实好立德树人根本任务，培养德智体美全面发展的社会主义事业建设者和接班人"。该文件的发布使全国高校掀起建设马克思主义学院的高潮，使思想政治教育更加受到重视，思想政治理论教学成为全国各高校的重要阵地。

思政课教学细节进入标准化。首先是制定思政课理论教学工作基本要求。2018年4月教育部印发了《新时代高校思想政治理论课教学工作基本要求》。该文件提出要明确指导思想，坚持基本原则，严格落实学分，合理安排教务，规范建设教研室（组），统一实行集体备课，创新集体备课形式，严肃课堂教学纪律，科学运用教学方法，改进完善考核方式，强化科研支撑教学，健全听课指导制度，综合评价教学质量，落实高校主体责任，强化地方统筹管理，加强全国宏观指导，等等。这是党的十九大之后印发的针对思想政治理论课建设的重要文件，是历史经验的总结，具有很强的现实针对性、指导性和可操作性。其次是实现实践课教学科学评价。《要求》强调，从本科阶段思想政治理论课中现有学分中划出 2 个学分，从专科思想政治理论课中现有学分中划出 1 个学分，开展本专科思想政治理论课的实践教学环节。实践教学从 2012 年《关于进一步加强高校实践育人工作的若干意见》中提出对实践课的要求，再到 2015 年《高等学校思想政治理论课建设标准》的颁布，思政课的实践教学进入建设标准实施阶段。2018 年，实践课教学落地，进入实操环节。最后是重申思政课理论教学的重要性。《要求》强调，思想政治理论课承担着对大学生进行系统的马克思主义理论教育的任务，是巩固马克思主义在高校意识形态领域指导地位、坚持社会主义办学方向的重要阵地，是全面贯彻党的教育方针、落实立德树人根本任务的主干渠道和核心课程，是加强和改进高校思想政治工作、实现高等教育内涵式发展的灵魂课程。关于课程思政建设。《要求》强调，落实高校主体责任，建立健全教学管理制度体系，推动各类课程与思想政治理论课同向同行，形成协同效应。课程思政主要形式是将思想政治教育元素，包括思想政治教育的理论知识、价值理念及精神追求等融入各门课程，潜移默化地对学生的思想意识、行为举止产生影响。

2018 年 9 月 17 日，教育部《关于加快建设高水平本科教育全面提高人才培养能力的意见》，《意见》第九条提出强化课程思政和专业思政。在构建全员、全过程、全方位"三全育人"大格局过程中，着力推动高校全面加强课程思政建设，强化每一位教师的立德树人意识，在每一门课程中有机融入思想政治教育元素，推出一批育人效果显著的精品专业课程，打造一批课程思政示范课堂，培养一批课程思政优秀教师，形成专业课教学与思想政治理论课教学紧密结合、同向同行的育人格局。在文件精神的指导下，各高校迅速开展课程思政建设，通过各级教学单位的努力，涌现一批课程思政建设优秀课程。重视实践教学和新媒体思政教育。《意见》在深化创新创业教育改革中提到，应强化实践，促进学生全面发展；发挥"互联网+"大赛引领推动作用，提升创新创业教育水平，推动创新创业教育与专业教育、思想政治教育紧密结合。强调推进现代信息技术与教育教学深度融合，重塑教育教学形态。加快形成多元协同、内容丰富、应用广泛、服务及时的高等教育云服务体系，打造适应学生自主学习、自主管理、自主服务需求的智慧课堂、智慧实验室、智慧校园。大力推动互联网、大数据、人工智能、虚拟现实等现代技术在教学和管理中的应用，探索实施网络化、数字化、智能化、个性化的教育，推动形成"互联网+思政"新形态，以现代信息技术推动高校思政教育升级。

三、新时代高校思政课建设提升时期

学校思想政治理论课教师座谈会召开。我们要根据时代变化和发展实践，不断深化认识，不断总结经验。新时代高校思想政治教育面临新任务新要求需要进行新的探索。2019 年 3 月 18 日，习近平总书记在北京主持召开学校思想政治理论课教师座谈会，强调了思想政治理论课是落实立德树人根本任务的关键课程，谈到了党中央对思政课的高度重视，就办好思政课对教师提出了具体要求和殷切期待。此次会议，极大鼓舞了广大思想政治理论课教师的学习热情和工作热情，着重体现了新时代党和国家对思想政治理论课的高度重视，对思想政治理论课进一步改革发展具有重大推进作用。座谈会上，习近平总书记谈到，推动思想政治理论课改革创新，要不断增强思政课的思想性、理论性和亲和力、针对性。坚持理论性和实践性相统一，用科学理论培养人，重视思政课的实践性，把思政小课堂同社会大课堂结合起来，教育引导学生立鸿鹄志，做奋斗者。习近平总书记还强调要把统筹推进大中小学思政课一体化建设作为一项重要工程，推动思政课建设内涵式发展。要完善课程体系，解决好各类课程和思政课相互配合的问题。座谈会结束后，全国学校掀起学习座谈会精神的高潮，特别是围绕"六要"和"六个结合"的具体要求，一线教师紧密结合教学实际，将习近平总书记谈话精神贯彻到课堂教学之中。同年 4 月 18 日，教育部关于印发《普通高等学校思想政治理论课教师队伍培养规划（2019—2023 年）》的通知，对习近平总书记座谈会重要讲话精神予以落实。在实践中，教育部负责的 96 种马克思主义理论研究和建设工程重点教材，三分之二已投入使用。高校思想政治理论课教学迎来发展的重大机遇。

思政课实践教学与"大中小"一体化。2019 年 8 月 14 日，中共中央办公厅、国务院办公厅印发了《关于深化新时代学校思想政治理论课改革创新的若干意见》,《意见》再次重申思政课的重要意义,强调思政课是落实立德树人根本任务的关键课程,发挥着不可替代的作用。《意见》强调将思政课学习实践情况等作为重要内容纳入综合素质评价体系,探索记入本人档案,作为学生评奖评优的重要标准。推动思政课实践教学与学生社会实践活动、志愿服务活动结合,思政小课堂和社会大课堂结合,鼓励党政机关、企事业单位等就近与高校对接,挂牌建立思政课实践教学基地,完善思政课实践教学机制。在《意见》指导下,各类围绕实践教学的课题等教学科研活动纷纷涌现,以实践教学为主题的论文出现一个小高潮,一线思政课教师纷纷发表各自成熟或不成熟的建议。研究发现,这些合理或不合理的建议大多属于纸上谈兵,真正沉下来开展实践教学并积累有价值经验的不多,大多数教师研究者认为实践教学还停留在参观、展演的感性阶段,未来实践教学如何走上高质量的教学模式,还有待于进一步探索。《意见》要求,在保持思政课必修课程设置相对稳定基础上,结合大中小学各学段特点构建形成必修课加选修课的课程体系。与此同时,还应统筹推进马克思主义理论学科本硕博一体化人才培养,构建完善马克思主义理论学科本硕博学科体系和课程体系。《意见》提出,在"大中小"一体化基础上,整体推进高校课程思政和中小学学科德育。深度挖掘高校各学科门类专业课程和中小学语文、历史、地理、体育、艺术等课程蕴含的思想政治教育资源,解决好各类课程与思政课相互配合的问题,构建全面覆盖、类型丰富、层次递进、相互支撑的课程体系,使各类课程与思政课同向同行,形成协同效应。

创优行动与高质量师资培育。2019年9月2日,中共教育部党组关于印发《"新时代高校思想政治理论课创优行动"工作方案》,《方案》要求充分发挥高校思政课落实立德树人根本任务关键课程作用,全面推动习近平新时代中国特色社会主义思想进教材、进课堂、进学生头脑,建设一支专职为主、专兼结合、数量充足、素质优良的思政课教师队伍,培育一批优质教学资源,打造一大批内容准确、思想深刻、形式活泼的优质示范课堂。《方案》得到贯彻之后,全国高校涌现数批创优活动,起到很强的示范效应。注重高质量师资培养。《方案》将"高校思政课教师队伍后备人才培养专项支持计划"落实到建立和完善马克思主义理论本硕博学科教学体系上,将教学阶段的一体化建设落实到大中小学思政课课程教材一体化建设。为贯彻《方案》精神,一批知名高校开始招收马克思主义理论博士专项师资计划,为思政课教学一线培养高质量人才提供保障。《方案》

强调，思政课实践教学与学生社会实践活动统筹起来，抓好环境创优，推动形成全党全社会努力办好思政课、教师认真讲好思政课、学生积极学好思政课的良好氛围。《方案》要求完善高校思政课建设格局。积极建设"思政课程+课程思政"大格局，制定专项工作方案，全面推进"课程思政"建设，使各类课程与思政课同向同行，形成协同效应。通过推动思政课教学与日常思想政治教育结合，把思政课实践教学与学生社会实践活动统筹；加强民办高校、中外合作办学思政课建设，推动向民办高校选派思政课教师，组建专门讲师团、教授团承担相关民办高校思政课教学任务；建立家庭参与思想政治理论教育的工作机制等具体途径将"思政课程+课程思政"大格局构筑落到实处。

2020年3月1日《新时代高等学校思想政治理论课教师队伍建设规定》施行。为深入贯彻落实习近平新时代中国特色社会主义思想和党的十九大精神，贯彻落实习近平总书记关于教育的重要论述，全面贯彻党的教育方针，加强新时代高等学校思想政治理论课（以下简称思政课）教师队伍建设，根据《中华人民共和国教师法》，中共中央办公厅、国务院办公厅印发的《关于深化新时代学校思想政治理论课改革创新的若干意见》，制定了该《规定》。《规定》指出"思政课教师是指承担高等学校思政课教育教学和研究职责的专兼职教师，是高等学校教师队伍中承担开展马克思主义理论教育、用习近平新时代中国特色社会主义思想铸魂育人的中坚力量"。《规定》对思政课教师的岗位要求是：（1）思政课教师应当增强"四个意识"、坚定"四个自信"、做到"两个维护"，始终在政治立场、政治方向、政治原则、政治道路上同以习近平同志为核心的党中央保持高度一致，模范践行高等学校教师师德规范。（2）思政课教师应当用好国家统编教材。（3）思政课教师应当加强教学研究。（4）思政课教师应当深化教学改革创新。2021年4月修订的《中华人民共和国教育法》首次把劳动教育纳入党的教育方针，新教育法的修订为思政课教学提供了坚强的制度保障。

回顾这一段高校思想政治教育教学的发展史，我们能够清晰地看到思想政治理论教育与思想政治理论课教学实现了科学快速发展，特别是以"3·18"教师座谈会为契机，党和国家对思想政治教育教学事业投入大量人力、物力、财力，思想政治教育迎来了发展的春天，思想政治教育事业进入创新发展的新阶段。主要表现为：（1）功能定位方面，强调把思想政治理论课定位于立德树人的核心地位。习近平总书记在"3·18"座谈会的重要讲话指出，"办好思政课，是我非常关心的一件事。党的十八大以来，党中央先后召开全国高校思想政治工作会议、全国教育大会，我就思政课建设多次讲过意见。我对教育工作在这方面强调得最多，教育工作别的方面我也强调，但思政课建设我必须更多强调"。为了适应教育发展趋势，必须落实思政课育人的主体责任，加强思政课的阵地意识。(2) 内容规划方面，推进马克思主义中国化时代化最新成果"三进"，是长期高校思想政治教育的一项重要任务。创新是理论发展的生命力，马克思主义中国化的过程就是不断实现理论创新的过程。当前的主要任务就是坚持把习近平新时代中国特色社会主义思想作为教学的中心内容和首要任务，不断完善课程体系、加强教材建设，高质量的课堂教学需要高质量的教材作支撑。在实际教学过程中，党和国家教育部门不失时机地组织相关专家及时把党的会议精神融入教材、课堂教学。(3) 机制建设方面，建设"大中小一体化"大思政课程体系，同时构建各学科与思政课同向同行、协同发力的"课程思政"教学机制，形成"思政课程+课程思政"的大格局。(4) 教学手段方面，科技改变生活，科技更改变工作，随着先进科技在教育领域的应用，教学手段也日益更新，推进互联网技术方法、实践教学手段、小班讨论教学与思想政治理论课教学相融合。新时代思想政治理论课教育教学根据时代要求和实践的发展，积极探索创新发展新机遇，抓住信息化契机，坚持理论和实际相结合，充分利用"互联网+"新时代新技术，努力打造贴近学生学习情况、生活实际的新方法。"信息化和经济全球化相互促进，互联网已经融入社会生活方方面面，深刻改变了人们的生产和生活方式。我国正处在这个大潮之中，受到的影响越来越深。我国互联网和信息化工作取得了显著发展成就，网络走入千家万户，网民数量世界第一，我国已成为网络大国。"[1]思政教育务必使信息化的先进技术转化为思想政治理论课教育教学创新发展的最大动力。同时拓展实践教学手段，注重学思结合，注重知行统一，致力于改变传统教学模式重理论轻实践、重知识传授轻能力培养的教育观念。

总之，通过梳理社会主义大学的马克思主义教育史可发现，随着时代变迁和生产力发展，思政课课程体系和教学内容发生很大变化，但是无论如何变化，我们都坚信如果不把唯物主义方法当作研究历史的指南，而把它当作现成的公式，

---

① 习近平谈治国理政：第一卷 [M]. 北京：外文出版社，2014：197.

按照它来剪裁各种历史事实，那它就会转变为自己的对立物。① 要树立这样的科学理念，我们需要把马克思主义和中国的具体实际相结合，与中华优秀传统文化相结合。在思政课教学过程中，我们要充分利用"第二个结合"的科学原理，讲清楚中华优秀传统文化的历史渊源、发展脉络、基本走向，讲清楚中华文化的独特创造、价值理念、鲜明特色，增强文化自信和价值观自信。要认真汲取中华优秀传统文化的思想精华和道德精髓，大力弘扬以爱国主义为核心的民族精神和以改革创新为核心的时代精神，深入挖掘和阐发中华优秀传统文化讲仁爱、重民本、守诚信、崇正义、尚和合、求大同的时代价值，使中华优秀传统文化成为涵养社会主义核心价值观的重要源泉。要处理好继承和创造性发展的关系，重点做好创造性转化和创新性发展。② 我们要清醒地认识到，当今世界范围内各种思想文化交融交锋更加频繁，社会思想意识更加多元多样多变，给思想政治理论课提出了许多新挑战、新要求。思想政治理论课建设虽然取得了显著成绩，但是自身存在许多困难和不足，我们要不断实现马克思主义与实际的新结合，通过思政课小班讨论教学增添教学新动力。

① 马克思恩格斯文集：第十卷 [M]. 北京：人民出版社，2009：583.
② 习近平谈治国理政：第一卷 [M]. 北京：外文出版社，2014：164.

第二章　高校思政课教学改革前景

第一节　传统思政课教学面临的问题

新技术的普及对思政课教师提出更高的要求，那就是跟上时代的步伐，跟上技术的节奏。同时，信息的快速传播也催促着思政课教师要及时更新自己的知识边界，及时提升自身的教学能力。因此，与时俱进不仅是政治要求，也是对教师自身不断发展、不断进行知识储备的学习要求，以便教师随时应对思政课教学面临的挑战。研究发现，以下问题是当前思政课教学亟待解决的关键。

一、思政课传统教学面临的挑战

传统的政治课教学多以灌输式教学为主。这种教学方法在一定时期为政治课教学作出重大贡献，即使今天在某种程度上我们也不能否定灌输式教学方法的可取之处。只是随着时代发展，信息传播方式的变化，信息技术使得知识积累的速度赶不上知识迭代的速度，"在农耕时代，一个人读几年书，就可以用一辈子；在工业经济时代，一个人读十几年书，才够用一辈子；到了知识经济时代，一个人必须学习一辈子，才能跟上时代前进的脚步。"[1] 传统上依靠灌输式教学方法遇到越来越大的挑战，也越来越需要新的教学方法脱颖而出。

第一个挑战是传统教学方式遇到了困难。在生产力落后的社会阶段，人们生活相对简单，生活半径较小，科学认识的任务较简单，教育解决的主要任务"是什么"。随着生产力的提高，人们知识水平的提高，"是什么"已经满足不了人

---

① 习近平谈治国理政：第一卷 ［M］. 北京：外文出版社，2014：403.

们的求知欲，解决不了社会生产的需要，人们在解决"是什么"的基础上迫切想知道"为什么"。在这种背景下，传统教学模式无论是"教"的方式，还是"教什么"都遇到了挑战。新知识还没有被教授就已经发生变化，特别是思想政治理论课教学，一味地灌输和枯燥、单调、乏味、反感等课堂教学的负面效应开始出现，这种负面效应刚开始破坏的是课堂氛围，接着破坏了师生之间传道授业解惑的信任，最令人感到震惊的是学生开始对真理性层面的求知认识出现了麻木。当学生中间出现"要不是期末考试""要不是考研必考"一类的学习目的时，我们不能不对这种麻木的态度不理不睬，思政课教师必须从根源上认识到这种错误态度带来的危害，这种态度起初只是会危害学生的学习，进而危害我们的教育大业，最终危害我们民族和国家的未来。灌输知识的同时，一定要讲清楚知识的逻辑性和科学性。不能因为知识的枯燥而牺牲知识的真理性，科学的知识需要科学的灌输，用教条化的灌输论灌不进任何知识，甚至连灌输论本身也受到质疑。每一个时代的教育都有加强记忆的训练，"强记"是学习知识的基本功，今天的教育不是一般地否认灌输，而是反对不顾实际变化、一味沿袭过去的灌输理论，灌输不是僵化的灌输，而应该是不断发展的灌输。虽然教育离不开灌输，但离不开的绝不是一成不变的灌输，而是不断变化的灌输，科学灌输。

第二个挑战是传统教学"教的内容"遇到了困难。从兴办社会主义高等教育以来，政治课教学采用的教材或课程体系发生巨大变化。为什么会有这些变化呢？这是实践发展的需要，教育发展的需要。这深刻说明，每个时期有每个时期的教材，特别是政治课教材，必须跟上时代和形势发展的需要。这就要求，传统教学思想的转变，既要紧跟教材的变化，也要实时改变"教"的内容；如果不顾时代的发展，不顾教材的演变，一味地强调"教"的重要性，"灌"的合理性，是非常危险的。灌输式教学不可怕，可怕的是灌输式思维。"教"要与时俱进，"灌"也要日新月异。那种不顾教材变化，不顾实践发展的变化，单纯固守于"教"的教学方法必将被时代抛弃。思政课有很多表述是需要熟背的，有人讲，政治知识点背会也没用。我们不知道这个观点是谁最先提出的，又怎么流行起来的。任何知识都有需要记忆的部分，基础部分必须熟背，经验告诉我们，光会背虽然没有用，但背都不会更没有用。理解是建立在记忆基础上的，没有扎实的基础就很难出现深刻的理解。同时"教"的方式和工具也在变化，多媒体的普及丰富了思政课教学环境，一个不会运用软件播放视频解释某些知识点的教师，就会自动失去一种用于"教"的新工具。

第三个挑战是传统教学"教的对象"发生了变化。灌输式教学要想达到教学目的，就必须研究教学对象，了解教学对象，如果不顾教学对象的实际情况，很难达到"灌输"的目的，实现教学目标。在这样的条件下，要么根本灌不进去，要么灌进去后又被倒出来了。人是时代的人，每一个时代的人有每一个时代的特点，那种不顾时代变迁的教学方法，企图用上一个时代的方法教育下一个时代的人，很难不遇到挑战。这种企图不管是懒惰，还是不思进取，都是会被时代遗弃的。形势在发展，时代在进步。要跟上时代前进步伐，就不能身体已进入 21 世纪，而脑袋还停留在旧时代。① 因为我们的教育对象成长在不同的时代，他们的成长已经烙上时代的印记，但是政治课的传统教育在时代的烙印上那么轻描淡写。这种轻描淡写不得不引起我们的反思。

我们必须强调的是，政治课的传统教学、灌输式教学曾经是非常有效的教学模式，今天我们的教学在一定程度上依然要求博闻强记。对于知识的掌握来说，强记是必须的，把必要的知识点通过背诵记忆下来，是学习能力强的一种体现。短时间内采取灌输式教学不失为获取知识的有效途径。我们不能因为灌输式教学存在问题就全然否定它的优点，更不能因为新的教学方法的出现而全面否定原来的教学方法。教学方法的改进会越来越科学，教学方法的改进不是一种教学方法完全代替另一种教学方法，而是在原有办法的基础上吸收新办法，改进老办法。老办法解决不了的问题新办法就一定能够解决吗？新办法会不会产生新的问题？马克思主义辩证唯物法告诉我们，事物的发展是波浪式前进，螺旋式上升，不存在非此即彼的直线式发展轨迹。

二、多媒体教学对传统思政课教学的颠覆

随着电脑技术和互联网技术的发展，教育技术和教学手段也逐渐实现电子化和信息化，新技术在教学上的运用，对教师的授课方式，个人能力和知识储备提出更高的要求；虽然新技术能快速引发师生间的互动，学生渴望教师在课堂讲到新东西，但是同时对教师知道自己不知道的东西保持疑惑，学生手中手机的搜索功能对教师所讲知识的准确性提出严格的要求。另外，新技术还掌握在学生手

---

① 习近平谈治国理政：第一卷［M］．北京：外文出版社，2014：354.

中，手机的录音和拍照功能，对教师的讲课提出更苛刻的要求，教师在讲解某些例证时，一定要讲解得全面彻底，一定要立场坚定，意见果断，不能语焉不详。这样做的目的在于一方面是让学生听懂学会；另一方面是防止学生断章取义，向外传播，造成不良后果。有观点说多媒体教学全面颠覆了传统教学。

第一个颠覆是电子白板或幕布取代了传统的黑板，板书不再是一个教师的必备技能。多媒体教学节省下大量板书时间，但是对教师的口头表达能力提出新的要求。过去一边板书一边构思讲述逻辑的讲课模式逐渐被淘汰，教师需要提前把所需板书内容编辑到 PPT 中，为了避免照着念的尴尬，还需要一份讲义，因为投影仪打出来的内容只是大纲，所有的案例和现场发挥的部分考验着授课教师的综合素质。课堂是否精彩取决于内容，更取决于授课教师的现场发挥和把控。这种电子时代的教学新要求呼唤新的教学模式，过去那种照本宣科的正经课堂还是正经的，不过把正经撑起来的不是照本宣科，而是一种灵活且不失原则的更为严谨的课堂教学，弥补传统意义上板书时间空缺的是内容的饱满，严谨不是照本宣科，更不是高冷，授课教师稍微不留意就会滑入死板枯燥无味的境地，新的要求是思政课不但能讲出理性还要能讲出温度、讲出感性，在风趣中树立信念，在幽默中探求真理，在感动中构筑信仰。

第二个颠覆是大部分学生不再记传统的笔记，课下拷贝教师的课件或手机的拍照功能把学生从冗长的笔记中解放出来。课堂笔记不再是学生专心听讲的标志，也不是应付考试的必杀器。为什么学生不重视课堂笔记？其实问题的实质不是学生不重视笔记，而是教师不重视笔记，没有教师把检查课堂笔记当作平时成绩的要求，没有期末考试的试题范围把课堂笔记包括在内。部分调查显示，高校思想政治理论课的教学模式和考试方式早已把课堂笔记抛弃在一边，我们有什么理由要求学生把边缘化的课堂笔记置于课堂教学的中心地位呢？节省下记笔记的时间，对学生来说，听课不再紧张，不再害怕教师的黑板擦擦掉来不及记下的内容，不再因为看不清黑板而焦虑。解放了双手，增加了双眼的注视范围，增加了双耳的灵敏度。传统的讲解知识已经不能满足这种状况，往往是教师使出浑身解数也难以达到学生的满意。粉笔板书时代，教师偶尔拍拍手上的粉笔末随便点缀一个故事就能使学生快乐一个学期的时光犹如流水一样转瞬即逝。这个多媒体时代，教师精心制作的短视频不一定能提高课堂的抬头率，那种"你放的视频都老掉牙了""视频大家都知道"的现象引发视觉阈值出现疲惫，学生需要新的教学方法，我们相信会出现且一定会出现新的教学方法满足学生的需要。

第三个颠覆是考试带来的变化。随便背诵就能拿到高分的日子远去了，试题的设计越来越注重考查学生的理解能力、分析能力和运用能力，通过背诵就能解答的题目在考试中所占的比重越来越少，考试开始注重实践能力和综合能力的考查和评价。思政课更加重视理论联系实际的运用，更重视马克思主义基本立场、观点、原理在实践中的运用。新的考试形式和考试内容要求教学模式发生新的变化，传统意义上期末一张卷子的一次性评价方式已经逐步被替代，实践课教学评价和小班讨论教学评价等平时成绩开始占据成绩的较高比例。即便是传统的期末考试，除了分值比例有所降低，还有考试形式的变化，面对现代化新型的思政课考试，除了随便背诵不再灵验，还有就是考试具体形式的变化，线上的无纸化考试逐渐有取代传统考试的趋势。另外，题库的科学设计必将代替教师临近期末出一两套试题就应付过去的考试方式，为了保证试题的科学性和严谨性，新的考试方式更加注重试题的设计，题库就是满足新要求的一项举措。

多媒体教学已经成为当前教育的主流方式，退出课堂的教学元素还在有序退出，除了教学竞赛或招聘教师的面试环节有要求板书的环节，日常的教学中板书的退出越来越快，这一点可以从教室备用的粉笔得到佐证。过去学生写文章描述教师时会写"粉笔屑染白了教师的乌发"；今天学生描述教师长时间坐在电脑前备课时，大概率会用"屏幕的辐射使教师掉光了头发"。白发好歹还有头发，秃头便是连头发也没有了，从白发到无发，间接说明教师的工作量在加重。过去两节课80分钟，教师只需讲50分钟，其他时间在板书；现在两节课80分钟，需要教师讲述80分钟，因为电子课件节省了板书时间。为了准备这80分钟的课堂讲述，教师需要200分钟的备课时间。即便如此，学生还未必喜欢，教材内容不能不讲，也不能全讲教材内容，离开教材的电子课件是不符合教学要求的，照本宣科又不是学生的期盼。多媒体教学时代迫切要求一线教学，特别是思政课教学及时跟上时代的发展，用新的教学理念引领新时代的高等教育。

三、互联网时代思政课教师面临的困境和对策

信息技术及随之而来的信息爆炸给思政课教师的教学带来一定便利的同时，也形成一些困境和挑战。

第一个困境是知识储备短缺。信息技术在资料查阅与存储方面给人们提供了

便利，也使人们养成一定的惰性，认为有些知识不需要记忆，实时搜查就可以。对于教师来讲，普通人能搜能查的知识，教师决不能对学生说"这个知识点我查一下百度再回答你"，而是做好张口就来，说出来就对。因此，面对如何储备知识，一方面是信息时代对学习知识方式的挑战。互联网改变了人类的生活，更改变了相当一部分人的工作，尤其是从事文字工作的从业者。技术的更新，观念的颠覆，产业的调整，对文字工作者产生较大的职业冲击、心理冲击等。过去以卖纸质广告版面为生的报纸率先失去传统阵地，固守于两本书就能混一辈子的教师开始胆怯三尺讲台，教师的教学工作在互联网信息爆炸的冲击下不知不觉走入了困境。长年累月积累的知识，在互联网搜索引擎面前，显得格外苍白，过去那种"教学生一杯水，教师需要有一桶水"的观念面临挑战。毫无疑问，快速的搜索省却了长久的记忆，出现了"教师有一桶水，学生可以轻易找到一条河"的尴尬，但是这不等于知识记忆完全没有必要。在实际工作中，强调知识的记忆已经无法引起学生的重视，这是教学工作者不得不面对的困境。面对这种困境，不但学生需要重新塑造正确的学习观，教师也需要塑造有效的教学方法观。另一方面是教师如何解决这个问题呢？扎实的专业知识依然是教师的必备基础。熟练地讲出专业术语依然是赢得学生钦佩的必杀技，一个在课堂上对基本表述都陌生的教师一定会在学生面前失分。面对学生"百度搜搜就知道"的情况，教师不能同样抱着"搜搜就知道"的心理，学生"搜搜就知道"是为了验证知识的正确与否，教师要做的是"不搜也知道"。基本知识、基本技能是教师的必备基础。教师要具备学术专业与知识渊博相结合的综合素质。高校思政课教师面对的学生，不再是单纯求知，而是有多重成长的需求。思政课属于社会科学，传统的社会科学的文史哲是相通的，这就要求教师应知识渊博。如今，对思政课教师的要求不再注重基础的渊博，而注重思政课教师读书的学历高低，一般本科院校入职的思政课教师学历门槛都是博士，其专业性毋庸置疑，尤其学生搜索的是该教师的科研成果。当学生在搜索引擎中搜到任课教师的作品时，学生对教师的信任会更加强烈。专业性不等于渊博，所以他们知识的渊博程度还有待进一步提高。

　　第二个困境是价值观的缺失。价值观是基于人一定思维感官上而作出的认知、理解、判断或抉择，也就是人认定事物、辨别是非的一种思维或取向，从而体现出人、事、物一定的价值或作用；价值观具有稳定性和持久性、历史性与选择性、主观性的特点。价值观对动机有导向的作用，同时反映人们的认知和需求状况。在思政课教学中，除了知识储备短缺，价值观的缺失也是教学工作者面对的另一个困境。这个困境是思政课教师必须解决的问题，高校应把塑造大学生的价值观提到更重要的位置。信息的多元化很容易对主流价值观产生冲击，主流价值观遭到多元价值观的围堵，"教师是人类灵魂的工程师，承担着神圣使命。传道者自己首先要明道、信道。高校教师要坚持教育者先受教育，努力成为先进思想文化的传播者、党执政的坚定支持者，更好担起学生健康成长指导者和引路人的责任"。① 有观点认为，大学生还处于价值观形成时期，有点叛逆，有点情绪化，即便我们给青春的叛逆一个原谅，但是我们作为思政教育工作者，最终的目的还是把正确的价值观讲给青年学生，帮助他们认识和树立正确的价值观。互联网信息像巨浪一样冲刷着这个社会，所过之处，杂草丛生，如何抽丝剥茧般地从浩瀚的信息中把一般真理揭示给学生？另外，学生希望教师的课堂只剩下真理一丝不挂地裸露着，任何试图给真理涂上色彩的说教都会被报以鄙夷的目光。就着真理讲真理，教师会被学生回报"你讲的这些我们都懂，你还会别的吗"的蔑视。这种蔑视促使思政课教师在教学方法上要么"痛改前非"彻底改革，要么继续在"大家一直就是这么教的"的自我安慰中领取学生的蔑视，描述这种蔑视的就是一个叫"抬头率"的指标。教师讲到兴奋点，学生便抬头兴奋一下，不过刺激兴奋的不是教师，而是其他的刺激物。过去是纸质杂志和小说，如今手机上就可以读小说了。有人把责任归咎于手机，甚至在课堂上把学生的手机强制收走，但收效不高。其实，刺激学生兴奋点一直是教师的责任，学习是辛苦的，教书也是辛苦的，教师不能只会讲知识，还要学会有艺术地讲知识。马克思主义是真理，思想政治理论课教学就是在传道授业解惑。如何把这个真理当作真经传下去，不得不引起广大思政课教学工作者的思考。

　　第三个困境是师生互动的缺位。课堂教学是否有良好的互动是评价课堂教学的一个重要指标。什么是互动？是不是教师课堂提问学生积极回答问题就是互动呢？我们对互动的一般判断就是如此，其实这种判断是比较肤浅的。什么是互动呢？互动就是彼此联系，相互影响的过程。"互"是交替，相互；"动"是起作用或变化，使感情起变化。归纳起来"互动"就是指一种相互使彼此发生作用或变化的过程。一直以来，"互动"从词义上来说是相互作用的一个过程。有观点

---

① 习近平谈治国理政：第二卷［M］．北京：外文出版社，2017：379．

把互动引入教学改革，倡导互动式教学，互动式教学就是通过营造多边互动的教学环境，在教学双方平等交流探讨的过程中达到不同观点碰撞交融，进而激发教学双方的主动性和探索性，达成提高教学效果的一种教学方式。今天我们探讨的不是互动式教学，而是常规教学中的互动。

　　传统的思政课教学，教师只要知识渊博，文哲史相通，上起课来就能运用自如，事例、典故、引文信手拈来，既让学生佩服得五体投地，也把课堂讲得精彩纷呈。当前，师生互动已经严重缺失。首先，师生互动的衔接背景缺失。互联网时代的到来，改变了师生之间互动的知识背景，一个历史背景的幽默往往得不到学生的回应，这种让人窒息的尴尬，就好像"李时珍中医药座谈会"有人满会场问询李时珍是否到场的尴尬。实践告诉我们，十年前的大学生还有武侠小说的阅读基础，课堂上讲述武侠环节的幽默还能引发学生的积极回应，随着时光的流逝，这种幽默只能是讲述者的自我幽默。如何塑造思政课严肃活泼生动幽默的氛围，这也是思政课教学亟待解决的问题。学生不懂教师的幽默，这种不懂就好像"白天不懂夜的黑"那种不懂，教师的部分知识陈旧，学生的部分知识存在空白，归根结底是教师和学生获取日常知识的载体和方式存在巨大差异。这种差异体现在，除了课堂教学以外，师生在生活、娱乐等方面存在鸿沟，这里面既有时代的因素，也有个性化的因素，我们通过问卷调查过青年教师与学生的交流问题，结果显示，多数青年教师也不懂学生玩的游戏等娱乐方式。其次，师生互动的语言交流方式缺失。语言随着时代的发展而变迁，文言文和现代汉语就是时间造成的差别，这种差别在时间单位较小时很难体现出来，互联网的出现加速了这种差别，过去数十年的语言变迁如今在网络上只需要几个月或几天就能实现，每年新生的词汇大多来自网络。这些新生的词汇给人以潮流、时尚、跟得上发展节奏的象征，而部分教师觉得用这些新生词汇有失身份，教师就应该正统、严格。这就造成师生互动的语言交流方式存在障碍，虽然短时间内这个障碍影响不大，但是对教学效果的影响还应该引起教师的注意。最后，师生互动的价值认同缺失。价值认同是指社会成员或组织在社会活动中对某类价值的内在认可或共识，通过这些认可或共识，形成自身在社会实践中的价值定位和定向，由此决定自己的理想、信念和追求。它是社会成员对社会价值规范所采取的自觉接受、自愿遵循的态度。在思政课教学中，除了社会主义核心价值观，还有非核心价值观。在这里，我们探讨的是非核心价值观的认同问题，比如消费价值观、娱乐价值观等。

教师在课堂讲授核心价值观时，学生都有大局观念，都会认为"教师只能这样讲，这是要求"。但是，当教师的观点中带有非核心价值观的个人看法时，可能与学生的看法有较大差异，甚至完全不同，这是思政课教师需要认真研究并提出科学观点。

第二节 思政课教学改革的方向

推动思想政治理论课改革创新，要不断增强思政课的思想性、理论性和亲和力、针对性。要坚持政治性和学理性相统一，以透彻的学理分析回应学生，以彻底的思想理论说服学生，用真理的强大力量引导学生。要坚持价值性和知识性相统一，寓价值观引导于知识传授之中。要坚持建设性和批判性相统一，传导主流意识形态，直面各种错误观点和思潮。要坚持理论性和实践性相统一，用科学理论培养人，重视思政课的实践性，把思政小课堂同社会大课堂结合起来，教育引导学生立鸿鹄志，做奋斗者。要坚持统一性和多样性相统一，落实教学目标、课程设置、教材使用、教学管理等方面的统一要求，又因地制宜、因时制宜、因材施教。要坚持主导性和主体性相统一，思政课教学离不开教师的主导，同时要加大对学生的认知规律和接受特点的研究，发挥学生主体性作用。要坚持灌输性和启发性相统一，注重启发性教育，引导学生发现问题、分析问题、思考问题，在不断启发中让学生水到渠成得出结论。要坚持显性教育和隐性教育相统一，挖掘其他课程和教学方式中蕴含的思想政治教育资源，实现全员全程全方位育人。① 思政课作为立德树人的核心课程，必须把立德树人作为教学改革的主方向，在这个主方向的指引下，任何不利于立德树人的改革措施都不可取，而只要有利于立德树人的教改环节都可以探索尝试。在思政课教学改革方面，要敢于发现问题，"承认我们哪些方面有缺点，哪些方面还不足，这就是解决问题的起点，克服弱点、克服缺点的起点"。② 思政课是实践性很强的课程，如果忽视教育的实践性，只在雾里看花就很难达到价值观的教育目的。同时，思政课有严谨的政治立场，如果不顾教育方法的阶级立场，盲目照搬照抄只会起到本末倒置的效果。思政课

① 习近平谈治国理政：第三卷［M］．北京：外文出版社，2020：330-331.
② 邓小平文选：第二卷［M］．北京：人民出版社，1993：61.

教学改革，必须遵循一定的基本原则，这些基本原则就是坚持马克思主义意识形态的主阵地，坚持以学生为中心，坚持问题导向。

一、坚持马克思主义意识形态的主阵地

思政课教学改革坚持马克思主义意识形态主阵地是政治要求，更是价值体现。思政课是为政治服务的，这一点必须直接表明，不能语焉不详，不能遮遮掩掩。思政课立德树人就是为了教育青年一代信仰马克思主义，热爱中国共产党，热爱社会主义，树立共产主义理想。如果思政课都不能保证为政治服务，谈何办社会主义教育呢？思政课必须为政治服务，这是要求，也是任务。无论是教师课堂教学还是课程改革都必须坚守这一使命。在教学改革中如何完成这项伟大的使命呢？

第一，坚决贯彻党的会议精神，落实党的教育方针。首先，中国共产党作为伟大的成熟的政党，会定期召开党的代表大会，就当前的国内外形势进行科学分析，总结过去近期的经验教训，对未来的事情进行科学规划。党的重大会议形成的决议，是党的方针政策的集中体现，思政课教学必须体现党的重大会议决议的指导精神。党的百年奋斗重大成就和历史经验，深刻揭示过去我们为什么能够成功、未来我们怎样才能继续成功的基因和密码，充分彰显我们党高超的政治智慧和责任担当、高度的历史自觉和历史自信。把会议决议精神融入思政课教育教学对于青年学生了解中国共产党百年奋斗历程，使青年学生更好地成为中国特色社会主义事业建设者和接班人，具有十分重要的意义。其次，按照党中央的精神和指示，国家教育部门会下达教育政策。这些都需要在思政课教学中严格贯彻。同时，各个大学的专业领域和实际情况不同，大学党委也会根据本单位的具体实际提出更高的要求，学校的教学要求和相关规定也需要思政课教学严格遵守。当前，要准确把握党的重要会议决议精神和教育政策融入思政课教育教学的目标要求。引导青年学生进一步牢记"两个确立"、增强"四个意识"、坚定"四个自信"、做到"两个维护"，树立共产主义远大理想和中国特色社会主义共同理想，厚植爱国主义情怀，把爱国情、强国志、报国行自觉融入坚持和发展中国特色社会主义、建设社会主义现代化强国、实现中华民族伟大复兴的奋斗。最后，思政

课教学活动不但要落实党的方针政策，教师还要坚守坚定的政治立场。如果教师在讲述知识时头头是道，发表观点时偏离党和人民的观点，这是坚决反对的。学术无禁区，讲课有纪律，思政课教学提倡以学术讲政治。在高校思政课教学课堂，允许探讨学术前沿问题，但不能以学术无禁区为借口随意天马行空。不要说大学思政课教学，就是研究生教育研究思政专业学术问题，也一定会存在不适合探讨的区域。其实不但思政课，任何课程都不存在不受限制自由发挥的情况。学术研究是自由的，但自由不是绝对的。在这里奉劝一句那些以禁区思维搞研究的，在允许的范围内都搞不好研究，真的把所谓的禁区放开了，这些人依然搞不好，因为禁区总是存在的。

　　第二，坚决用马克思主义的立场观点和方法武装学生头脑。首先，要树立科学的观点。讲授马克思主义知识是一回事，用马克思主义的立场观点方法武装学生的头脑是另一回事。我们坚决反对那种认为只要会讲课就一定能帮助学生树立正确世界观、人生观、价值观的看法。观念的成长与知识的获得并不是天生的孪生姐妹。在人类历史上，满嘴仁义道德的伪君子并不缺乏例证。在我们中国社会里面，"仁义道德"其实已经被倡导了上千年了，它也是我们文化的核心。在以往，我们评价一个人特别讲道德，特别讲仁义，就说他是坦荡荡的君子，有贤者的风范。可在如今，我们说一个人满口"仁义道德"，却带有贬义的意思在里面。为何会产生这般的变化呢？其实就是人心和世道发生了极大的变化。尤其在现今的社会，总是有人拿仁义道德来伪装。因此在思政课课堂上，教师不但要教会学生知识，更要教会学生做人做事。其次，思政课教师要以身作则。在思政课堂上，有部分教师讲述马克思主义理论时非常精彩，但是一碰到实际例证，张嘴就来"那不就是"一类缺乏辩证思维的言论。"那不就是"不是马克思主义的立场观点和方法，这种说法忽视了事物发展的观点，只看到事物的过去，没有看到事物发展起来以后的阶段。马克思主义认为事物是永恒发展的。不存在"那不就是"的事物，"那不就是"是静止的观点。马克思主义认为事物是普遍联系的，即便是事物本身发生的变化不大，周围与之联系的事物总要发生变化，"那不就是"的观点是片面的，不是辩证的。这种观点看似无害，特别是在马克思主义语句的掩盖下，还很具有迷惑性、欺骗性。这种观点危害性是巨大的，不利于学生树立正确的观点和立场。要克服这种错误的观点，必须树立理论联系实际的观点。避免把马克思主义庸俗化，毛泽东同志讲过：我写文章，不大引马克思、列宁怎么说，报纸老引我的话，引来引去，我就不舒服。应该学会用自己的话来写文章。当然不是说不要引人家的话，是说不要处处都引。主要的是用马克思主义的立场、观点、方法来分析问题，解决问题。① 最后，要理论联系实际。一切从实际出发，理论联系实际，实事求是，在实践中检验真理和发展真理，是我们党在长期的革命和建设实践中确立的思想路线，是我们党认识、分析和处理问题所遵循的最根本的指导原则和思想基础，也是思政课教学中教师坚守的原则。

第三，坚决同各种非马克思主义错误思潮作斗争。坚守马克思主义意识形态的主阵地，还必须同各种非马克思主义错误思潮作斗争。由于经济成分发展的多样性和意识形态的独立性，中国特色社会主义社会在一定程度上还存在着多种社会思潮和部分资本主义社会意识形态，甚至是封建社会意识形态。在实际生活，这些非马克思主义的社会思潮和非社会主义社会意识形态，还有一定的社会基础，虽然这些认识已经被社会主流价值挤压到边缘地带，但是它们对社会的危害不能忽视、轻视或无视。切实有效地批判各种非马克思主义错误思潮，是坚持和发展马克思主义的一个重要课题。社会思潮多元化是我国经济体制转型的必然结果，但我们不能僵化地认为多样化的社会思潮就是与指导思想的单一性相违背的。不是所有的社会思潮都是反马克思主义的，马克思主义在本质上是符合历史潮流、符合最广大人民根本利益的，因而多样化的社会思潮，只要是符合人们正当的利益要求，最终都将纳入马克思主义的意识形态。当前，我国意识形态的主流是好的，但也客观存在着不符合中国客观实际的、非马克思主义的、反马克思主义的错误思潮，需要我们时刻警惕并加以反对。另外，要警惕非马克思主义错误思潮的影响。各种错误的社会思潮和流派的政治观点、思想倾向和表现形式尽管有所不同，但他们的阶级立场、基本观点和哲学基础基本相同。他们都站在资产阶级的立场鼓吹资产阶级的自由化，并用抽象的人道主义来解释历史、观察社

①　邓小平文选：第二卷［M］．北京：人民出版社，1994：118．

会。就其实质就是鼓吹资本主义道路。随着改革开放的深入发展，境外反动势力试图以各种方式渗透，摇身变换为极具欺骗性的角色，这类角色非常善于利用社会的正常矛盾煽动普通人的情绪，以达到激化社会对立的险恶用心。特别是在网络上，一些别有用心的人靠发表不当言论迷惑不明真相的青年学生。我们一定要用马克思主义武装青年学生，在一些场合坚决同反马克思主义的社会思潮或非社会主义的意识形态做斗争。在思政课堂教学中，教师要教会学生识别这类现象，增加学生的辨别能力和斗争能力。

二、坚持以学生为中心

我们共产党人不仅要认识世界，而且要改造世界；不仅要当群众的学生，还要当群众的先生，党不是要发展群众运动中的自流性，而是要使党的方针在群众运动中获得发展。① 思政课教学改革必须坚持以学生为中心，坚持以学生为中心是党以人民为中心的立场在教育领域的具体体现。学生是教学中的主体，教学效果如何主要看学生的获得感，教育是否成功主要依据学生是否成长成才。这主要体现在三个方面，坚持以学生的学习为中心、坚持以学生的生活为中心、坚持以学生的成长为中心。

第一，坚持以学生的学习为中心。学生是祖国的未来，学习知识是学生成长为国家栋梁的重要基础。在当今世界，所有的国家和民族都非常重视教育工作，一个没有教育的国家和民族是没有希望的国家和民族。首先，坚持以学生的学习为中心，必须科学设置学生学习的内容。学习内容包括基础知识和前沿科学认识。思政课程教学内容体系要随着时代和实践的发展不断充实，这是学科要求，更是政治要求。把党的会议精神定期融入教材是思政课学习内容科学变化的必然要求。科学设置学习内容，除了以教材出版为标志外，教师及时把当前产生的有关党的教育方针政策融入课堂教学也是思政课教师不可推脱的责任，教师的课堂积累为教材出版提供了宝贵的课堂经验。这些经验来自学生实际学习情况的实践总结，是学生对所学内容的真实反映，是对政治课教学规律的真理性认识，更是

---

① 邓小平文选：第一卷 [M]. 北京：人民出版社，1994：72.

教学改革的实践基础。其次，坚持以学生的学习为中心，必须进行科学的教学改革。在教学改革中，立足处理好统一规范管理与激发改革活力的关系。教学改革必然有突破，突破就要触及已有的规范，不打破已有的规范，创新和改革就难以进行。在思政课教学改革中，教师教学行为和学生学习方式发生深刻变化，这种教学行为和学习方式的变化要始终围绕学生，只要坚持以学生为中心，教与学方式改革创新的氛围日益浓厚，不然就会产生消极的结果。在教学改革中，充分利用人工智能和大数据技术，加强过程性与增值性评价①，注重发挥教学评价的引导、改进与激励作用。学生的学习内容，应该是以教材为基础，根据教师的个人研究特长适当扩展，这样的教学内容既有教材的要求的一致性，又有教师的鲜明个人特色。最后，坚持以学生的学习为中心，必须进行立足于实践需要。理论与实践是思想政治教育的基本范畴之一，辨析、厘清"理论需要"与"实践需要"的关系，并将两者统一是思想政治教育的内在命题。在教学实践中，我们会思考：孩子喜欢什么样的教师？有人认为，如果教师对自己所教授的领域非常精通，那学生肯定喜欢；也有人认为，如果教师多才多艺，即使才艺和他所教授的领域无关，学生也会喜欢这样的教师；还有人认为，学生喜欢善于沟通或有幽默感的教师。针对讲得多做得少，学生对所学知识缺乏内在兴趣等问题，教师应做到强化做中学、用中学、创中学，激发学生好奇心、想象力、探求欲，提升学生解决实际问题的能力，培养学生实践能力。

第二，坚持以学生的生活为中心。高校学生除了学习活动，还有校园生活、个人心理、集体生活、社会活动等。一方面，以学生为中心不能仅以学生的学习为中心，还要注重学生的生活和心理活动。学生不但要学习知识，还要有高尚的政治追求、强健的体魄、良好的人际交往、阳光的性格、健康的心理、积极的心态。当前，教育界注重综合素质和综合能力的培养，综合素质是指一个人的知识水平、道德修养及各种能力等方面的综合素养。人的综合素质的全面提高是社会发展的一般要求和趋势，尤其是当前人类即将迈入知识经济社会，提高人的综合

① 增值性评价是国际上最前沿的教育评价方式，不以学生的考试成绩作为评价学校和教师的唯一标准，引导学校多元发展。教育增值评价就是以学生学业成就为依据，追踪学生在一段时间内学业成就的变化，并将客观存在的不公平因素的影响分离开来，考察学校对学生学业成就影响的净增值评价。

素质尤为迫切。综合素质是指人的外部形态及内部涵养、各项潜能、综合能力、各项能力、各方面全面发展的素质。综合素质的外部形态及内部涵养是指人们自身所具有各种生理的、心理的和外部形态方面及内部涵养方面比较稳定的特点总称，它包括身体素质、心理素质、外在素质、文化素质、专业素质。各项潜能是指人所具有的认识、分析、处理事物的潜能，通常包括思想素质、文化素质、身体素质等。综合能力包括综合素质和职业能力两方面，其中综合素质是指为人处世、逻辑思维、开拓创新等方面的素质。各项能力是指业务能力、外语能力、电脑操作能力、获取知识的能力、一定的组织能力、管理能力、文字表达能力、公关能力等。各方面全面发展的素质是指思想品德、业务、人文、科学、心理和身体等方面的素质，每个学生在校期间虽然可以根据自身条件发展自己的兴趣、爱好和特长，但切不可忽视全面发展。另一方面，高校思政课教学改革不是要照顾学生的所有方面，而是在思政课能够涵盖的范围秉承以学生为中心开展教学改革，思政课教学改革要有利于培养学生高尚的政治情操，有利于学生构建良好的社交关系，有利于学生形成阳光健康的心理认知、积极向上的人生态度，使学生能经受得起挫折与失败的考验。学院坚持新时代"大思政课"理念，将课程思政作为落实立德树人根本任务的重要抓手，提升大学生综合素养、帮助大学生树立正确的"三观"。学院正确认识并科学应用课程思政这一育人方法，夯实大学生素养提升的基础，实现知识传授、技能训练与价值引领的同向同行、同步实施。课程思政是思政理论教学与专业课教学有效融合的教学方式，扎实开展课程思政是高校人才培养工作的关键一环，是大学生素养形成并提升的重要助力。思政课教师与其他专业教师共同努力深挖专业课、公共课中蕴含的思政元素，将理论知识与业务技能的教学与综合素养的提升紧密结合起来，有效拓展大学生素质提升的路径。目标的导向作用则需要思政课在理论授课、实践课参与、小班讨论教学等环节在教学目的与教学设计中体现出来。

第三，坚持以学生成才成长为中心。十年树木，百年树人。国家的发展，人才是基础，大学教育的根本就是为国家输送合格人才。高校三至五年的教育，是学生成为人才的关键时期。思政课教育是培养合格人才的关键课程，大学毕业后，不管学生是否从事本专业本领域，思政课会影响学生终身。所以，在思政课教学改革环节，必须以学生的成长成才为中心。一方面要培养学生的家国情怀，坚持把中华优秀传统文化融入思政课堂。家国情怀，是每个国家未来的保障，它是社会进步的源泉，是国家兴旺的动力。学校是知识的殿堂，更是培养国家未来的摇篮。学校不仅是知识的传授机构，更是家国情怀的滋养地，社会责任感的培养场。在一个多元文化、信息繁杂的时代，培育学生坚定的家国情怀和社会责任感变得尤为重要。家国情怀是每个国家未来的保障，它激励人们为国家和社会的进步努力奋斗。然而，这种情感需要在学校得到培育和引导，中华优秀传统文化所蕴含的道德精神、价值理念和思维方式有助于加快推进中华民族伟大复兴，为学校完成立德树人根本任务提供精神滋养和教育源泉。另一方面，坚持把红色文化融入思政课堂，思政课注重理论讲解，在讲解理论的同时可以把红色故事或党的精神谱系通过实践课及小班讨论的方式展现出来，培养学生爱党的政治情怀，跟党走的坚定立场。以学生为中心不是学生中心论，坚决摒弃肤浅的学生中心论观点。以学生为中心，不是学生想怎么样就怎么样，不是学生想怎么学就怎么学，不是学生要求教师怎么教教师就怎么教。邓小平说，"人民群众提出的意见，当然有对的，也有不对的，要进行分析"。① 思政课教学改革要善于集中学生的正确意见，对不正确的意见给予适当解释。指导我们一定要科学辩证地看待以学生为中心的真正含义，一定要严谨地看待教师的主导作用，决不能机械地、教条地以学生为中心。那种表面上以学生为中心，或以学生为中心为借口的做法，都不是为学生负责的科学态度。

三、坚持问题导向

思政课教学改革必须坚持以问题为导向。以问题为导向是个非常时髦的词汇，这句话说出来很容易，但做起来很难。问题导向就是以解决问题为方向，少做与问题关联不大、不做与问题无关的无用功。坚持问题导向不仅是工作方法、精神境界，更是原则、政治品质。精神萎靡、意志消沉、不思进取，就很难主动去发现问题，即使遇到问题也会视而不见、听之任之。问题意识折射的是宗旨观念、责任意识，彰显的是忧患意识、进取精神，展示的是积极向上、奋勇向前的工作状态。问题有很多个，到底以哪一个问题为导向？问题有大问题有小问题，有重要问题有次要问题，有复杂问题有简单问题。所有的问题都是导向吗？如果把所有的问题都当成导向，那就是没有导向。这就要求我们在教学改革中，抓住

---

① 邓小平文选：第二卷［M］. 北京：人民出版社，1994：145.

那些根本性问题、关键性问题，而不能不加区分，把任何问题都当成导向，否则我们的改革就失去方向和意义。

第一，抓住根本性关键性问题。认识关键性问题，有的问题注定是导向，而有的问题天生就是问题，我们只关注那些是导向的问题，即根本性关键性问题，至于那些没有价值的问题，我们必须科学地判定后，避开它们的干扰。什么是根本性关键问题呢？这就需要回到思政课的根本任务上来，思政课的根本任务是立德树人。立什么德？树什么人？这是思政课教学改革的首要问题，任何偏离这个问题的改革就会失去方向。坚持社会主义办学方向，为社会主义建设培养人才，是思政课教学改革的出发点和归宿点。有了这样的方向和出发点，改革中的各项措施就有了定盘星，那些试图用怪异思想和错误认识扰乱思政课教育的企图就难以得逞，那些违背社会道德的说教就会原形毕露。如何抓住根本性关键性问题呢？首先是坚持用马克思主义为指导，马克思主义是我们的指导思想，更是我们认识世界的科学武器。习近平总书记在哲学社会科学工作座谈会上强调，坚持以马克思主义为指导是当代中国哲学社会科学区别于其他哲学社会科学的根本标志，而要坚持以马克思主义为指导，要解决真懂真信的问题，核心要解决好为什么人的问题，最终要落实到怎么用上来。思政课教师自觉把中国特色社会主义理论体系贯穿研究和教学全过程，转化为清醒的理论自觉、坚定的政治信念、科学的思维方法。培育社会主义合格接班人，必须坚持马克思主义为指导。其次，坚决贯彻党和国家的教育方针。党的教育方针是党关于教育的指导思想和基本纲领，是党的理论和路线方针政策在教育领域的集中体现，是党和政府制定教育政策和开展教育工作的重要依据。新时代党的教育方针是一个整体，内涵丰富。全面贯彻新时代党的教育方针，首先要完整把握和准确理解其核心要义。党和国家的教育方针是经过实践检验后证明正确的科学认识，也是我们认识解决教育问题的答案所在，这些方针政策可能不会解决所有问题，但是绝对能为我们解决所有问题提供思路，提供智慧。最后，以开放眼光借鉴优秀理论成果。这个世界是多姿多彩的，每一种文明、每一种教育都有优秀的成分存在，教育改革必须坚持以开放的视角博采众长，充分吸收各类教育的优秀成分。经过对比分析，才会看清自己与他们的优劣，才能做到取长补短，否则就是坐井观天，不但发现不了根本性问题，甚至连微小问题都发现不了。所以，坚持马克思主义指导，坚决贯彻执行党和国家教育方针，坚持开放的视角是抓住根本性、关键性问题的重要法宝。

第二，关注现实性问题。坚持以问题为导向必须关注问题的现实性。如果一个问题脱离实际，只是以空中楼阁的形象高谈阔论，结果只能是隔靴搔痒，并不能解决实际问题。如果以这种脱离实际的问题为导向将发生严重错误，以这种问题为基础的改革措施在教学中不是难以执行，就是执行中出现这样或那样的偏差。一个不切实际的理论指导下的实践只能是同样的不切实际。关注现实性问题。首先是关注国家和社会发展的需要。国家需要是国家有机体所固有的，而不是从外界强加给国家的。随着科技和社会的发展，国家和社会的需要也在发生变化，国家社会需要处于不断地变动之中，这是国家内部和外部因素共同作用的结果。一方面，旧的国家社会需要不断消灭，新的国家社会需要不断产生；另一方面，存在着的国家社会需要也不断经历着形态的更替、强度的变化如今科技日新月异，科技深刻地改变了人们的社会生活和生产。教育也紧跟时代的发展，关注国家和社会的需要。其次是关注学生成长的需要。学生成长是指个体在学生生涯阶段中身心上的持续的规律的变化过程。青年是国家的未来，一个民族的文明进步，一个国家的发展壮大，需要一代又一代人接力努力，需要很多力量来推动，核心价值观是其中最持久最深沉的力量。① 学生的成长受到遗传素质、社会环境、学校教育及学生主观能动性的影响。社会和教育对学生提出的要求所引起的学生新的需要与学生已有的心理水平之间的矛盾，是学生不断向前发展的根本动力。要根据学生的实际需要进行教学改革才会有的放矢，才能契合学生的学习需求。最后，关注现实性问题要看到外部条件的变化。一个事物在没出现时就不是现实的，但只要它合乎发展的客观必然性，就一定会变成现实的。反之，一事物现时存在着，但只要它丧失继续存在的必然性，就一定会变成不现实的。现实性总是处于不断发展的过程，它是过去的"现实"变化发展的结果，环境是影响一个国家教育发展的关键因素。国家需要从且只从处于一定的国际关系中的国家结构中产生。它是客观的，是不以人的意志为转移的，无论是谁都不能按照自己的意愿消灭或创造国家需要。一个和平的外部环境是教育得以快速发展的助推器，而纷乱的外部环境则严重影响教育的正常进行。

第三，关注问题的科学性。问题是否科学，关系到以问题为导向的成败，科学的问题是正确的导向，非科学的问题将是错误的导向。一方面，在教育的发展

---

① 习近平谈治国理政 [M]. 北京：外文出版社，2014：180.

史上，宗教与教育曾经有一段很深的渊源，虽然最终教育回归到科学的殿堂，但是非科学的认识或思想经常性地出现在教学的某些环节。实际教学中，我们坚决反对以意识形态形式出现在任何教学环节的非科学性认识，这种认识是错误的。我们把这类错误认识判定为非马克思主义意识形态，对待这类错误，我们要坚决用马克思主义的科学性来批判，用马克思主义的真理性来捍卫。只要国际上还存在着资本主义与社会主义两种社会制度，只要我们的中国特色社会主义事业还没有相当的发展，就会存在着资本主义与社会主义意识形态的斗争，存在着马克思主义与形形色色的非马克思主义和反马克思主义的斗争。因此，说服那些不相信社会主义的人需要长时间的发展实践来证明。西方文化产品在中国的广泛传播，伴随西方意识形态和价值观的冲击，对马克思主义意识形态的发展、社会主义核心价值体系在大众中的传播和内化问题的研究也具有了更加重要的意义。关注问题的科学性需要提高理论甄别力，牢牢掌握意识形态工作领导权，关键是要具有驾驭意识形态工作的能力。意识形态工作本质上是一项做人的工作，内容上具有明确的规定性，工作中不能"雾里看花"。在实际工作中，要注意区分政治原则问题、思想认识问题、学术观点问题。坚持具体问题具体分析、是什么问题就解决什么问题，既不能把学术问题、学术观点误读为政治问题，也不能将政治问题错视为一般学术问题和思想认识问题。只有找准意识形态"真问题"，才能防止意识形态工作领导权出现缺位、错位和越位。另一方面，辩证地看待问题的真理性。马克思主义告诉我们，真理是相对的，真理的相对性或相对真理是指人们在一定条件下的正确认识是有限度的：从广度上说，它只是对客观世界的一定范围、某一方面的正确认识，还有待于进一步扩展；从深度上说，它只是对特定事物的一定程度、层次的近似正确的认识，还有待于进一步深化；从进程上说，它只是对事物的一定发展阶段的正确认识，有待于发展。教育是探究真理的过程，但真理不是一下子就认识到位的，真理的相对性告诉我们，总有一定的非科学性存在我们的认识之中，这种非科学性认识不是我们主观的认识，而是各种条件或认识能力的限制导致的。这就要求我们对问题的认识要与时俱进，不断加深认识问题的深度。你脑子里装着问题了，想解决问题了，想把问题解决好了，就会去学习，就会自觉去学习。① 任何真理的内部都是必然地包含着假理的，我们可以

① 习近平谈治国理政［M］.北京：外文出版社，2014：407.

无限地剔除相对真理的假理部分，相对真理中所包含着的假理可以无限地趋向于零。无限地剔除相对真理的假理后所得到的真理就是绝对真理。也就是说完全地不包含假理的思想在我们看来就是绝对真理。在现实中我们永远也得不到这样的绝对真理，我们必须引进这样的一个概念。这个概念是无限近似地反映了这一现实。我们并不能舍弃这一概念，离了它我们将更加不能正确地反映这一现实。马克思主义告诉我们，无数相对真理的总和就是绝对真理。在相对真理中包含着绝对真理，经典马哲的这些观点在主要面上当然是对的，需要继续发展。只有这样，才能真正做到坚持以问题为导向。

第三节 "三位一体"教学改革实践与理论的初步探索

随着社会的发展和教育的进步，传统的思政课教育教学方法急需改革，否则就不能适应时代的需要、实践的需要、人民的需要、学生的需要。如何通过改革创新使思政课教学顺应时代和人民的要求呢？在教学实践中，我们通过总结传统理论教学经验，逐渐探索出以理论教学为基础，实践教学、小班讨论教学为提升的"三位一体"教学模式。这个教学模式充分考虑信息技术、互联网、多媒体等新兴教学辅助技术手段的运用，充分考虑到学生接收信息和接受知识的新变化。这个模式是在实践中逐步探索而形成的，具有较强的操作性。它是运用马克思主义辩证法把马克思主义基本原理和实践的新发展新变化结合起来，坚持以学生为中心，以培养社会主义事业合格接班人为任务的新教学模式。

一、理论授课

理论讲授是教育的经典模式，也是传授知识的最基本形式。在教育史上，特别是思政课的教学进程中，理论授课这种教学形式经过数年实践验证是正确的，无论教育技术和教育形式发展到什么程度，理论讲授的授课方式都不能放弃。当然，在不同时期，理论授课总是存在一些需要改进的地方，但这些需要改进的地方绝不是否定理论授课的理由，相反，需要改进的地方是完善理论授课的原因。所以，我们坚决反对那种一提教学改革就一刀切把传统理论授课完全放弃的认识，也反对那些借口维护思政课教学拒绝任何改革的看法。在新的教学改革任务中，理论授课如何开展呢？

第一，讲清楚马克思主义基本原理。首先，马克思主义基本原理是马克思主义的精华，是思政课的最基础性知识。思政课理论授课是否成功，最关键的标准之一就是把基本原理讲清楚。如果基本原理讲不清楚，就难以说服学生。在学术概念上，关于马克思主义基本原理，经典作家在不同时期有过不同表述。马克思、恩格斯用一般原理、基本思想来表述，列宁用基本原理、基本原则来表述，毛泽东同志更多用普遍真理、基本原理来表述。这些用语属于同等意义的范畴，均用以表述马克思主义基本原理。其次，科学认识马克思主义基本原理的特征。马克思主义基本原理具有以下特征：其一，充分体现马克思主义的根本性质和整体功能，是科学性和革命性高度统一的世界观和方法论。其二，相对于个别原理和特殊原理而言，基本原理是对更为广阔时空领域的事物本质和发展规律的概括。其三，更具稳定性和有效性，不会因为具体条件的变化而发生质的改变。其四，对人们的实践活动具有普遍和根本的指导意义。马克思主义基本原理是有层次的，大致说来包括两个层次：一是揭示客观世界最一般规律的原理；二是揭示人类社会发展和社会形态更替规律的原理。学习和研究马克思主义基本原理全在于运用。马克思主义活的灵魂就在于与实际结合，在于指导实践并在实践中发展和完善自己。把马克思主义基本原理成功地用于指导实践是一个十分困难、极其复杂的过程，会出现各种各样的偏差。应当看到，马克思主义作为一种理论体系转化为现实政策和实践活动，有许多中间环节需要研究、论证和再创造，不能把马克思主义基本原理直接等同于现实政策。最后，还要辩证地看待马克思主义基本原理。思政课的基本原理是人类思想教育工作的真理性认识，这一点毋庸置疑，这就要求授课教师不但要讲明白基本原理，还要自信地讲出来，对基本原理的自信是理论自信的基础。基本原理是比较稳定的真理性认识，真理是绝对与相对的统一。随着社会的发展，基本原理也会出现部分改变或大部分甚至是全部改变的情况，授课者一定要及时根据时代和实践的变化，总结新的科学经验，准确地丰富和发展原有的基本原理。在总结新经验的同时，要仔细甄别真理与谬误，稍有不慎，就会造成对基本原理的歪曲和误解，如果将这种错误的认识用于指导实践，一定会出现错误的理论指导下形成错误的实践。

第二，坚持论从史出的原理。首先，正确认识理论与理论发展史、实践历史的关系。理论是从实践的历史中总结出来的，讲授理论时要讲出理论从哪里来的，讲清楚实践发展的历史，讲清楚理论本身发展的历史。思想政治教育的重要环节是理论教育，理论不是无源之水、无本之木，讲授理论时要讲清楚理论之源；理论有认识之源和实践之源，归根到底实践是真正的源头。随着实践的发展，理论会形成不同的流派，在不同的流派之中，有主流和支流；学习理论流派的发展要运用马克思主义基本观点，肯定主流，辩证地分析支流。中国特色社会主义的理论创新来源于自主探索的实践而非外部强加。中国特色社会主义的生机活力表明，发展中国家只有克服理论自卑和创新惰性，跳出他人话语体系，根据本国实际进行理论创新方能锻造出思想利器，为推动发展提供科学指导。其次，正确处理信仰培育与历史教育的关系。思想政治教育的关键环节是信仰培育。信仰培育是思想课的特点也是优点，马克思主义教育的目的是培育共产主义接班人，树立共产主义远大理想和中国特色社会主义共同理想是思政课理论教学的最终目的。为了达到这个目的，必须处理好理论教育和信仰培育的关系，理论教育是为信仰培育服务的，信仰培育不能脱离理论教育单独存在，而是要置于理论教育的之中。信仰是高尚的，理论是纯粹的。孤立地谈信仰就会失去理论的支撑，信仰是理论的灵魂，没有信仰的理论是苍白的。思政课教学要科学地把信仰培育和历史教育统一起来，以史鉴今、资政育人，重视从党的历史中汲取智慧和力量是中国共产党的优良传统。这既是加强党的思想理论建设的重要任务，也是增强高校思想政治工作能力和做好高校立德树人工作的有效途径。从这个角度讲，加强高校的党史、新中国史、改革开放史和社会主义发展史教育既非常重要，又非常迫切。在中国特色社会主义进入新时代的历史方位下，加强新时代高校"四史"教育，必须以党的教育方针为基础，以立德树人为中心任务，帮助学生树立崇高理想，培养更多德智体美劳全面发展的社会主义建设者和接班人。最后，把理论史放到重要位置。讲授理论的内容要结合理论的历史，大学本科阶段的理论历史要详略处理，该讲的理论历史必须讲出来，而需要学生自主学习的历史要果断放弃课堂讲解的方式。思政课的理论主要是马克思主义发展史，作为公共课则不适宜把马克思主义发展史作为重点讲解对象，但是在整个思政课教学过程中，适当讲述马克思主义发展史是非常必要的。马克思主义发展史是一门研究马克思主义产生、发展的历史过程和规律的科学。马克思主义是发展的科学，它适应时代的需要而产生，并在无产阶级和人类解放的实践中，在不断吸取人类文明成果的基础上，在与种种非马克思主义错误思潮的斗争中，不断地丰富和发展。本学科旨在系统研究马克思主义理论产生的时代背景和历史必然性，考察马克思主义发展的历史过程及其基本历史阶段，总结马克思主义自身发展和指导实践的历史经验，揭示马克思主义发展的一般规律和在不同历史阶段上发展的特殊规律，特别是与各国实际相结合而不断发展的规律。马克思主义发展史学科，对于我们正确认识马克思主义的本质和特征，学习和研究马克思主义基本原理，把握马克思主义与时俱进的理论品质，加深对马克思主义中国化的认识，坚持和发展马克思主义，具有重要的理论和实践意义。

第三，必须做到理论联系实际。首先，科学理解实际。什么是实际？实际，一般来说就是非主观的、已有的事物或情况，与事实相符合的，是指真实的情况，是对某种事情或者事物的肯定。唐代王维在《为干和尚进注仁王经表》指出："实际以无际可示，无生以不生相传。"本文的实际，包括社会发展的实际、校园生活的实际、学生的思想实际。马克思主义哲学认为，事物是永恒发展的，根据这一原理，我们必须认识到实际也在发生变化，这就要求课堂联系的实际也要变化，与时俱进，跟上时代、实践的发展。理论联系实际是马克思主义的主要理论品质，在理论与实际的关系上，中国共产党在历史上曾经存在过两种错误倾向：一种是从书本出发，靠照搬照抄马克思列宁主义词句解决问题的教条主义；另一种是从狭隘经验出发，轻视科学理论的指导作用，满足于一得之功和一孔之见的经验主义。二者的表现形式虽然不同，但都是以理论和实际相脱节为基本特征的主观主义。其次，社会实际是与时俱进的。人类社会是一个从低级到高级的发展过程，在现实的生活中，这种社会层面的变化短时间内很难发现，正因为人们习惯了日常，很容易忽视社会的变化，当社会悄无声息地变化时，有些人在无形之中已经落伍，而另外一些人则抓住社会的细微变化，紧跟时代的潮流，思想与时俱进。学校是社会的一部分，社会发展的同时，校园也在飞速发展，从建筑风格到校园文化，不同年代的校园差别变化很大，校园实际是学生眼中最感性的实际，思政课堂如果能有机地把校园实际融进去会增加几分精彩。"理论联系实际"的核心问题不是是否需要马克思主义指导，而是用马克思主义如何指导中国具体实践。最后，关注学生的思想实际。学生的思想实际是思政课理论联系实际的一个重要方面。我们如何在多元文化背景下，针对当前大学生理想信念教育出现的新问题新情况，抓住主要问题，找准存在问题的原因，从更深层次探讨解决大学生理想信念教育有效性的途径是一个值得不断探讨和总结的话题。在信息获取便捷的今天，学生的思想无时无刻不在发生剧烈的变化。青年是世界观、人生观、价值观形成的关键阶段，是人生抽穗拔节期。大学生理想信念教育是我国高校思想政治教育的灵魂和核心，也是我国高校一项庄严而紧迫的任务革命。全球思想文化交融交锋呈现新特点，多元文化较量更加激烈，不稳定因素增多，如何使当代大学生能坚持正确的理想信念，思想政治教育者一定要注意学生的思想实际，用马克思主义基本观点立场和方法帮助学生树立正确的世界观、人生观、价值观。能否切实把理想信念教育真正列为大学生思想政治教育的核心内容，是直接关系到能否把大学生培养成为社会主义事业合格的建设者和接班人的重大问题，也是在面对多元文化背景下提高大学生思想政治教育的突破和创新。

二、实践教学

思想政治教育社会实践教学涵盖思政课程社会实践课程基础理论、选题、方法、流程、问卷设计、学生作品荟萃与体验分享、教师点评等内容。既有国际化实践经验借鉴，也有中国传统教学的基础性理论指导，还有我们研究中开创的实践流程细则；既有实践方法理论，又有学生优秀案例的经验分享和点评。思想政治课实践教学对于学生通过亲身社会实践，更深刻理解国情、民情，接触社会，了解民生，更快面向社会、面向未来有着重要的现实价值和实践意义。实践教学是传授知识的最古老方式。随着理论的发展，理论教学逐渐成为教育的主体，实践教学几乎退出教学的舞台。在教学改革全面深化的要求下，人们又开始注重"实践出真知"，"实践是检验真理的唯一标准"的教育理念。实践教学的价值又被人们重视起来。思政课实践教学作为一个重要的教学改革环节引起教学各方的探索。在实践中，思政课实践教学是如何开展的呢？

（一）实践教学模型设计

实践教学是一个复杂的课程教学体系。关于实践教学的设计原则，首先，实践教学跟具体的实践还有很大的区别，实践教学的实践跟真正的实践相比，实践教学具有理想化、优化的特点，真正的实践是粗糙的、原始的，真理的行动是被谬误的见解包含着的。实践教学设计需要把真理直接呈现给学生，学生通过实践的方式再次具体化，通过实践的形式，深化学生对真理的再认识。所以说，实践教学是一个从理论到实践，从实践再到理论的过程。这种实践虽然是理想化的真理再现，但是能够帮助学生深刻地理解教学内容。其次，从理论到实践的教学过程中，必须准确把握理论的内容，理论内容是实践主体的灵魂，如果理论内容不准确，边界模糊，就会造成后面的实践环节出现不紧凑、不连贯、支离破碎等问题。有了准确的理论内容，只是实践教学的基础，如何把内容演绎成为实践，需要与理论相结合的历史现实、社会现实。无论是历史现实还是当下的社会现实，都必须注重现实的需要，如果实践环节只是拘泥于理论产生的当时事件或历史条件就会失去实践教学的主要价值，理论是为现实服务的，实践教学也必须为现实服务。实践教学具有历史意义，更具有现实价值。只有体现出历史和现实相统一、理论与实践相统一的实践教学，才能真正实现从理论到实践再到理论的飞跃。最后，通过实践教学达到真理重现的效果，让学生通过实践加深对真理的理解、认识和运用。理论—实践—理论，是实践教学的三个基本环节，也是模型设计的基本框架。当然，任何教学的最终目的都在于凝练生活中的实践，使人们少走弯路，避免产生错误的实践，提升人们认识世界的能力和水平，满足人们对美好生活的追求。

(二) 观摩学习

观摩学习是指通过观看别人的学习工作过程，从中吸取经验和教训，以便自己更好地进步。观摩学习是一种重要的学习方式，可以帮助我们及时发现自己的缺陷和不足，积极调整学习方法和学习态度，提高学习效果。实践教学的中心任务是实践。把书本上的理论原理再现是实践，学习社会上的先进人物事迹也是实践。观摩学习是实践教学的一个重要环节，通过观摩学习使学生近距离参观先进人物或事迹陈列馆，与先进人物真实对话，直接切入先进事迹场景，以提高学生的参与积极性、通过先进人物或事迹的感召力构建学生的精神世界。首先，在观摩学习场所的选择上，要结合学校的地理位置、学生规模、经费支持等因素进行合理选择，红色场馆、村镇社区、田间地头都可以作为观摩学习的备选场所。观摩学习的场所要具有代表性，在当地要具有较大的影响力，为了保证教学的顺利开展，需要提前数日或数月联系教学场所。其次，观摩学习的主题要与教材设置的内容相同或相近，而走形式的观摩不但达不到教学效果，还会产生相反的不良反应。为提高观摩学习的效果，建议提前准备好相关理论知识提纲，观摩学习活动开始前，先让学生熟悉提纲内容；观摩学习时，结合提纲领会观摩重点；观摩结束后，把提纲内容与观摩学习环节结合起来写学习感悟。最后，及时总结观摩学习实践教学经验。学习观摩获得的是感性认识，感性认识需要通过优化、提炼，升华形成具有可复制、可传承的教学模式。观摩主题可以随着教材的变化而变化，但是教学流程和重点环节应该保持稳定。实践中，我们发现，公开报道的实践观摩存在同质化的倾向，我们统计过重大纪念日为主题的观摩，虽然这能体现一致性的要求，但是难免有雷同和赶热点的嫌疑。另外，教学安全和纪律必须严格遵守。

（三）实践展演

实践展演是实践教学的一个重要环节，这个环节是最能体现理论与实践相结合的精华，实践展演教学从时间先后来划分，分为准备阶段、现场阶段和反馈评价阶段。首先，准备阶段的任务主要是组织学生，选取主题，撰写脚本。其中在选取主题环节，理论与实践结合得是否完美是展演成败的关键所在。在实际教学中，我们把主题把握是否准确作为展演的一项重要标准。如何选取实践展演的主题呢？有这样几个选题依据：第一是教材内容，在统编教材中选取鲜明的主题；第二是时政内容，根据党和国家当前的重要任务或重大会议精神进行选题；第三是根据校园生活，联系社会现实与教材要求选题。选题后要经过教师或教研室集体反复论证，上报学院后方可进入下一阶段。其次是现场阶段。一场实践展演是否完美还取决于现场的把控，也就是现场阶段。现场阶段虽然时间很短，也就是一两小时，但是在这很短的时间内，不但要把实践主题表现出来，还要很完美地展现出来，除展演形式外，还需要现场很强的把控能力。如何把握现场？需要从舞台灯光设备、工作人员组织、参加展演同学组织、学生观众组织、节目排序、节目紧凑感等环节准备，以保证展演取得优秀效果。这里重点说一下学生观众组织，这是非常容易忽视的一个环节，有人言，校园活动最不差的就是观众，这是没有校园活动组织经验的观点，如果真的组织过几次校园活动，真实地感受到学生对校园活动的冷漠就会担忧这个环节。很多时候学生对校园活动并不感兴趣，特别是非课堂教学活动。那种幻想学生观众爆棚的想法是天真的，学生正常的课堂教学还会出现旷课现象，一次教学展演凭什么吸引足够多的学生到现场观看？在实践教学研究中，我们讨论过很多种把学生观众留在现场的方案，这些方案有效果，但是否具有可推广性，还需要进一步研究。最后是反馈思考阶段。一次成功的实践教学并不是演出一结束教学就完成了。演出结束后，教师要反馈、反思演出中的成功经验和失败教训，哪些经验值得进一步发扬，哪些教训需要改正。学生的组织方面是否存在大的纰漏？主题的渲染是否存在瑕疵？本期的实践展演与往年有什么具体的不同？往年的失误是否在本期得到改善？总之，围绕反馈评价阶段的这些中心任务，还需要仔细地分析总结。

三、小班讨论教学

互动式教学是大家提倡多年的建议，如何把这个建议落实到课堂教学是一个难度不小的挑战。有教师主张加强课堂提问来落实互动，但实际效果并不理想，课堂教学时间有限，课堂提问只是点缀，并不能有效解决互动的关键问题。在这种现实基础上，如何实现互动呢？这就是呼之欲出的小班讨论教学。所谓小班讨论教学，就是以小规模自然班级（不能出现合班情况）为基础，首先聚焦相关主题，师生之间，生生之间发表各自的观点，通过彼此之间的观点展示，思想火花的撞击，达到越辩越明的教学效果。小班讨论教学是如何实施的呢？下面我们从讨论主题、讨论组织、讨论效果三个方面展开。

（一）讨论主题

确定主题。讨论教学的主题范围建议以教材为基础，主题不能太过宽泛，宜精准定位，宜理论与实践相结合为参考。不使用大而不实的主题，主题要鲜明，要表达充分的理论自信。主题的确定要提前准备，不能临时向学生发布讨论主题。主题发布之前，要以教研室为单位充分讨论，避免出现不适话题，更不允许出现错误表述，坚决杜绝错误观点。必要时讨论教学主题要上报学院审批。主题确定好发布给学生之后，一般不再修改，如果学生对主题理解有歧义，辅导教师要及时解释。学生根据发布的讨论主题做相应的准备工作。

分析主题。分析主题很关键，如何分析主题呢？有观点认为分析主题是学生的任务，辅导教师不用参与；另一种观点认为，分析主题是教师的分内工作，教师把主题科学分析后，确定好提纲交由学生讨论。相比而言，这两种观点各有优劣，但是在实际教学中，前者很容易发生离题，后者又限制了学生的自主性。教学实践中，我们建议教师和学生都参与主题的分析，分别给出讨论提纲。每个学生先提交自己的讨论提纲，然后教师发布讨论提纲。一方面，培养学生的自主分析能力；另一方面，在讨论提纲确定方面，已经融入师生互动，生生互动，在提纲确定环节已经显现静态讨论的成分。通过对比不同的主题分析，结合师生的讨论提纲，最终确定大概一致的讨论提纲。为什么此处强调"大概一致"而没用"完全一致"呢？这是尊重讨论教学原则的要求，讨论不能是一个声音，也不可能是一个声音；如果一次讨论教学只有一个声音，那么只能是讨论教学的失败。所以在讨论提纲的确定方面，要融进学生的观点。提纲内容可以分必有内容和可选内容，这样既保证主题的权威性、严肃性，又调动学生的积极性、灵活性。避免了学生千篇一律的发言，又禁止了学生的悖言乱辞，保证讨论课教学的严肃活泼。

准备材料。围绕主题和讨论提纲准备发言材料是讨论课教学的重要环节。没有充分准备的发言，其讨论效果一般不会很高。准备材料首先要熟悉教材，主题一般来自教材，学生只有熟悉教材，熟练运用教材术语，才能根据教材内容扩展，进行下一步的材料收集和分析。理论知识准备充分后，通过理论联系实际，再进行现实材料的准备，现实材料可以来自网络、书籍、期刊等。建议学生注明材料来源，材料可以是新闻报道、图表、影音作品。在准备材料的基础上，学生要用自己的语言围绕讨论提纲归纳提炼发言内容，发言不一定面面俱到，但能用自己的语言把其中一条提纲分析透彻、阐释清楚就已经达到了教学要求。

（二）讨论组织

小班讨论教学跟理论教学有很大差别，小班讨论教学具有较大的灵活性，一般没有固定的时间和地点。这就要求辅导教师具有很强的组织能力，要求教研室根据小班讨论教学制定相应的组织原则，如何科学安排人员、时间、场所等教学要素。

人员组织。小班讨论教学能否取得良好效果，人员组织是关键。小班讨论的规模如果不科学安排，也不能保证讨论教学效果。有观点认为，小班讨论应直接交给班委组织，指定班长或学习委员或团支书负责。这个办法不具有可实施性，值得注意的是，小班讨论是教学不是活动，教学就要覆盖到班里的每一个同学。如果把小班讨论组织体系嫁接到班委就必须考虑到班委惯性会与小班讨论教学积极性的冲突，是否会引起部分同学的反感或厌恶。科学组织办法是面对小班全体学生，重新组织，特别是负责人的确定，给大部分普通学生展示的机会。实践证明，普通同学作为小班讨论的负责人更能带动小班讨论教学的效果。在接受任务、传达指令、团结合作等方面，普通同学作为讨论教学的负责人比班委成员更胜一筹。确定好负责人，还要组织好发言，小班讨论的时间很宝贵，不可能每个人都发言，也不能出现无人发言的冷场情况。如何保证高质量的讨论效果，这就需要组织好发言同学。实践中，采用分组管理发言同学，每个组有规定发言同学、机动发言同学、补充发言同学等。只有经过精心组织安排，才能为小班讨论教学的成功奠定基础。

时间安排。研究发现，大部分小班讨论教学没有规定的时间，不能像理论课那样写进课程表，只有根据学生和辅导教师的时间随机安排。随机安排不是随便安排，首先，随机安排也要提前规划，提前一周确定讨论时间是最科学的，过早过晚都不合理，过早通知学生会遗忘，过晚又会让学生无暇准备。其次，要避开学生就餐就寝时间，时间安排的主动性应该交给学生，辅导教师一般给出学生三个以上的时间点让学生选择。如果学生选择周末，辅导教师要克服困难，休息日也要参与学生的安排。最后，讨论教学课堂内，要科学控制发言时间。过短或过长的发言都不能达到讨论教学的效果，反而会削弱讨论效果。过短的发言有应付的嫌疑，冗长的发言会引起其他学生的反感和不适。

场所安排。研究发现，相当一部分讨论教学没有固定的地点，这是小班讨论教学的严重缺陷。虽然小班讨论教学对讨论地点的要求不高，但是保证发言者不受干扰地表达自己的观点，聆听者不受干扰地理解发言者的意思，还需要一个相对安静的环境。这是对场所安排的最低要求。空闲的教室无疑是最理想的选择，鉴于常规教学任务的紧张，学校很难提供大量的空闲教室用于开展小班讨论教学。在学校教学资源紧张的情况下，对讨论教学的场所要求就要适当降低，如教学楼的走廊、操场、校园的任何一角都是讨论教学的课堂。实践证明，不管室内外环境，同学们一旦进入讨论状态，都会激发出思想的火花。在特别时期，线上讨论作为一种新的讨论方式避免了寻找场所的尴尬，新的沟通渠道激发了大家的发言积极性，在恶劣天气等特殊情况下，线上讨论为小班讨论教学提供一个新的选择，这种新选择的便利性、即时性、痕迹化，都使小班讨论教学的质量得到了提升。

（三）讨论效果

一次成功的小班讨论教学还要取得良好的效果。评价小班讨论教学的效果如何，主要从主题阐释、现场发挥、现场互动等方面考查。

主题阐释效果。讨论主题是讨论教学的灵魂，一次成功的讨论教学从始至终应该是主题鲜明，脉络清晰。实践中，我们会发现部分同学发言很流畅，准备也较充分，却没有抓住讨论问题的实质。如何避免出现这种情况呢？首先，这就要求学生前期把主题分析透彻，发言以围绕主题的提纲为支撑点。无论是理论依据，还是事例分析，都不能游离于主题之外。其次，主题阐释是否丰满，不在于面面俱到。学生能够在短时间内将一个方面的内容阐释得合理、有说服力、与主题结合紧密，就是达到了切合主题的要求。不然，发言内容就算是面面俱到，内容与主题结合松散，事例与主体契合度出现偏差，也不算高质量的讨论。最后，发言要有逻辑性，逻辑混乱不利于表现主题，即便是反映主题的某一个次要方面或某一非重点视角也要有逻辑性。

现场发挥作用。小班讨论教学的精髓是讨论，如果把讨论放在一边，那么讨论教学就失去了意义。实践中出现过学生对着材料或书本鹦鹉学舌般地应付，或者有学生利用口才优势空洞地喊口号的现象。一次成功的讨论教学，从现场发挥作用就能体现出来。首先，要烘托现场氛围。讨论课要有主持人，担任主持人的可以是辅导教师、讨论课学生负责人、临时确定的普通学生。实践证明，教师尽量不要做主持人，教师做主持人这种选择大概率会使整个讨论课少了轻松活泼的氛围。临时确定的普通学生做主持人效果比较好，好奇心和初次登台的使命感会营造一个让人充满期待的氛围。当然，主持人的流程是固定的，风格迥异。其次是发言管理。无规矩不成方圆，讨论教学既然是教学，承担着一定的教学任务，就要有课堂纪律，特别是思政课讨论教学，对讨论发言的内容必须有管理要求，漫无目的发言是不允许的。无论是学生事先准备的材料还是现场临时发言，教师有责任及时指出不当之处。纳入发言管理的还有时间。发言时间管理要求科学安排发言顺序，围绕讨论提纲以内容为主鼓励学生发言，切忌为了照顾学生发言而置发言提纲于不顾；发言时间长短也有要求，避免长篇大论和简短的应付式发言。

小班讨论教学设计有讨论总结。首先，谁承担总结的任务呢？一般是辅导教师总结，学生主持人熟练后也可以担任总结任务，为了激发学生对讨论课的热情，在讨论教学基本稳定后，适当时候还可以邀约普通学生即兴总结。不同的人担任总结角色，效果会有明显的不同，特别是普通学生做总结，会是他们人生中一个重要节点，确定学生担任总结角色可以是临时点名，也可以是学生自荐，还可以当作任务提前一周布置下去。其次是总结时间的控制。总结占用时间在 $3\sim5$ 分钟，不宜过短，也切忌长篇大论。即便是上课的整体时间已经用完了，依然要总结。第三，总结的内容。总结的内容要根据讨论主题、现场氛围、讨论结果展开，评价讨论时要积极肯定多于瑕疵表现，即便学生出现比较大的表达失误，也不能一棍子打死，原则性问题要旗帜鲜明地指出来，给予正确的纠正方式。同时对下次讨论课教学提出期待和要求。

互动效果。互动是讨论的灵魂和精髓，很难想象没有互动的讨论课是什么样的？每名发言者都自说自话，没有交流，没有碰撞，更没有火花，这样的讨论课无疑是失败的。要达到良好的讨论效果，必须有互动，包括师生互动、生生互动、观点互动，其中学生之间的生生互动是主要部分，是讨论课互动的重点，观点是在生动而富有激情中产生的，而不是平静地写在书面上。

师生互动。一般的理解讨论课就是师生互动，教师发问，学生回答，或者学生提出疑问，教师解疑。这种传统的问答式或请教式的互动，不是讨论教学的要求的互动，传统的互动双方不是对等的，学生是被动的，教师是主动的。在这种传统的互动中，即使是学生主动提出疑问，但很难就教师的回答给予进一步的反问和批驳。鉴于传统互动的缺点，小班讨论教学的互动要求学生与教师就要讨论的问题是平等对话，教师不能以师者的权威施加在所持有的观点上，学生也不会因为尊重教师而畏惧独立自主发表自己的看法。互相尊重不能代替观点的分歧，尊重分歧就是互相尊重的体现。讨论的结果大部分有统一的结论，但是有时候分歧的存在就是一种结果。

生生互动。在一次成功的讨论课教学中，大部分的时间被学生之间的讨论交锋所占用。一千个读者就有一千个哈姆雷特，小班规模的学生虽然不多，但是每一个学生必然有自己独特的看法和观点，讨论课要求每一个学生发出自己的声音，亮出自己的观点。学生之间的观点会有共同的部分，也一定存在分歧。生生互动就是通过求同存异来体现的，无论同或异，都需要说出来，支持某一观点需要说出支持的理由，反对某一方面需要说出不赞成的原因。即便是完全相同的观点，不同的学生说出来也有不同的表达方式和不同的表情与肢体动作。生生互动要注意不能出现与讨论无关的争论，更要严格禁止攻击性语言或厌恶性情感表露。这些需要在讨论课的课堂秩序中有所体现。

观点互动。任何事物都有两面性，讨论课的另一个任务是培养学生辩证思维能力和辩证的语言表达。辩证思维能力的培养要比辩证法知识的获得困难得多，一个人说起辩证法时头头是道，真到生活中运用辩证思维时可能是形而上学的表现。所以在讨论课的深层互动上，不是人的互动，而是观点的互动，这也是讨论课的焦点所在。人与人的交锋与碰撞归根到底是观点的互动。观点的互动不但来自师生、生生之间，还会存在于同一个人身上。实践证明，通过讨论，很多学生的观点发生了变化，有的是更加坚信自己原有的观点、有的是在坚持原有观点的同时，接纳了别人的观点，还有的同学在他人观点的启示下，放弃了自己的原有看法。正是这种观点的互动，升华了课堂教学的传统互动，成就了小班讨论教学。通过观点互动，培养了学生的辩证思维能力和辩证表达能力，这种能力的获得不仅受益于思政教学，而且使学生受益于日后的学习、生活和工作。

第三章　高校思政课小班讨论教学

教育方式繁多，问答式教学是众多教育方式中影响较大的一类，古今中外都有问答式教学，中华优秀传统文化经典《论语》就是代表。就问答式教学而言，不管是先问而后教，还是先教而后问，或不问而先教，以及问而不教，都是问答式教学的因材施教。在古代，人们获得信息的口径很窄，没有渠道知道那么多的信息，没有便利的交通工具行走于那么多的区域和国家，所以思想层面的精力可以更集中一些，人们更容易通过讨论来学习知识，明白道理。相对来说，今天的人们看似知道很多，通过互联网每个人都能知道很多信息，知识丰富，但这些东西大多属于无用信息。除了作为茶余饭后的谈资，分散有限的注意力外，根本无助于正常教学工作的需求。更严重的是，这些无效的信息不但无用，还有害。这些轻易获得的信息抹杀了青年一代的好奇心，泯灭了他们对知识的探究，让青年学生误以为知识的广博（其实这种所谓的广博是肤浅的，就是网络知识的泡沫）就能代替知识的深刻。信息的泛滥挤兑着思想的深刻，挤压着真理的空间，学习氛围中总是幽灵般弥散着学生们"你不要讲了，你讲的我都知道，你将要讲的我也知道"的浮躁，如何克服这种浮躁是当前思政课教学改革关注的重点，小班讨论教学就像是针对这种浮躁的解药。因此，在这样的教学改革任务和知识背景下，探索思政课小班讨论教学是一件非常有意义的事情，也是一个向未知方向的探索性尝试。本章我们将探讨小班讨论教学的历史现状等发展史，以及当前小班讨论教学特别是思政课小班讨论教学面临的问题，并对这些问题展开分析，在初步实践基础上进而尝试性提出解决的办法。这些方法不一定是最科学的方案，却是距离科学方案最近的探索和尝试，这些方案和观点不仅是理论上的论证，更有实践中经验的总结和积累。

第一节　中外讨论教学的历史与现状

围绕讨论教学有很多不一样的观点和看法，不管肯定与否，这种教学方法都会产生很大的影响，中外都有重视讨论教学的宝贵经验，这经验是我们研究小班讨论教学的理论基础和认识来源，科学地继承理论基础需要运用马克思主义指导，把古今中外的优秀成果运用到思政课小班讨论教学。

一、中国古代教育中的讨论教学

自古以来中国都非常重视教育，在中国古代的教育中，是否存在讨论教学的形式呢？如果存在，又是以何种方式开展的呢？最终取得的效果如何？"中华文明绵延数千年，有其独特的价值体系。中华优秀传统文化已经成为中华民族的基因，根植在中国人内心，潜移默化影响着中国人的思想方式和行为方式。""我们生而为中国人，最根本的是我们有中国人的独特精神世界，有百姓日用而不觉的价值观。"① 先秦时期的师徒对话方式其实就是讨论教学的始祖，比如孔子的语录体记载的就是师徒对话。这种简单的问答式教学从某种方面来说就是讨论教学。在一定程度上来讲，问答法就是先秦儒家倡导的重要教学方法。比如《论语》共 20 篇，492 章，其中记有孔子对答弟子等人的篇目就有 440 多章，从简单的数据对比我们可以看到，这种教学方式是当时的主流，占比之高充分说明当时孔子是非常重视在教育和教学活动应用问答法的。已有的研究显示，先秦时期重要的人际交往普遍采用问答对话，同时问答对话也是知识传播的重要方式。史传早期采用大量问答对话主要出现在君臣之间的咨议制度。教育出现后，问答对话主要用于贵族子女的教育，随着社会的发展这种形式后来逐渐演变为阐释经典的重要方式。问答对话从早期君臣咨议的政治活动，发展到师生问答的教育活动、思想活动。教育的兴盛促使问答逐渐脱离政治视域，从自发到自主，从生活化走向教育专业化，逐渐在教育领域拥有独立的话语权。

这种充满活力的问答式教学方法和理念在漫长的封建社会发展过程中，逐渐被权威推崇的独裁思想禁锢。特别是八股文盛行之后，知识分子的创造力一再被

---

① 习近平谈治国理政 [M]. 北京：外文出版社，2014：171.

泯灭，代表教育的只剩下所谓的经书，学习的目的不再是格物，唯一的动机就是追求功名。学生没有自己的声音，也不能发出异样的观点，把精力都耗在如何迎合科举阅卷人的试探之中。在漫长的历史中，勤于发问的探索精神被压迫到狭小的空间，人们已经没有热情和精力追求为什么，因为"追求为什么"不能带来"想要的"，"想要的"必须直中取，没有途径曲中求，直接的途径就是读经书、求功名。

即使在倡导问答教学的时代，也有不同的观点。任何事情都有两方面，在肯定问答教学的同时，我们发现教育领域也有反对学生发问的观点，在《礼记·学记》篇中，有"幼者听而弗问"的记载，意指学生上课时只能竖起耳朵听，却不能举手提问。学生举手提问，请求教师为自己解答疑惑是独立探索的开始，是求知欲的表现，为什么不能发问呢？文中是这样解释的：一个是"学不躐等"。也就是说，从学的角度，学习要循序渐进，不能逾越等级，更不能脱离教学内容。该讲授的知识教师都讲了，至于现阶段学生不需要掌握、不应该知道的知识就不讲，即便学生提问也不回答。朱熹在《近思录》指出："语学者以所见未到之理，不惟所闻不深彻，反将理看低。"[①] 也就是说，学生们对他的见识修为还不能够理解的程度，不仅他不能深刻透彻理解，反而会将高深之理也看成浅薄。在这里，我们不能妄自曲解朱熹的认识，但人们对世界的认识难道不是一个从肤浅到深刻的渐进过程吗？没有浅薄，哪里来得深刻？有些见解难道天生就是深刻的吗？

另一个是"杂施而不孙，则坏乱而不修"。从教的角度来说，教师教育学生，要依据预先设计好的教学目标进行，若教学杂乱无章就无法达成预期目标，禁止学生提问就是为了保证课堂教学按计划进行。这种观点的理由除了维护正常教学进度，保证教学效率，严格落实教学任务外，似乎没有其他值得推崇的地方。还有人认为学生的发问更多时候是无效问题，因为学生的提问有时是游离教学内容的，甚至有的问题就是天马行空、异想天开，更有甚者存在故意刁难，考验教师的嫌疑。我们认为，首先，必要的教学秩序是必须遵守的，让学生发问可能对教学秩序和教师的权威构成扰乱，难道不让学生发问教学秩序就自动良好了吗？教师的权威难道就是不让学生发问吗？其次，放开学生问的限制，会有调皮捣蛋的

---

① 朱熹. 近思录［M］. 郑州：中州古籍出版社，2017：389.

学生干一些无知无聊的事情，学生要是不无知不无聊，那还是学生吗？教育的目的不就是开化民智吗？把无知和无聊表现出来胜于隐藏起来，只有暴露问题才能解决问题。任何无视或掩饰问题的都不是解决问题的办法。最后，对于学生天马行空的想象力，应该鼓励和支持而不是限制和批评。当我们试图从中华传统文化中探寻文化的滋养源泉时，一定要辩证地看待文化的优秀与否，优秀的传统文化我们坚决吸收和传承，由于时代条件和阶级利益的限制，很多中华传统文化带有一定程度的糟粕，我们不能简单地把糟粕抛弃掉就行，而是要运用马克思主义基本原理和现实结合起来，对于非优秀文化，我们要科学地创造性转化和创新性发展，结合今天的实践发展，让优秀的更加优秀，让不优秀的优秀起来。总之，在中国的教育发展史上，问答式教育有过辉煌，也有过受到限制发展的阶段。今天，当我们开始重视小班讨论教学时，要辩证地继承这种传统的教学方法，不能因古奉古，也不能贬古抑古。

二、国外教育中的讨论教学

随着改革开放的深化，中外经贸交流频繁的同时，中外教育领域的交流增多，在教育互动交流中，国外的讨论课教学模式一直备受关注。在实践中，有中国学生走出去参与"洋学堂"的学习，也有资方在国内采用国外教学模式投资办学。使得国人激发了对国外教学模式的好奇，甚至产生一些偏见。那么国外的讨论式教学到底有什么优缺点呢？其实，国外大学讨论课的教学形式也不是固定不变的，近年来教学形式越来越多，备受瞩目是不争的事实。一方面，讨论课的教学模式具有较多优点。该教学模式下，学生们在"建立人际关系""激发思考能力""提高学习热情""提高表达能力""培养合作精神"等方面表现优异。这种观点认为与传统的教学模式相比，讨论课能给学生的学习带来更全面而深入的体验。相比于传统上课模式中被动接受知识的学生们，在讨论课教学模式下，学生们需要积极思考、提问和互动。在积极参与，互相分享意见的交流过程中，学生们既学习了知识，又能够结交新的朋友，在互动中建立人际关系，还可以学习如何运用、思考问题，提高学生的主动性和积极性，从而激发学生的学习激情，最终达到提高学生解决问题能力的目的。这是当前对国外讨论教学的主流看法，当然，现实中有人过分美化这种教育方式，每一种教育方式都有其优势，也应该有其劣势，要辩证地看待其存在的价值与意义，如果只看到其中的一个方面并加以扩大化就会失之偏颇。我们在借鉴别人长处时，还要看看别人的长处是否适合我们。

讨论教学的优点并不是被人们普遍接受的，当赞成小班讨论教学的意见把小班讨论教学当成解决学生缺乏创造力的灵丹妙药时，另一种持有相反观点的教育者认为，探究式教学法在国外是一种无用的教学法。这种骇人听闻的观点是如何认为的呢？在解决这个问题前，我们先考察什么是探究式教学方法？根据公认的说法，探究式教学法就是课堂上教师给学生们布置一些事例或问题，让学生们自己通过阅读、观察、实验、思考、讨论等途径主动探究，自行发掘并掌握相应的原理和知识。仔细对比分析，不难发现，其实我们研究的小班讨论也就是其中一种。用专业术语讲，这种教学法其实就是以学生为中心的归纳式教学法。归纳教学法一定有它自身的优势，但是为什么有人对这种优势视为不见，直接认为探究式教学法是一种垃圾教学法？从大量文献研究得出，探究式教学法是美国公立学校"青睐"的一种教学方法。为什么是公立学校，而不是私立学校？公开资料显示，美国公立学校的学生有相当一部分是"问题"学生，所谓问题学生，按我们的理解就是学业表现较差、成绩不理想的学生。朱熹在《近思录》中写道："择其才可教者聚之，不肖者复之农亩。"① 在中国古代，士和农都是终身职业不能互相变换，已经入学为士就不再从事农业，这样才能把士和农的职业分开。很奇怪的是中国封建社会的教育陋习在资本主义社会竟然成了某些人眼中的精英教育理念。其实，在美国，这些所谓的问题学生在上课时会乱蹦乱跳、大声说话。采用探究式教学法，不过是给美国公立学校的教师们一种合法的借口，教师提出一个探究问题后，学生们就开始分组讨论，其实就是让学生们自由说、笑、玩、闹。探究式教学法之所以无用，最重要的原因就是这种教学方法降低了教学的效率，持有该观点的人举例说，美国的精英学校一般不采用这种教学方法，只会把它用在公立学校那些不想读书的学生们群体。这也算是美国意义上的因材施教吧，进一步深究一下，这哪里是施教，仅是施管而已。

美国教育家杜威认为，学习中思考非常重要。探究式教学法的根本目标并不是单纯传授知识，而是培养学生的认知能力，更加关注的是获得知识的过程。实践中，杜威的探究式教学法在美国 20 世纪五六十年代的时候非常盛行，后来遭

---

① 朱熹. 近思录［M］. 郑州：中州古籍出版社，2017：391.

到猛烈的批判，批评者认为，这种教学法毁了一代美国人。因为从长期结果来看，人们发现用这种教学法后学生什么都没学到，更加戏剧性的是好的变差，差的更差。这种批评声音引起我们的关注。在研究中，我们通过问卷和课后访谈的方式追踪过小班讨论的结果反馈，科学地讲，从传授知识的角度来评价，探究式教学法无法回避的最大缺点就是缺乏效率。一个班级的全体同学围绕一个知识点讨论一个学时，有同学反映是否增加知识点的难度和深度，"让他们通过讨论有所获得"，这部分同学认为效率最高的学习方式依旧是教师主导的课堂教学。从思政课的教学来看，课堂教学的核心目标是传授知识，更应该是塑造信仰、提高能力。如果从这个角度来看，小班讨论的意义会更加重大。我国著名教育家叶圣陶先生说：教是为了不教。其实，没有什么教学方法是绝对的，教学方法的选择应根据教学内容和学生的具体情况而定。只要能提高学生的学习，促进学生能力的培养，就是好方法。通过分析国外探究式教学方法，我们对思政课小班讨论教学有新的认识，这种认识有助于我们科学地评价小班讨论教学，积极采取相关合理措施设计小班讨论教学。

三、思政课中的讨论教学

古今中外的教育一直都存在讨论教学模式，因此在教学中引入讨论教学并不是创新之举。那么思政课教学为什么要在课程改革之中把讨论教学作为重点来设计呢？我们在解决这个问题之前，有必要先回顾一下实践中小班讨论教学的发展历程。学术研究讲究论从史出，关于思政课小班讨论教学的理论当然也遵守这个理论原则。在探寻这短暂的历史阶段时，我们是带着这样的问题梳理资料的，那就是：思政课小班讨论的主体内容是什么？讨论教学的场所在哪里？讨论教学的评价机制是什么？等等。当然，任何一个新生事物都不会天生完美，完美是逐渐成熟的，而不是天生就如此，研究时带有挑剔的眼光和批判的精神是必要的，这不是对小班讨论教学的偏见，而是学术研究的最基本要求。

中国高校思政课教学是什么时候开始导入小班讨论教学的呢？公开的资料显示，小班讨论教学发端于 2015 年前后，上海师范大学网站在 2016 年 10 月发出"思政课改革首推小班讨论模式 让课堂真正活起来"的新闻，新闻介绍了该校马克思主义学院在马克思主义基本原理课堂上，根据谢晋学院动画专业学生的专业和兴趣，结合社会热点问题，针对性地设计教学主题，开展小班讨论教学。① 另有网络文章显示，小班讨论教学可以追溯到 2008 年，《光明日报》网站，2018 年 12 月 10 日发表了一篇文章《大连理工大学："中班授课，小班研讨"激活思政课堂》②，该篇报道介绍了大连理工大学依托 "中班授课+小班研讨" 的教学模式，并指出这是 "又一次大胆尝试"。接着该报道回顾到 2008 年，大连理工大学马克思主义学院将 "提高教学针对性、实效性、说服力、感染力" 作为一项课题进行研究。"经调研分析"，大连理工大学在全国率先开展 "大班授课，小班研讨" 的研究型教学模式。该报道的 "经调研分析" 应该是科学的，这家学校的课题致力于小班讨论教学从 2008 年开始，具体什么时候把 "在全国率先" 开展 "大班授课，小班研讨" 的研究型教学模式落地实施，该报道没有给出明确时间。应该早于 2018 年 "中班授课，小班研讨" 的 "又一次大胆尝试"。这是目前媒体关于思政课小班讨论教学的早期网络记忆留下的痕迹。虽然这些资料较少，但是为我们探究思政课小班讨论教学提供了重要的文献价值。从这两所学校举办思政课小班讨论的先例来看，一方面，它们在探索中取得了宝贵的经验：第一，结合专业和兴趣；第二，结合社会热点；第三，为提高理论教学服务；第四，小班讨论促进理论授课班级规模改革，教学规模由大班转向中班。这些探索取得的宝贵经验为小班讨论教学的普及奠定了基本的框架元素，指明了发展的大致方向，这是值得肯定的一面。另一方面，面对它们的实践操作，还有一些疑问期待解决：第一，学生的专业和兴趣和思政课小班讨论教学二者哪一方面在迎合对方？如果仅仅是为了迎合学生的专业和兴趣，思政课就不是思政课了，而是保姆课；如果这种迎合根本就不存在，那么如何在学生的专业和兴趣中找到与思政课结合的那个点呢？如果个别学生对专业根本就不喜欢更谈不上兴趣，那这些学生又该如何上思政课的讨论教学呢？这不是吹毛求疵，而是将科学性进行到底。在结合社会热点方面，没有资料显示结合的社会热点是什么，更没有科学选取热点的方法和原则。这些问题给我们很大的启发，小班讨论教学绝对不是简单的形式化表演，而是一项严肃的教学改革事业。

　　根据资料研究表明，2015 年至 2018 年，大部分高校开始尝试小班讨论教学

---

① 资料来源：https：//www.shnu.edu.cn/_t12/b3/f8/c279a439288/page.htm.

② 资料来源：https：//www.sohu.com/a/280710017_115423.

模式，至于实际教学过程中小班教学的实践是否达到预期目标，或者只是形式化表演？还需要经过周密研究之后方可下结论。我们花费大量时间和人力，浏览全国千余家大学网站，集中搜索各目标大学马克思主义学院的主页，63%的样本院校有思政课小班讨论教学的文字推送，在这些最接近真实的文字报道中，我们经过仔细梳理发现：第一，所谓的思政课小班教学，显示是教学任务性质的少，突出学生活动性质的多；第二，举办主体不是学生和教师，而是学院或学院与学校其他学生管理相关的职能部门联合体；第三，小班讨论演绎成小班团队（明显不是一个班级的学生，而是在较大学生班级规模基础上选拔出来的学生代表）的演戏；第四，内容明显脱离教材，虽然思政课小班讨论教学的主题内容没有要求必须基于教材，但是不能随意设计。这些基层新闻的报道，大部分将重点放在强调活动的价值和意义，但有些报道还是涉及教学改革目标的。

2015年至2020年，学术期刊出现大量以思政课小班讨论教学为主题的文章。文章题目大多聚焦"大班授课，小班研讨""中班授课，小班研讨"；这充分说明思政课小班讨论教学不但在实践中得到重视，在理论研究方面也吸引一线教师的关注。仔细梳理相关文献，会发现以下几个特点：第一，在研究内容方面，文章主要把重点放在小班讨论教学的价值方面，但是如何开展小班讨论教学关注过少，推测其原因为，一是实践经验少，理论处于初步研究阶段，缺乏实践材料支撑；二是没有深入思政课小班讨论教学环节，缺乏科学论证；三是对小班讨论教学了解不够，认识不深刻。第二，在可操作性方面，从公开的文献分析研究发现，这些文章采用的资料样本化痕迹严重，小范围的样本化教学或展演式活动显然不具备普及性推广，因此大范围覆盖全部理论教学对象的可操作性较差。第三，关于思政课小班讨论教学的价值总结。经过广泛收集资料，科学归纳分析，慎重提炼以小班讨论为主题的文章，最终都会把小班讨论教学的价值总结到以下几个方面：提高学习热情、激发思考能力、提高表达能力、培养合作精神、增强师生互动等。这些教学价值是否是小班讨论课所专属？或是小班讨论课在实现上述价值时更具有优势，没有文章进行深入这类研究。第四，在小班讨论教学的内容方面，文献资料更是"百花齐放"，有主张结合热点内容的，有力主结合教材的难点展开讨论的，还有从红色经典文化提取讨论素材的。至于为什么选取某一类素材，如何选取该类素材，大部分研究没有具体化，缺乏选材的原则性和可行性，作为教学改革研究明显缺乏实践支撑材料和可操作性。大多数文献只是简单地介绍要关注什么题材，关注这类题材的意义，但是没有给出关注的理由和关注的办法，知道"什么重要"和把"什么重要"落到实处还有很大差距，这不仅是理论与实践的差距，而且是理论上没有充分论证的和需要充分论证的差距。第五，关于讨论教学形式。在讨论教学的形式上，更是良莠不齐，从公开的资料来看，有观点把小班讨论教学和实践教学混淆，小班讨论教学的精华是讨论，而不是话剧或情景剧的演，根据公开资料的基础研究来看，把话剧等实践内容当作小班讨论教学内容的绝不是孤例或个案。这种观点显然忽视了讨论教学的本意，企图通过小班讨论制造点氛围，教学就是教学，可以寓教于乐，但更多时候教育是没有快乐的。有观点主张讨论形式力求灵活多样，就社会热点问题分析与讨论、演讲、辩论、自编情景剧、模拟社区、模拟法庭、模拟记者会等形式，试图用小班讨论弥补了大班授课的缺憾。这种设计是否科学值得探索。直观的不适就是这种观点把教学任务和学生活动等同起来，很容易形成教学任务与学生活动形式雷同，内容差异小，无形中降低思政课的学术性和理论性。其实小班讨论教学的精华在于讨论时思想火花的碰撞，意见的统一或分歧，而不是舞台上华美的服饰和舞美动作。第六，在分析思政课小班讨论教学存在的问题时，众多观点大多集中在师资、时间短缺，流于形式等众人皆知的短板。鲜有观点直接开门见山，分析讨论教学的教学过程和效果评价，没有实践支撑的理论是干瘪的，不经过学生鲜活的讨论过程，根本观察不到学生发言时的神情，也体会不到学生欲言又止时的羞涩和兴奋。至于如何把这些短板补长，使短板不再短，却很少有真挚的见解促成最终的解决办法。对于讨论教学存在的主题选择问题、讨论氛围把控问题、讨论结果考核等深层次问题，鲜有人触及。这些广泛存在的问题不是我们抱怨思政课小班讨论教学的理由，而是我们继续探索如何科学实施思政课小班讨论教学的基础和出发点。

总之，思政课小班讨论教学的历史进程已经开启，前期的阶段性任务初战告捷，虽然存在很多需要改进和完善的问题，但是有问题不是坏事，问题是发展中出现的问题，未来只有用发展的办法解决前进中的问题，思政课教学改革才会取得新的进步。当然，未来还会出现新的问题，我们相信办法总比问题多。思政课小班讨论教学是一个新生事物，大家对它的认识还处于感性认识阶段，我们的每一次认识，都是小班讨论教学的一部分反映，揭示的一部分真相。我们相信，随着认识的不断深入，对思政课小班讨论教学的理性认识将会占据主导地位。通过我们的不断实践和探索，对思政课小班讨论教学的规律性认识将会越来越多，教师也会越来越熟练地主导思政课小班讨论教学。

第二节　实施思政课小班讨论教学的必要性和可能性

思想政治课教学为什么要设置小班讨论？小班讨论解决了什么问题？这些问题原来是否存在？如果小班讨论解决的问题原来就存在，那么原来的解决办法是什么？为什么原来能够解决问题的办法现在不能解决了？如果小班讨论解决的问题原来不存在，是实践中新出现的问题，那么这些问题是如何出现的？是否可以继续用原来解决旧问题的办法解决新问题？如果旧办法不行，是创新旧办法好还是另起炉灶开设新办法？作为新生事物的小班讨论教学在解决存在的问题时，是否产生新的问题？从价值角度考虑，小班讨论解决问题的利是否大于小班讨论教学带来的弊？从已有的研究来看，小班讨论解决的问题大多围绕"优于系统灌输的具体启发""提高学习热情""提高表达能力""培养合作精神""增强师生互动"等，这些问题是思政课理论教学不能解决的吗？理论课教学解决不了"提高学习热情"的问题，依靠讨论课教学就能提高学习热情了吗？一次短暂的发言能代替大量的材料背诵吗？"增强师生互动"必须通过语言讨论吗？实际上，一次深刻的讲解得到学生一个满意的眼神胜过唇枪舌剑的讨论。在这里，我们不是降低小班讨论的价值，而是要找准小班讨论的价值定位，理论讲解不能达到的目的，不能简单地得出用小班讨论一定就能解决，而是要深入研究，揭示出为什么理论讲解达不到预期目的？理论授课出现的问题要从理论授课环节找出问题的解决办法，而不是用小班理论解决理论授课出现的问题，还美其名曰把小班讨论教学视为理论授课的补充。按照这个逻辑，小班讨论教学产生的问题用什么补充呢？当然，小班讨论教学的优势不可抹杀，但是需要把小班讨论教学的功能科学定位，更不能因为小班讨论教学的出现忽视了理论授课的重要性。目前，理论授课还是高等教育中的主流阵地，知识的讲解和背诵记忆还是最基础，也是效果较显著的教育教学方法。

一、思政课小班讨论教学的必要性

任何一种新生事物的出现和存在都具有客观必然性。思政课小班讨论教学是当前高等教育的现实需要，是人才培养、课程改革的客观需要，也是学生成长的主观要求。在教学实践中，理论教学模式的改革注重师生互动环节取得较好成绩，特别是随着互联网技术的成熟，线上线下师生互动、生生互动的模式催生出新的教学趋势，这就是讨论教学模式。这种新的教学模式不是取代传统的理论授课，也不是抛开理论授课的另辟蹊径。这种新的教学模式是基于理论授课的讨论教学，从课程性质来说，小班讨论是思政课；从教学模式来看，小班讨论不是教师的单向讲解，而是师生的双向互动。

第一，高校思政课小班讨论教学是新时代人才培养的需要。时代的发展需要新型复合人才。所谓复合型人才，是指在各个方面都有一定能力，在某一个具体方面出类拔萃的人。复合型人才的特点是多才多艺，能够在很多领域大显身手。复合型人才包括知识复合、能力复合、思维复合等方面。随着社会的发展，技术的普及，对人才的要求越来越高。当今社会的重大特征是学科交叉，知识融合，技术集成。这一特征决定每个人都要提高自身的综合素质，个人既要拓展知识面，又要不断调整心态，变革自己的思维。过去对专门技术人才的单一技术要求越来越不能满足社会的需要，比如技术人员除了用精湛的技术面对机器或设备，还需要与人沟通，特别是随着服务业的广泛兴起，需要各种大量的专业技术服务人员，那种默不作声只会与机器打交道的技术人员显然不能适应新的发展要求。通过思政课小班讨论教学，激发学生的发言积极性，提高学生的口头表达能力和即兴发言能力，将成为培养新型复合人才的必然环节。思辨能力是衡量高素质人才的主要指标。知识只有转化为行为才能成为力量，高素质的人才不仅是拥有一个高学历，还要把高学历代表的知识转化为有效的生产力。知识掺不得半点虚假，实践是检验真理的唯一标准。知识转化为生产力是一个知识输出的过程，无论是说出来，写出来，还是运用在其他生产环节，都需要人科学地面对实际情况，辩证地处理实际情况。马克思主义辩证法是科学的方法，学生通过小班讨论教学是掌握辩证思维的有效途径。只有掌握了辩证思维、具备了辩证思维能力，才能顺利地把知识转化为生产力。满足常态化的科技文化交流是社会发展的基本要求。随着社会交流和技术服务的兴起，科技文化交流成为社会发展的常态化现象，行业交流及跨国交流积极涌现。这种发展局面迫切要求高素质的从业人员。知识的输出和观点的交锋，价值观的教育和普及，都离不开具备高水平的语言表达。"知道什么是好的，还会把这种好传达出去"是科技文化交流的基本要求。

第二，高校思政课小班讨论教学是思政课教学的需要。在思政课教学中有一种灌输论。传统意义上，灌输论是一种公认的科学教育方法，列宁曾经给予灌输论高度评价，但是任何一种科学的教育方法都有局限性，如果不顾客观存在的局限性而肆意滥用，就会出现过犹不及的负面效果。思政课教学从来就不否认灌输论，但是如何科学地运用灌输论，还需要进一步研究。传统的灌输论注重教师是灌输的主体，学生是被灌输的客体。这一传统观点因僵化的视角一直以来使科学的灌输论连带受到世人的质疑。灌输毫无疑问是正确的，也是必需的。但是灌输不一定是教师灌输学生，主动权也可以是学生。把真理的知识放在学生面前，让学生自我灌输。马克思主义者的德育论认为，教育同自我教育是统一的过程；自我教育在一定意义上来说是教育的结果，又是进一步教育的条件或内部动力。因此在教育过程中要充分发挥受教育者自我教育的主体作用，自我教育体现在灌输论方面就体现为自我灌输。思政课小班讨论教学是实现从灌输到自我灌输的飞跃。在这个飞跃中，不仅是灌输主体的变化，还有灌输过程的变化，更有灌输结果指数级增加。讨论是激活思想武器的密钥。马克思主义认为思想是一种有力的武器，但是思想本身不能成为武器，必须和人结合在一起才能实现。是不是所有人都能成为思想武器的载体呢？显然不是。思想的武器是生动的，不是僵化的。僵化的思想不但不是攻击敌人的武器，反而成为被人攻击的武器，最终造成实践中的失败。如何激活思想武器的密钥呢？这就需要通过小班讨论教学培养学生的思辨与自辩能力。只有具备了思辨能力，才能运用思想的武器，把思想用活，活学活用。

第三，高校思政课小班讨论教学是学生成长的需要。在大学教育期间，思政课作为一门必修课，得到师生的共同重视。仅通过背诵考点应付考试绝不是思政课的初衷和最终目的，大学思政教育的核心是立德树人。思政课承担着学生能否树立正确的世界观、人生观、价值观的重要使命。有观点主张，在思政课堂传授知识的同时，必须进行育人价值的培育，即把握好价值性与知识性相统一，实现"情"与"理"相结合，实现情理教育。① 思政课小班讨论教学为学生获得知识、培养思辨能力、树立正确"三观"、培养高尚的道德情操提供了新的途径。

---

① 韦主信.情·理教育：思政课堂价值性与知识性相统一［M］.厦门：厦门大学出版社，2021.

首先在学习知识方面，通过讨论，学生对所讨论的知识点的理解更透彻，树立正确观点更牢固，记忆更深刻。学习金字塔理论认为，在塔尖，第一种学习方式——"听讲"，也就是教师在上面说，学生在下面听，这种我们最熟悉、最常用的方式，学习效果却是最低的，两周以后，学生学习的内容只能记住5%。第二种，通过"阅读"方式学到的内容，学生可以记住10%。第三种，用"声音、图片"的方式学习，可以达到20%。第四种，"示范"，采用这种学习方式，学生可以记住30%。第五种，"小组讨论"，学生可以记住50%的内容。第六种，"做中学"或"实际演练"，可以达到75%。最后一种在金字塔基座位置的学习方式，是美国学者爱德加·戴尔1946年提出的"学习金字塔"理论。也就是"教别人"或者"马上应用"，学生可以记住90%的学习内容。其次，通过讨论学习，不同的观点和看法相互碰撞和融合，学生的思辨能力得以提升，辩证思维不仅存在于课本之上，更存在于生活之中，使学生深刻认识到现实生活是辩证的，书本上的辩证只是实际生活的辩证法在书本上的反映。最后，通过讨论学习，在树立正确观点的同时，批驳了错误的观点和看法。办好思政课，最重要的是解决好信心问题。"欲人勿疑，必先自信。"思政课教师本身都不信，还怎么教学生？特别是在讨论学习杰出人物和先进典型时，通过理论与事例相结合，把理性的观点通过感性的事例融入学生的思政教育，进而激发学生的正面情感，升华学生的道德情操。讨论教学为学生树立正确的"三观"提供了活生生的情景，为贯彻立德树人的使命起到重要作用。

二、思政课小班讨论教学的可能性

任何新生事物都不是自然出现的，都需要一定的主观客观条件的成熟，需要天时地利人和。中国特色社会主义进入新时代以来，党和政府高度重视思政课教学，对思政课建设提出新的改革要求；随着中国经济的快速发展，文化建设和道德建设的任务开始凸显，逐渐在生活中占据主要地位，师资队伍建设为培养高素质人才提供了智力支撑；这些条件为高校思政课小班讨论教学模式的建立提供了可能。

第一，党和国家的教育政策为思政课小班讨论教学保驾护航。中国共产党一贯重视思政课教育教学，随着思政课教学实践的发展，小班讨论教学逐渐成为思政课教学的一种重要教学形式。通过科学总结思政课小班讨论教学的实践经验，党和国家出台了促进思政课小班讨论教学的相关政策。2017 年 2 月，《关于加强和改进新形势下高校思想政治工作的意见》（以下简称意见），《意见》指出，要推进高校思想政治工作改革创新，强调要贴近师生思想实际，加强互联网思想政治工作载体建设，加强学生互动社区、主题教育网站、专业学术网站和"两微一端"建设，运用大学生喜欢的表达方式开展思想政治教育。2017 年 4 月 19 日，教育部办公厅印发《关于开展 2017 年高校思想政治理论课教学质量年专项工作的通知》和《2017 年高校思想政治理论课教学质量年专项工作总体方案》，决定将当年定为"高校思政课教学质量年"，开展大调研、大提升、大格局，在全国高校打一场提高高校思政课质量和水平的攻坚战。2019 年，教育部启动实施"新时代高校思想政治理论课创优行动"，聚焦教师、教材、教学资源、示范课堂、工作机制、教学质量开展创优行动。

这些文件的出台，肯定了思政课小班讨论教学取得的阶段性成果，初步总结了思政课小班讨论教学的基本经验，为下一步思政课小班讨论教学指明了方向，促进了高校思政课整体教学改革。一是，思政课小班讨论教学是近年来思政课教学改革出现的新鲜模式。这个模式的出现是社会发展中教学实践的推动而形成的，因为单纯的课堂理论讲授已经满足不了学生的需求，迫切需要一种新的模式增加师生互动并提高学生学习的积极性，因此小班讨论教学应运而生。经过一线教师的艰辛探索，初步掌握了小班讨论教学的规律，教育管理部门及时关注小班讨论教学的实践发展并进行初步的经验总结，肯定了小班讨论教学取得的阶段性成果。二是，思政课小班讨论教学还处于探索时期，距离传统教学的规范性要求还有一定的差距，如何把思政课小班讨论教学形成具有统一教学要求、统一教学任务、统一教学流程和统一评价机制的标准性教学，还需要进一步探索和实践，党和国家教育部门出台的相关文件为这个探索指明了前进的方向。三是，教学改革，特别是思政课教学改革没有完成时，只有进行时。思政课小班讨论教学作为思政课教学改革的新兴模式，思政课小班讨论教学是思政课教学改革的一部分，为传统课堂讲授理论模式的改革提供了新的思路，特别是为课堂讲授理论内容和讲授方式的改革提出新的要求与挑战。随着教育实践的发展和社会的进步，思政课教学改革会越来越完善，思政课小班讨论教学模式也会越来越成熟。

第二，信息技术为小班讨论教学提供新的保障。从社会发展成熟程度来说，生产力的发展为思政课小班讨论教学普及提供物质基础。随着生产力的发展,物质财富的丰富,科技水平的提高和文化教育的普及,讨论教学也开始广泛地开展。在生产落后的社会阶段,只有少数人能够与教师进行对话学习,其他人只能通过书籍来学习。在社会发展的高级阶段,大部分人从繁重的劳动中解放出来,接受教育成为每个人的权利与义务。随着教育的普及,不断提高教育质量一直是人们追求的目标。简单地获取知识已经满足不了人们的需求,人们不但认识世界,更要改造世界。如何在获得知识的同时,提高运用知识的能力,进而创造新的知识是当今教育的使命。思政课小班讨论教学与社会发展到高级阶段的教育要求是相符的,同时社会生产力的发展为人们接受教育提供了坚实的物质基础。信息技术的出现改变了人类社会的产业结构,更深刻地改变了人们的生活和观念,更对人类教育产生了深远影响。一是,信息传播渠道多样化使人们获取信息更加便捷,占有的信息量急剧增加。在这样的背景下,广泛占有信息量的学生对传统教学模式提出新的要求,归根结底,是信息技术成为挑战传统教学的关键因素,而思政课小班谈论教学正是乘着信息技术的浪潮走到教学改革的前台。二是,信息技术为学生快速获取信息提供了条件,思政课小班讨论教学要求学生做好充分的课前准备,如果没有信息技术作为物质基础,单纯依靠纸质资料,学生很难在短时间内做好准备,因为资料所限,学生准备的材料也会大同小异,很容易出现雷同现象。而信息技术为一次高质量的小班讨论准备阶段提供了足够保障,无论是理论知识还是事例材料都可以通过网络快速收集,根据讨论提纲的要求,经过学生个性化整理和逻辑加工,就会出现风格迥异的讨论素材。三是,信息技术为组织讨论教学提供了技术保障。无论是文字信息的发布,还是讨论组织细节的通知,现代信息技术都提供坚实的保障。特别是在线下讨论教学受到限制时,线上的各种讨论课堂依然如期按时举行,学生参与讨论的积极性受到激发,并且由于网络痕迹化的存在,部分学生的懈怠和应付情绪也有很大改善。

　　第三,学生的自我意识呼唤思政课小班讨论教学。从青少年成长规律来说,学生自我意识的确立是思政课小班讨论教学的思想基础。自我意识是人对自己身心状态及对自己同客观世界的关系的意识。自我意识包括三个层次:对自己及其状态的认识,对自己肢体活动状态的认识,对自己思维、情感、意志等心理活动的认识。从小学到大学,学生的自我意识从微弱到强烈。这种自我意识不再是浅表的获得表扬与肯定，而是深层次的自我展示和自我创造。如果在教育过程中，忽视这种自我意识的发展历程，不能为自我意识的成长提供应有的呵护空间和善意的环境，将严重影响人的全面发展。封建科举制度导向摧残了人才数千年，八股文式的教条教育严重地阻碍了人性的科学发展。思政课小班讨论教学在塑造学生自我意识方面起到积极作用，首先，学生在获得广博知识的同时，需要培育辩证的思维能力，而自我意识是辩证思维能力的基础，很难想象一个没有自我意识的人是如何熟练地运用辩证思维能力的；而离开自我意识，发挥辩证思维能力是空洞的，只能是鹦鹉学舌式的。其次，自我意识是创造性、创新性的基础。创造与创新并不是知识的简单堆砌和罗列，如果真的如此，那么人人都是发明家了。大学时期是培育学生创造性和创新性思维品质的关键时期，而小班讨论顺应了这种教育的要求。最后，小班讨论能够提高学生的自我探索能力。自我探索是构成自我认识发展的内在动力。通过思政课小班讨论教学，学生在准备材料和发言过程中，可以通过评价自己的行为表现以提高自我认识水平，等等。

三、思政课小班讨论教学的理论研究与实践现状

根据党和国家教育部门的政策指导，高校思政课小班讨论教学在各个学校逐渐展开。本节经过严格统计、查阅以小班讨论教学为主题的新闻报道、学术论文、学术交流会议，可以对现阶段思政课小班讨论教学的实践情况有初步的了解和认识。思政课的根本任务是立德树人，贯彻这一任务就要使思政课入脑入心，讲出实际效果，需要增强课程的感染力、吸引力和亲和力。"小班讨论教学"实现教师角色的转化，使教师由单一的知识传授者变为课程教学的设计者、主导者。在讨论教学过程中，教师根据思政课的课程属性和学生的专业特色，为学生提供多种研讨主题和方案，学生聚焦某一话题谈认识、说感悟、讲疑虑，通过在师生之间建立和谐合作伙伴关系，使学生在轻松融洽的氛围中获得成长。同时，"小班讨论教学"能激出学生的主体性和能动性，使学生掌握学习的主动性。通过研究，将小班讨论教学的实践情况总结如下。

第一类，思政课小班讨论教学的研究和教学处于接近成熟阶段。按照政策指导，严格落实思政课小班讨论教学。这一类小班讨论教学，无论是教学硬件还是软件都有基本保障，讨论教学流程规范，讨论教学课程设计合理，已经完成小班

讨论教学的初级阶段。湖南大学唐求等人在专业课教学实践中总结了小班讨论教学的成功经验①，其他研究者分别从不同侧面探讨了小班讨论教学的基本经验。在理论研究方面，近年来，"大班上课，小班讨论"的教学模式也引起了教育界的重视。一是理论基础扎实。支撑这一教学模式的理论研究早已取得了重要成果，如分组教学理论、合作学习理论等为"大班上课，小班讨论"的教学组织形式的改革提供了理论依据。分组教学的目的在于克服班级授课条件下难以做到适应学生的个别差异、缺乏针对性教学。它比班级授课更切合学生个人的特点和水平，便于因材施教，有利于人才的培养。这些理论认识试图把大班上课、小班讨论和个人独立研究结合在一起，并采用灵活的时间单位代替固定的上课时间。二是前沿理论研究创新性强。小班讨论教学并不是最新的教学理论，讨论式教学法在国内外都相当盛行，在教学法体系中占有重要的地位。常规理论认为，学生看问题的方法不同，会从各个角度、各个侧面来揭示基本概念的内涵和基本规律的实质，如果就这些不同观点和看法展开讨论，就会形成强烈的外部刺激，引起学生的高度兴趣和注意，从而产生自主性、探索性和协同性的学习。这样的教学方法无疑是体现"教师为主导，学生为主体"的教学思想。当前对讨论教学的学术研究在常规讨论理论的基础上，已经从"什么是小班讨论教学"深入"如何更加有效地开展思政课小班讨论教学"的新前沿，并取得相当大的成就。三是与国际同类理论研究结合性强。小班讨论教学最近几十年在国外比较盛行，盛行的东西是不是一定就更加科学呢？适合某一国家的东西是不是就一定适合其他国家呢？提出这些问题不是研究这些问题，只是在得出"比较盛行"判断时关于这个问题另一个方面的辩证性思考方向。评价国外小班讨论教学模式的优势是辩证性评价，而不是全盘接受的评价。在这个认识前提下，国内以小班讨论教学的研究基本上能与国际同类研究相结合，而且结合得比较客观，既看到国外研究的优势，也看到国外研究的不足之处，最重要的是研究者大部分立足于国内的教学规模，提出理论上因地制宜的借鉴和创新发展。此外，有部分研究把思政课小班讨论教学与中华优秀传统文化的"问答式"教学相结合，从传统文化中探寻讨论教学的文化渊源。

---

① 唐求，孟求强，银翔．"大班授课，小班讨论"教学模式的实践［J］．电气电子教学学报，2018（6）：12-14.

　　在教学实践经验总结中，大班课、小班课和个人独立研究相互关联。这种方式有利于培养学生思考问题、解决问题及独立研究的能力，并有利于学生通过多种渠道获得信息。一是总结实践经验的共性元素较多。研究思政课小班讨论教学的材料发现，不同的学校实践经验的共性元素较多，究其原因，与思政课的课程性质有关，思政课教学的要求具有统一性，在这个要求下，共性多、个性少是新事物发展初期的正常表现，随着实践的深入，实践者的继续深化将出现不同的探索，个性化因素会逐渐多于共性化元素。二是总结实践经验的基础框架具有统一性。在已有的研究材料中，大部分学校的小班讨论教学基于合作学习理论基础上的"大班上课、小班讨论"的教学模式，根据具体课程现有的教学实践，可以理解为在以前的大教室上课，增加更多的师生、生生互动环节，实行小班或小组化讨论。在总结实践经验时能够准确地把握小班讨论教学的精华，基本上把政策要求与课堂实际结合起来，学生参与讨论的积极性已经调动起来，课堂讨论氛围融洽，师生配合默契，参与讨论的各方都能比较熟练地完成教学要求，课程基本覆盖全部学生。三是实践探索存在明显短板。任何新生事物的发展，探索初期实践者的思路大致相同，会出现"你想到的也是大家想到的""你想不到的大概率别人也想不到"。因此出现明显短板的情况就非常突出。第一，规模适用性探索较少。小班讨论的基础是小班，单个小班还是全部小班？很多小班讨论教学实践没有涉及规模问题，单个小班怎么探索都具有可行性，一旦大规模复制单个小班的实践经验就有难度了，这个难度没有出现在实践者的探索经验之中，不知是疏忽还是有意避之？第二，缺乏完整科学的小班讨论教学大纲。理论授课教学大纲是成熟的、规范的，小班讨论教学作为一个教学新模式也应具有完整的教学大纲。实际上，在众多研究中，研究者多聚焦小班讨论的价值意义和学生主体性探讨，很少涉及教学大纲的撰写和主题的设计。"小班讨论教学的好处""谁是小班讨论教学的主体"多于"讨论什么""怎么展开讨论"的关注。这明确说明当前的小班讨论教学理论认识大于实践操作，问题是在实践中出现，也在实践中得到解决的，没有实践如何发现问题呢？实践是问题的根源，没有问题不是好事情，坚持以问题导向，没有问题又何来方向呢？教学大纲是在小班讨论教学的实践中形成的，不是教师坐在办公室空想出来的，空想的理论和科学实践经验是有严格区别的。第三，缺少科学的操作性。思政课小班讨论教学具有很强的实践性，如何把学生的参与性调动起来是小班讨论的基础，有学者直接从调动学生的积极性切人，这是不符合实际的。实际中，前期学生不管是主动还是被动，积极还是消极，主观角度的衡量并不重要，最根本的是学生到场，学生发言参与讨论。期望学生热情似火地参与讨论教学只是教师一厢情愿的想象。科学地指导学生有序发言，没有空洞的发言而是言之有物，就是初期探索的成功。

第二类，思政课小班讨论教学与研究处于开始阶段。积极贯彻政策，初步探索思政课小班讨论教学。研究这类样本时，我们依然遵循理论研究和实践状况两个层面展开的研究路径。理论研究方面，一是初步探索小班讨论教学的价值和意义。这是研究小班讨论教学理论认识的初始阶段，也就是处于"思政课小班讨论教学是什么"的认知阶段。这个阶段的理论认识已经完成"为什么开展小班讨论教学"这个问题，从传统授课的教学改革中开始厘清小班讨论教学的方向。这是非常难能可贵的，找对方向基本成功一半。但是对小班讨论的基础理论准备明显不足，进一步探索的理论论证缺乏现实的动力。二是来自实践经验升华提炼的较少。原因主要是实践操作不及时，其实只要经过一次不成功的实践过程，就会发现很多问题，这些问题也许是所有小班讨论教学起始阶段都会产生的问题，但是不经过一番亲身实践，这些问题终究是别人的问题而不是自己的问题，发现别人的问题和发现自己的问题是有很大区别的，别人的问题可能自己会遇到，也可能自己遇不到，但是自己的问题一定需要自己探索解决。所以，我们剖析实践经验时，能够判断出来哪些理论认识是研究者自己经验的总结和升华，哪些是研究者总结借鉴别人经验而完成的。理论上讲，他山之石可以攻玉，科学总结别人经验照样可以升华为真理性认识。实践中，理论研究者大多只看到他山之石，还没有到攻玉的阶段。三是缺乏理论准备。小班讨论教学理论性不强，这是人们对小班讨论教学的第一印象，"不就是召集学生发发言，聊几句"就是小班讨论。这是对小班讨论教学简单化的认识，也是不重视思政课小班讨论教学的表现。在这种观点中，思政课小班讨论教学简直就是幼儿园教学的大学版，就是学生班会的思政课版。这是非常危险的认识，也是存在严重偏差的错误认识。这种错误认识混淆了讨论与讨论教学，简单地认为讨论就等于讨论教学，其实这是有本质区别的，就像狗和热狗的区别一样，这种认识不是偶然的，在社会的长期发展中，总有人在一些基本概念的区分中产生模糊的认识，就像有人分不清道教和道家学派，佛教和佛家学派一样。讨论随时随地都可以发生，讨论教学只是借用讨论的形式，更多的还是要遵循教学的规律和科学性。

在实践探索方面，这一类小班讨论教学，教学硬件和软件已经做好相应准备，教学设施是否能够达到教学保障的基本要求还需要在实践中加以检验。根据研究样本分析，这一类思政课小班讨论教学具体情况大致为：一是开始在实践中推进，但方向感缺失。在这类讨论教学实践中，有部分讨论教学在依据政策要求被动探索，教师和学生都在迷茫中实践，面对政策要求，没有鲜活的实际行动对应，总是寄希望于现成的模板来模仿和参考。至于什么样的模板适合自己的实际情况，又不是很清楚，看到别人操作的实效又不是很认可，这类思政课小班讨论教学的阶段特征就是，"自己想要什么不知道""别人有的自己还不认可"，这就是开始探索的初级阶段。二是产生阶段性认识，有待于进一步探索和完善。材料显示，有部分学校的思政课小班讨论教学实践中已经推行1—2年，积累了初步的经验，产生阶段性认识，距离成熟的模式还有一定的进步空间，有待于进一步探索和完善。这种实践形式知道"自己有什么""别人有什么"，但是自己的如何与别人的相结合的问题还没有来得及探索。在总结实践经验的过程中，实践者的经验积累还不够充分，在"自己需要什么"方面缺乏探索的批判精神，总认为自己的探索是对的，对于"进一步探索"缺乏明确的目标和可实施的具体步骤。不敢轻易否定自己积累的经验，这不是因为经验太多，相反是因为经验太少造成的。经验本来就不多，再否定一些就更少了，这已经完成探索的初级阶段，需要明确方向后进行下一步探索。三是坚持先进行实践探索，在阶段性完善之中。这类实践者总结实践经验后再对接政策要求，不符合要求的，该改就改；符合政策要求的，该坚持的坚持。这类讨论教学处于发展完善阶段，教学活动还在磨合，课程只是覆盖部分班级，具有相应的规模，经过初步总结经验之后，有望推广到全部教学班级。这类实践者知道"自己有什么"，也知道"自己缺少什么"，更知道"取长补短"，但是对待如何借鉴他人实践经验时客观上还缺乏具体的操作。也就是说，在处理自己经验和别人经验时还缺乏可行的实施方案，能够批判地对待自己，也能够批判地借鉴他人，如何把这两种批判结合在一起，缺乏足够的论证，他们的可取之处会取，但是不会科学处理他人的短处。简单地说就是，自己会的，会做得更好；自己不会别人会的，会学；自己不会，别人也不会的，不知所措。

第三类，思政课小班讨论教学研究与教学处于起步阶段。起步阶段的小班讨论教学根据政策要求，开始尝试思政课小班讨论教学。在这类讨论教学中，基本还处于开端阶段，真正落实到日常教学还有一定距离。从公开的资料来看，这类探索的教师积极性很高，从学术研究的角度探讨非常热烈，并产生一些具有学术价值的研讨成果，毫无疑问，这些研讨成果还没有转化为教学实践。理论研究空想的成分较多，对思政课小班讨论教学期望值过高，正因为缺乏实践经验，不知道实践是什么，很容易滑入理想主义的倾向；对学生的表现想象得过于完美。在这类研究中，学生都是唇枪舌剑的辩论高手，知识范围等于或大于辅导教师，学生无所不能、无所不知。其实，这是对思政课小班讨论教学实际严重认识不足的表现，学生很少是辩论高手，不排除个别学生口才好，激情高，但是大部分学生还是平时的表现，发言时会羞涩、会口吃，发言后会紧张。期望通过一次思政课小班讨论彻底改变一个学生，重塑学生的整体面貌是不现实的。

在实践中，这类讨论教学还处于小规模试验阶段，师生的好奇心大于积极性，观望情绪浓厚。会有少数骨干教师在理论课结束后，利用学生的课余时间，组织短暂的讨论，其实这种讨论有"装腔作势"的成分，有简单应付的心理元素，有"我已经做了"的自欺欺人的嫌疑，教师是这样，学生更是如此。同时在硬件建设方面，还存在明显的欠缺；软件方面更是薄弱，讨论课程设计和讨论环节的进度还存在于书面研讨阶段，没有适合自身的成型方案，也没有富有自身特色的经验总结。

综上所述，在思政课小班讨论教学实践方面，目前还处于开拓阶段，已有成熟的经验但不够丰富。各个教学单位在小班讨论教学的进度上明显不一致，前后差距明显；教育部门的政策指导需要落实到教学单位的教学指令进行细化。我们相信，随着小班讨论教学实践的持续深入开展，随着实践经验的丰富，更加符合讨论教学规律的教学课程设计将完美地呈现在思政课教学改革之中。

第三节　思政课小班讨论教学存在的挑战和机遇

任何事物的发展都不会一帆风顺，没有一点阻力和挑战性。思政课小班讨论教学作为思政课教学改革中的一个新生事物如何能够顺利地成长起来，成为符合教育科学的新模式。这将是高校师生共同面对的问题，这个问题的解决注定不会易如反掌般简单，一定会遇到各类困难和挑战，当然，任何新生事物一定是社会发展的需要，思政课小班讨论教学必然会战胜困难与挑战，并积极迎接新的机遇。如何在小班讨论教学的实践中科学地分析存在的问题并找到解决问题的方法是当前的重要任务，问题不是阻碍小班讨论教学成功的拦路虎，而是助长小班讨论教学发展的催化剂。在不断强调思政课教学地位的今天，思政课小班教学也迎来发展的机遇，对思政课小班讨论教学来说，不是有没有机遇的问题，而是如何充分利用好机遇。

一、思政课小班讨论教学存在的问题与挑战

　　思政课传统教学模式是理论讲授，随着教学改革的推进，单纯理论授课的模式已经不能满足实际教学的需要，相比较鲜活的社会发展，数十年不变的思政课教学模式需要有新的变化，当前的思政课教学迫切需要一种充满活力的，一种既能传播知识又能提高学生能力的新型教学模式。探索解决的办法有很多种，当前最切实可行的是思政课小班讨论教学，把小班讨论教学融入思政课教学改革是科学的尝试，这个尝试作为新生事物必将遇到各种困难与挑战。

　　第一，如何填补思政课教育问答式教学缺席形成的空白。在思政课传统理论授课的基础上融入小班讨论教学，这是思政课教学开辟的新天地，也是一片空白①。既然是空白，就没有现成的方案或操作要求，需要把小班讨论做成思政课教学的一个新型模式。首先是战胜没有现成教学方法可借鉴的挑战。一是没有现成的模板。从教学设计、课堂设计、讨论模式都需要在科学论证的基础上建立可操作的模板，遗憾的是目前没有可观摩和借鉴的模板。二是严格实践。填补教学空白的是书面的文字，更是精心部署的小班讨论教学成功实践，单从数量来讲，研究样本中不缺乏实践经验，但是缺乏成功的可以推广的经验，任何走马观花、简单应付的实践都不能总结出科学的教学经验。三是没有权威的理论指导。研究小班讨论的理论成果颇多，针对思政课小班讨论教学的理论研究也不少，但是这些研究大多停留在对思政课小班讨论教学的感性认识阶段，形成权威理论的少，缺乏具有大范围指导意义的有影响的理论。其次是教学硬件不足的挑战。小班讨论教学既然是教学，就需要教学要求的基本条件，其中硬件是基础性教学设施。在现有教学场所、师资等基础上，小班讨论教学需要克服硬件的种种不足。近年

---

　　①　有观点认为思政课小班讨论教学就是课堂提问的扩大版，在这里必须说明，这种观点是不正确的。小班讨论教学与课堂提问的区别会有专门论述。

来，各个大学都存在扩招现象，硬件教学设施本来就紧张，如何在这种紧张的情况下满足思政课小班讨论教学的硬件要求是一个不小的挑战。是不是等到硬件解决了才能开展思政课小班讨论教学的改革实践呢？显然不是，这就需要师生有战胜困难的思想准备，还要有适应各种环境的心理准备。风雨操场、走廊尽头、空闲的场所都可能是小班讨论的课堂。最后是讨论主题的把控性和讨论氛围的发挥性。这是最大的挑战，思政课小班讨论教学首要的是马克思主义课堂，这一点坚决不能动摇。如何处理好讨论主题的原则性和讨论环节的灵活性会是一个很大难度的挑战，如果过分强调原则性，就会压缩灵活性的空间；相反，如果鼓励讨论的积极性，难免会触碰到原则性的底线，特别是讨论经验不足的学生，越是遇到有争议的话题就越容易激发讨论热情，也就越容易触碰原则。教师需要在坚守原则性的基础上，平衡好原则性与灵活性的结合问题。

第二，应对信息爆炸带来的挑战。随着互联网的发展，特别是移动互联网的普及，人们获得知识更加便利。学生从课堂获得知识的传统方式不再是唯一的渠道，网络丰富的知识供给和多样化的线上教学模式成为学生获得知识的重要途径。同时网络搜索功能帮助学生暂时拥有广博的知识。虽然这种知识的广博是暂时的，但足以给传统课堂教学，以及给小班讨论教学带来严重的挑战。首先，不同价值观点带来的挑战。网络上充斥大量不同甚至相反的观点，特别是随着影响力很大的短视频自媒体的成熟，观点迥异的表述很容易迷惑涉世不深的青年学生。学校教育要坚决抵制和反对这类观点，如何在思政课小班讨论教学中抵制和反对这类观点又是一个新的挑战。这需要在设计讨论教学中利用社会主义核心价值观的规范性来要求，而且要讲究批判的方法，抵制和批驳错误或部分错误的观点时不能简单地否定，要有理有节，根本上是有利于学生的成长，切忌在否认学生观点的同时否认学生本人，一定要遵循价值观念的培养方式。其次，电子储存带来的负面影响。获取信息的即时性和便利性，学生在准备材料时更加容易，并且快速借鉴相关观点或形成自己的看法。这种暂时性的广博知识只是缓存，学生根本来不及深入思考，即便是总结经验、提炼观点大部分也是停留在肤浅的表面。欠缺反复锤炼、反刍思考的深邃。学生往往表现出"我都知道""没有什么新奇的"一类玩世不恭的态度，信息获取的便利性不能代替知识沉淀的厚重，字典再厚也需要查阅，网络知识也只是储存，电子储存不等于人的大脑储存，一定要求学生保持谦虚的态度。最后，给学习方法带来的挑战。网络时代是不经过大脑努力记忆的知识缓存，查阅材料后学生只是有一个模糊的印象，这些材料对学生来说只是被查阅的对象，并不能形成自己的知识。先不说从这些材料提取的观点正确与否，就说这个观点和看法是从哪些材料得出的就是一个值得深思的问题，取得这些材料的样本客观吗，具有代表性吗，用什么科学方法从这些材料得出结论的？参与准备的学生很难从逻辑上回答这些问题，即便是辅导教师，对这些问题的认识也是模糊的。这必将造成理论与实际相脱节，后果就是人们常说的理论与实际"两张皮"。讨论教学需要正确的理论，更需要扎实的可行的操作方法。

第三，在多元价值共存中培育社会主义核心价值观的挑战。价值观是基于人的一定的思维感官上而作出的认知、理解、判断或抉择，也就是人认定事物、辨别是非的一种思维或取向，从而体现人、事、物一定的价值或作用；在阶级社会中，不同阶级有不同的价值观念。任何一种思想在没有被绝对否认之前，那么这种思想所形成的视角、背景、判断及它所述说的意义，都会有着一定程度上的客观价值所在。在网络时代，信息交流的便利、人们交往方式的便捷，不仅快速传播了知识，而且带来价值观念的冲突与共存问题。忽视这个问题、轻视这个问题甚至无视这个问题的存在都是十分危险的。首先，面对多元价值观冲击形成的挑战，要科学地看待各种价值观。这个世界上存在着各种民族和国家，不同的社会制度和不同文明及不同的信仰，存在多种价值观和思维方式是正常的，我们要秉着互相尊重的立场，尊重不同的文明及其价值理念。特别是在处理文化交往与人员交流过程时，一定要妥善处理文明的差异。网络时代，交往打破了时间和地域的限制，虚拟空间更是激发人们内心深处个人观念的野蛮生长。生活中出于礼节和个人情面处于隐藏的观念在网络上赤裸裸地展现出来了，网络上有多少种观念，现实中就有多少种观念，对于这些不同的价值观念，该尊重的尊重，该批判的批判，该反对的坚决反对。其次，要坚定不移坚持马克思主义立场、观点和看法。在各个民族和国家之间，正确的处理方式要求同存异，尊重差异。但是我们不会把自己的立场强加给别人，更不能因为别人的立场而放弃自己的观点。马克思主义是科学的世界观，有观点认为，资本主义国家不信仰马克思主义，因此马克思主义不适用于资本主义社会。这种观点看似合理实则严重错误。首先，马克思主义是关于自然、人类社会、人类思维最一般规律的科学，资本主义国家没有自然、人类社会和人类思维问题吗？其次，马克思主义正是在分析资本主义社会中产生的，马克思主义科学地回答了什么是资本主义，怎样认识资本主义的问题。再次，资产阶级不承认马克思主义，不等于资产阶级和资本主义社会不受马克思主义揭示的规律的制约。最后，坚持社会主义核心价值观。社会主义核心价值观是社会主义核心价值体系的内核，体现社会主义核心价值体系的根本性质和基本特征，反映社会主义核心价值体系的丰富内涵和实践要求，是社会主义核心价值体系的高度凝练和集中表达。在我们的学习工作生活中，坚决捍卫马克思主义立场，培养社会主义核心价值观不能动摇，在正确处理不同价值观点时，要坚决用马克思主义思想同各种非无产阶级的错误思想做斗争，坚决反对各种腐朽、落后、反动的思想意识、言论和行为。决不能用处理不同社会文明的观点处理意识形态问题，意识形态问题是不能含糊的，不论是网上还是线下，我们坚决反对裹着文明文化外衣传播错误意识形态问题的行为。求同存异、尊重差异的原则只存在正确的价值观之间，对于那些错误的价值观，唯一适用的原则就是坚决斗争。

二、高校思政课小班讨论教学面临的机遇

时代和科技的发展为思政课教学带来挑战，也提供了机遇。每一个新生事物的出现都有必然的原因，思政课小班讨论教学同样如此。社会的快速发展把思政课教学改革的重大任务摆在人们面前，社会经济发展已经为思政课教学改革，尤其是小班讨论教学的设置提供了坚实的物质基础；党和国家高度重视思政课的教学问题，提出加强小班讨论教学的要求，这为思政课教学改革提供了良好环境；围绕如何开展思政课小班讨论教学，学生和教师对讨论教学双向奔赴的需要和热情，表达出办好小班讨论教学的共同愿望，这是思政课小班讨论教学获得成功的主观力量。

第一，党和国家对思政课的高度重视。坚持社会主义大学教育的办学方向是我国高等教育的重要原则，而高校思政课教学是保证社会主义办学方向的主要措施之一。首先，党和国家一贯重视思政课的教学工作，特别是十八大以来，习近

平总书记高度重视思政课教学工作，发表了一系列关于思政课教学的重要论述。办好思想政治理论课，最根本的是要全面贯彻党的教育方针，解决好培养什么人、怎样培养人、为谁培养人这个根本问题。① 我们办中国特色社会主义教育，就是要理直气壮开好思政课，用习近平新时代中国特色社会主义思想铸魂育人，引导学生增强中国特色社会主义道路自信、理论自信、制度自信、文化自信，厚植爱国主义情怀，把爱国情、强国志、报国行自觉融入坚持和发展中国特色社会主义事业、建设社会主义现代化强国、实现中华民族伟大复兴的奋斗之中。思政课作用不可替代，思政课教师队伍责任重大。② 习近平总书记的这些重要论述，为思政课教学指明了方向，为思政课教学改革提供了方向指导、理论依据和具体要求。其次，思政课教学把党的指导方针贯彻在实践探索中。把党对大学教育的要求、对思政课教学的要求贯彻在实际教学之中是思政课教学改革方向的保证。高校思政课小班讨论教学有序展开，在我们教学实践中，积极贯彻习近平总书记的重要讲话精神，把习近平总书记的要求和嘱托融入小班讨论课堂设计和教学的各个环节。我们要充分利用党和国家为思政课教学提供的发展契机，完成包括思政课小班讨论在内的思政课教学改革。最后，思政课教师要充分发挥主观能动性。思政课是一门思想政治课，也是一门科学课。在研究思政课教学规律的过程中，一方面要坚决落实党和国家的教育政策；另一方面，要积极发挥教师的主观能动性，深入研究教学规律。思政课教师将不辱使命，坚持理论联系实际，把党和国家的教育方针，把习近平总书记的重要讲话精神贯彻到课堂教学，使小班讨论教学成为思政教育最坚强的堡垒、最前沿的阵地。思政课教师要仔细研究讨论教学规律，在主题选择、大纲制定、现场控制和讨论管理等基本环节提炼出科学有效的具体操作方案，促进小班讨论教学健康有序开展。

第二，新时代社会快速发展为思政课小班讨论教学提供坚实的物质基础。中国特色社会主义进入新时代以来，中国人民在中国共产党领导下取得了伟大实践成就，许多领域实现历史性变革、系统性重塑、整体性重构，国家经济实力、科技实力、综合国力跃上新台阶。这些实践成就为思政课小班讨论教学在物质方面创造了条件：一是宏观方面提供了讨论的实践主题。党的十八大以来，以习近平

---

① 习近平谈治国理政：第三卷 [M]．北京：外文出版社，2020：328.
② 习近平谈治国理政：第三卷 [M]．北京：外文出版社，2020：329.

同志为核心的党中央领导全党全国各族人民自信自强、守正创新，统揽伟大斗争、伟大工程、伟大事业、伟大梦想，统筹推进"五位一体"总体布局、协调推进"四个全面"战略布局，创造了新时代中国特色社会主义的伟大成就，为实现中华民族伟大复兴提供了更完善的制度保证、更坚实的物质基础、更主动的精神力量，中华民族迎来了从站起来、富起来到强起来的伟大飞跃。社会主义制度优于资本主义制度不是空谈的理论，而是鲜活的现实，中国特色社会主义取得改革开放的伟大胜利是小班讨论教学的基础，事实胜于雄辩，小班讨论教学离不开我们身边的实际，这些生活中看到、听到的实际就是师生上好小班讨论课教学的底气和豪气。二是微观方面保证了硬件条件。思政课小班讨论教学，不仅需要物理场所，还需要学生们有可以便利使用的基本工具。新时代丰富的物质财富为小班讨论教学所需的基本条件保驾护航，先进的通信手段、获取信息的互联网高速环境、通畅的线上教学平台等为思政课小班讨论教学提供了物质基础。思政课教学是最现实的价值观教育，教生活在幸福中的孩子用幸福认识幸福最具有说服力，我们要看到这种客观实在的发展现状，并充分利用好这些物质条件把小班讨论教学做好。三是科技创新提供现代技术手段和新的思维方式。科技改变生活，也改变了我们的思维方式，思政课小班讨论的目的就是通过讨论教学激发学生的认知能力、表达能力，培育学生坚定的政治信仰。新科技的发展，人们的生活工作环境发生巨大变化，人们的思维方式也随之发生同样的变化。传统的教学方式遇到挑战，也给新的教育教学方式提供了机遇，思政课小班讨论教学要充分抓住当前机遇，从思维方式、教学方式、价值观念等方面淬炼新的教学理念。

第三，师生共同期盼开展小班讨论教学的美好愿望。传统的思政课理论教学承担着传授知识、培养能力和塑造价值观的多重作用。随着信息技术的成熟，学生获取知识的途径变得越发简单，这种看似简单化的求知方式使学生在课堂教学要求塑造的能力形成之前，先具备了质疑的能力，质疑知识的正确性、价值观的主流性、能力的突变性，特别是生活中多元价值观的存在对教育主导的主流价值观形成挑战。学生的要求不仅满足知道"什么是对的、什么是错的"，还要进一步知道"对的为什么对，错的为什么错"。把教学中的迷茫变为人间清醒，是学生对思政课改革的渴望，也是思政课教师的美好愿望。首先，学生渴望思政课教学能够解决他们面临的现实问题，他们不但需要学习知识，更加需要超强的分析分辨能力，传统课堂上教师塑造能力的那些方法已经被学生视为老套，不再具有生机和活力，学生不但需要树立正确的价值观，更需要在树立正确价值观的同时如何鉴别其他价值观并能够批驳它们。学生不是讨厌枯燥的理论，而是渴望有用的理论；学生不是讨厌思政课，而是不喜欢教师讲授思政课的方式。可现在的问题是，这种思政课在哪里？不是学生不喜欢上思政课，是学生喜欢的思政课不知道在哪里？其次，思政课教师的困惑与期望。思政课教师在传统理论授课的模式下，明显感到力不从心，知识点讲出去没有力量，培养能力的视角受到质疑，努力培育核心价值观的方法受到冷遇。实践发生了变化，教育理论必须跟上实践发展的节奏，作为教育主体的教师更应该跟上时代的变化，主动调整教学方法，化解教学存在的问题，解决自身存在的疑惑，不要带着疑惑解决问题，不要在迷茫中失去方向。我们相信，在思政课教师的努力探索下，思政课会成为学生喜欢教师更喜欢的课程。最后，双向同行的合力效应。教学双方都渴望一种激发积极性的新模式作为教学改革成果来充实思政课理论教学，思政课小班讨论教学应运而生，它承载着思政课教学改革的希望，传递着师生对思政课教学的期盼。这些希望与期盼是思政课小班讨论教学在机遇面前的主观动能，小班讨论教学之所以能够在众多方法中脱颖而出，归根结底是客观实际的推动更是主观需要的促进。

三、高校思政课小班讨论教学的基本经验和对策

小班讨论教学作为思政课教学改革的重要环节已经得到大家的广泛共识，在关于思政课小班讨论教学的理论研究和实践探索中，已经取得初步成效。那么，小班讨论教学过去是如何进行的、取得了哪些经验，将来又如何开展呢？虽然在实践中有各种不同的探索方式，但终归要有共性的要求和规则。在总结经验时，我们尽量尊重现实，当现实与原则发生冲突时，我们坚持以原则为主。在科学设计原则的基础上，我们将对小班讨论教学的基本经验加以锤炼，并对未来的教学发展趋势进行展望。

第一，统一规范课程设计原则。思政课小班讨论教学是常规教学，既然把小班讨论教学作为教学任务，就需要坚持规范性、统一性、科学性、灵活性等基本原则。不能降低对小班讨论教学的要求，这个要求的对象有学生、教师、教学单位的各级组织者。课堂教学有纪律，小班讨论虽然是讨论，但不能没有章法；虽然是即兴发言，但是即兴不等于随便，更不是随心所欲。做到言论有自由，说话有纪律。课程设计要坚持马克思主义，坚决贯彻党的方针政策，以党的重大会议

精神为指导。以学校的教育文件为规范，以常规教学的课堂纪律为纪律。教学过程有流程设计。组织小班讨论教学跟常规教学有很大区别，现场教学过程非常复杂，相对于常规理论教学教师的主导作用，小班讨论教学的主导时间大部分要交给学生，时间交给学生，教师就要对学生这段时间负责，不能听之任之，要有科学流程设计，什么时候该谁说，什么时候说什么，什么时候讨论，什么时候总结，突发情况如何处理，预案是什么，等等。在实践中，我们研究数百个学校小班讨论教学的样本，抽取出共同的成分，总结为基本经验。一是教学要求的稳定性。小班讨论教学既然是教学任务，就不能朝令夕改，教学要求的稳定性是保持教学权威的基本，没有权威性的教学是难以想象的。二是小班讨论教学需要严格完成备课任务。备课是教学的必备环节，小班讨论教学不但需要备课，更需要精心准备，有些准备是文字性表述，有些准备是心理准备和情绪准备。有观点说，小班讨论对教师的授课要求降低了，这种观点是错误的。实际上，小班讨论教学对教师的要求不是降低了，而是提高了。三是小班讨论教学质量要有监控和反馈。讨论教学课堂要求有教学记录、学生出勤情况、发言情况等，都要有记录。讨论课结束后学生要完成讨论总结；教研室每学期安排小班讨论互相听课制度，听课后要有反馈与评价；学期结束后教研室举办一次小班讨论教学总结，总结会要有学生代表参与并发表独立的意见，把本学期的实践经验和存在失误的教训形成书面表述，为下一步的教学提供借鉴。所有的设计原则和基本经验都是为了小班教学服务，不是小班教学的障碍，不能因为强调原则而失去小班教学的初衷与应有的活力属性。

第二，建立科学的组织方式。小班讨论教学因为自身的教学特点，人员组织和教学场所与传统课堂理论授课有很大区别，特别是要在互动中完成讨论内容。这就要求教师在学生组织、场所安排、讨论方式、现场把控等方面完成动态组织。首先是学生组织。有人会说，学生有什么可组织的，就是一个自然班，一般来说学生自然班规模在 30 人左右。实际上，一次小班讨论不可能每个学生都参与讨论，即便是参与讨论的学生发言时间也不会完全一致。组织学生不是简单地形式上把学生集合在一起，而是按照课堂教学的方式组织起来，人的组织方面，有学生担任主持人、拟定发言顺序规则、按先后顺序等组织要求，是按学号发言，还是按小组推荐代表发言；发言内容组织方面，有发言规则，什么允许说，什么不能说；现场氛围把控方面，时间控制要科学，突发情况处理有预案；等等。其次是场所安排。研究发现，由于小班讨论教学的任务多且分解单元小，这样就需要较多的物理教学场所。一般的教学单位短时间内很难解决这个需要产生的矛盾，学校不会也不可能在很短的时间内解决基建的硬件发展，学校硬件建设是有严格程序的。因此，在有限教学场所资源基础上，科学安排使用教学场所就显得尤为重要。实践中，教师需要考虑季节气候等因素把室内外场所结合起来，经过数百次讨论教学比较，在不同的场所中教学效果存在较大差异，学生坐在有座位的小教室讨论教学效果好于大教室，大教室效果好于没有座位的其他室内空间，室内空间好于露天的开放场所；线上讨论（如视频会议，微信群）占据主导，实行线上线下结合的方式。最后是讨论方式和现场把控。讨论方式是讨论课的精彩之处，一次高质量的讨论教学取决于讨论方式。实践中，有现象揭示出轮流发言有走过场之嫌，更有毫无秩序的散漫式发言。没有严谨的发言方式，就容易造成现场把控出现偏差。所以，讨论方式要事先约定，让学生自主报名参与讨论，辅导教师或主持人根据报名情况结合讨论要求，确定发言人数、顺序、发言时间；也可以在指定发言的基础上，结合自由发言；还可以根据讨论观点确定发言顺序。总之，要科学安排讨论方式，以期取得最好效果。

第三，明确教学主体。有观点认为，小班讨论教学的大部分时间是学生参与讨论，学生毫无疑问就是小班讨论教学的主体。在一定程度上来说，学生是讨论教学的主体没有错，但学生不是唯一主体。小班讨论教学是多元主体共同参与的教学模式，多元主体包括学生、教师、社会先进模范等。首先，以学生为中心是小班讨论教学的基本立场。以学生为中心的教学就是在教学中将学生作为教学环节的中心，在教学中将学生当作主要的参与者，将学生作为研究学习的对象，将学生人格的培养、综合素质的提高、分析问题和解决问题能力及学生学习能力提升作为重点内容。小班讨论教学为了学生、依靠学生，学生作为小班讨论教学的主体，不仅体现在学生的讨论行为主体方面，更体现在学生是通过讨论产生的受益主体，要让学生通过讨论增加获得感、成就感。一次成功的思政课小班讨论教学，从课程设计到学生走进教室再到讨论总结，处处都要体现以学生为中心的根本要求。其次，小班讨论的另一个主体是辅导教师。在传统教学活动中，教师是唯一主体，教师主导着传统课堂教学。在思政课小班讨论教学中，教师的主导作用没有改变，但是二者主导的形式明显存在差异，辅导教师主导着整个小班讨论，讨论课堂上，教师的发言时间很少或者根本没有，但是整个小班讨论的主题氛围和现场把控都是在教师的主导下进行的，教师的主体地位不是通过现场发言多长时间体现的，而是通过一个不出现在具体环节的参与者而发挥作用的。最后，邀请社会先进模范。讨论课是理论与实践充分相结合的课程，把社会中的先进模范请进讨论课堂是小班讨论教学的新尝试，把社会先进人物现身说法的事迹与理论结合起来是小班讨论教学一个新的探索方向。在人物的选取方面，建议先本地，再外地，先本行业本领域，再扩大至其他行业和领域。关于先进人物模范是否到现场问题，今天的技术手段可以远程连线，也可以制作专题视频，等等。研究中我们发现，许多教学单位在这方面有所尝试，并取得初步的宝贵经验。

第四，科学确立讨论内容。讨论教学的形式虽然是讨论，但终归是以内容为根本。在确定内容时需要注意以下几个方面：首先是主题内容，主题内容包括题目与提纲两个方面，题目要简洁、鲜明、政治正确，具有理论性、实践性；提纲要清晰、层次感饱满、具有逻辑性。题目和提纲是讨论教学能否成功的定海神针，一次讨论教学课，如果题目和提纲设计得完美、科学，讨论教学就成功一半；相反，如果题目和提纲出现偏差或纰漏，讨论的气氛和现场效果就会大打折扣。在讨论实践中，贯彻主题同样重要，题目和大纲是理论上的准备，如何把理论上的准备转化为实际的教学行动，需要师生围绕主题和大纲做好准备。其次是学生准备讨论的内容。学生按照讨论教学任务提供的题目和大纲准备讨论内容，准备内容的取材于教材、马克思主义原著、领导人讲话、党的会议精神等材料。取材途径包括网络、图书、期刊、手机客户端新媒体等。准备内容的审核是讨论教学的重要环节，讨论课不是自由讨论，是围绕某一主题的指定讨论，这就需要把关学生准备的内容。具体把关措施有事先要求，事中抽查，事后讲解和纠正。把关的原则有政治正确、观点科学、材料真实、表述有力，尽量用规范化语言表述，避免使用生活化用语，等等。坚决杜绝个别同学受网络一部分毒鸡汤的影响，夸张地采用别出心裁、别有用心的言论，辅导教师一旦发现此类突发情况，现场要立即制止，并做好相关善后事宜。最后是讨论时即兴发言内容。这是小班讨论的主体内容，具有较大的灵活性和不可控性。辅导教师要及时关注和引导讨论的方向和观点，给予鼓励或制止讨论。在实践中，我们一般不主张教师过多发言，因为时间有限制，教师到场就是不发言的发言者。除了讨论提纲的要求约束讨论内容，教师的在场本身就是对学生的另一种约束。当讨论按照要求顺利进行时，教师就是讨论氛围的烘托者、肯定者、鼓励者；当讨论出现偏差时，教师就是引导者、纠偏者、批评者。面对学生的失误，要给予鼓励，允许出错、试错，引导学生在错误中学习正确的东西。

第五，小班讨论教学的价值与意义。小班讨论教学作为思政课教学改革的重要部分，具有很高的价值和很强的现实意义。在研究中，大部分学者关注了这一点，并且研究成果相当丰富。首先是学习方法的实用价值。相对于传统的理论授课，学生被动听课、机械背诵知识点、模仿刷题的老套模式，讨论教学更能启发学生的学习兴趣，锻炼学生的表达能力和思维能力。特别是通过小班讨论教学，学生的转变非常明显，学生从"容易得很，百度一下就全部解决"的准备阶段，到"百度一下只是开始，要上好小班讨论课，光会百度不行，还要把百度出来的东西锤炼一下"的深入阶段，再到"用自己的话讲出来"成熟阶段。在这个过程中，学生不但会查找知识点，更会组织和提炼所需内容，关键是把懂得的知识说出来。其次是探究真理的研究意义。大学生已经开始具备研究某一项专门知识的基础，如何培养学生的研究能力和科研素质是当前大学教学关注的另一个重点，在传统的应试教育中，缺乏独立自主研究的教育。在新的教学改革中，小班讨论教学全方位培养学生的研究能力和科研素质方面具有积极意义。实践发现，小班讨论教学在学生搜索材料、处理文献、组织语言等方面起到很大作用。另外，要开始培养学生的问题意识，每一个研究领域都会存在着有待研究的问题，能否发现这些问题并找到解决问题的办法，就需要学生培养并增强自己的问题意识。在解决问题过程中发现新的问题，发现问题是科学研究的逻辑起点，通过问题意识提高创新能力，等等。最后是对思政课教学改革的意义。思政课教学面临着如何教、如何学的挑战，近年来，以"抬头率"为标志的诸多现象迫切说明思政课教学存在需要改进的地方，小班讨论教学的出现无疑为思政课教学改革提供一个现实可行的前进方向，这就是充分利用教育资源联动融合的整体性思维，通过多元探索充分发挥协同聚力效应，小班讨论教学聚焦社会热点话题，及时宣讲党的路线方针政策和党的创新理论成果，直面学生存在的普遍性思想困惑，为学生解疑释惑、注入思想正能量，在激发学生积极性，增强学生参与意识，培养学生辩证思维能力等方面具有重要的现实与理论意义。

第四章　思政课小班讨论教学的组织设计

举办一次教学活动，并不是随意地把学生集合在一块，教学人员简单读几张幻灯片那么简单。不论是理论课教学还是小班讨论教学，只要是教学活动，都需要精心组织，科学设计，严格落实，最后实施严谨教学。小班讨论教学是如何组织的呢？本章我们将从组织原则、人员组织、讨论形式设计等方面加以探讨。同样是教学活动，小班讨论教学与理论授课存在共性，也存在很大的差异，处理共性与差异的方法不是求同存异，而是让共性具体化，差异个性化。研究发现，有些小班讨论教学就是理论教学的课堂提问，简单的互动夹杂着少许的讨论，讨论的存在苍白且无力；真正的小班讨论教学与理论授课有严格的区别，讨论教学的风格明显，互动的氛围高涨。当然，理想的效果需要精心地组织设计。

第一节　思政课小班讨论教学的组织原则

思政课小班讨论教学的本质还是教学活动，教学活动就要遵守一定的教学组织原则，课堂纪律。当然，小班讨论教学不同于常规理论教学，除了具有常规课堂教学的一般特点外，还具有讨论教学的特殊性。揭示小班讨论教学的规律性是上好小班讨论教学的重要任务，下面结合小班讨论教学的实践分析一下小班讨论教学的组织原则，主要体现为权威性、科学性、公平性、严肃性、个性化等5个方面。

一、权威性原则

课程的权威性。思政课小班讨论教学必须强调指出的是思政课的讨论教学，这个大前提不能忘记，思政课的权威性必须在小班讨论教学中体现出来。小班讨论课教学不是单独具有权威性，它的权威性来自思政课，思政课的权威性统领小班讨论教学的课程权威性，小班讨论教学的权威性不能超越思政课的课程权威性。小班讨论教学不是解决理论讲解不能解决的问题，而是解决理论授课范围外必须通过小班讨论才能解决的问题。这种权威性原则主要体现为：第一，政治立场的权威，思政课是保证社会主义办大学政治方向的重要课程，具有鲜明的政治立场，这个立场不容挑战，无论什么时候政治正确是思政课坚守的第一原则，小班讨论教学讨论得无论多么热烈、激烈都不能忘记这个原则。第二，理论论点的权威，思政课教学，无论是理论讲授还是讨论教学，都是围绕马克思主义理论教育展开的，马克思主义是科学的理论，是经过实践证明的正确经验总结和真理性认识。在讨论教学中，我们提倡要尊重知识、尊重科学、尊重真理。第三，课堂纪律和辅导教师的权威。小班讨论教学既然是教学，就有课堂纪律，由于讨论教学场所的特殊性，讨论期间，学生可以有适当的言论自由，但是必须遵守发言纪律的约束。讨论教学热烈的气氛丝毫不降低辅导教师的权威，教师尊重每一个学生的发言及正确的观点，但尊重不是纵容，也不是软弱。

　　知识的权威性。对小班讨论教学认识的最大误区是重视讨论氛围，忽视知识的权威性，在这种误区中，精彩的语言表达映衬下，暗淡了真理的光芒。在小班讨论教学中，体现哪些知识的权威性呢？第一，教材知识。教材是国家教育主管部门审核过的权威教材，特别是思政课教材，里面的内容和观点都是经过多位专家撰写、数次审核之后才出版发行的，我们要尊重教材知识的权威性。当然这里不是说不能质疑教材，教材也在发展，教材不能回答现实中学生遇到或提出的所有问题，因为教材只是这个学科一定范围内的基础性知识，一些具有前沿性具有争议的问题一般不会出现在教材之中，但是根据教材提供的方法和观点，结合实际的发展，一定能找到回答问题的答案。第二，常识性知识的权威。小班讨论教学要引用现实的事例，在讨论例证时一定要尊重常识的权威性。有些事例是经济领域的，有些是文化领域的，还有跨越多领域的。在讨论发言时，学生就自己的材料，一定要从专业的角度深挖，了解来龙去脉，用专业的术语讲专业的事情，切忌一知半解，不懂装懂，要从讨论教学课堂中培养严谨的学风。第三，辩论思维的权威。辩证思维方法是科学的方法，也是方法论的基础。实践中，辩证性思维是人们认识世界、改造世界的基础，离开辩证性思维，人们是无法正确认识世界的。当然，这里的辩证性思维建立在唯物主义的根基之上。在小班讨论教学过程中，一定要警惕唯心论的辩证思维，预防的基本办法就是普及马克思主义唯物辩证法。

信仰的权威性。信仰是指人们对某种思想或宗教或追求的信奉敬仰。在这里，信仰专指人们对共产主义远大理想、社会主义共同理想的追求。首先，信仰不容置疑。共产主义信仰是人类对未来社会发展的坚定信念，这种信念是建立在社会发展的真理性认识之上。"真理的彼岸世界消逝以后，历史的任务就是确立此岸世界的真理。"① 共产主义就在人类生存的此岸。这是可以实现的现实世界，是可以触摸的真实世界。其次，要讲清楚中国人民选择共产主义的历史必然性。中国人民选择了共产主义并不是偶然的，而是中国人民在资产阶级改良主义、资产阶级民主革命和共产主义革命之间经过艰难抉择而选出来的正确结果。有人曾扬言如果当初中国走资本主义发展道路也会取得好的发展结果。这种观点是严重错误的，特别是随着网络技术的发展，此类观点时不时会泛起沉渣，使一些不明真相的青年学子产生迷惑。我们在讨论教学中，要旗帜鲜明地反对这种错误观点。给学生讲清楚中国现代史上不是没有给资本主义机会，资本主义在国民党的领导下，发展了几十年，不但没有实现民族独立，也没有实现国家富强，更没有让人们感到幸福。第三，要把对信仰的追求贯彻到实践中去。在讨论教学中，一定要把共产主义的信仰融入实践，切忌空谈信仰，要结合实际中的人和事，特别是社会先进人物的先进事迹；要从不同社会制度的对比中发现社会主义制度优势。最终让学生在实践中种下信仰的种子。第四，自觉维护信仰的神圣。共产主义的信仰虽然远大，但远大不是远离，远大的理想就在身边，不积跬步无以至千里，共产主义远大理想既在千里之外，也在跬步之中，坚定的信念必须在脚踏实地的每一步之中。因此，我们要自觉维护共产主义的神圣与纯洁，每当有人对共产主义信仰产生迷茫、动摇或错误的认知，我们要自觉地与之辨析，让人们去除迷茫，坚定信念。

二、科学性原则

课堂教学最基本的要求是科学性，追求真理，消除谬误是学校教育的根本任务，就是古人说的解惑传道。因此，在小班讨论教学中要坚持科学性原则。

知识的真理性。小班讨论教学的最终目的还是学习知识，提高能力，当然在

---

① 马克思恩格斯文集：第一卷［M］．北京：人民出版社，2009：4.

思政课小班讨论教学中还有培育信仰的重要功能。对于理论课讲解的知识来说，真理性是必须保证的，课堂上教师教错是最低级错误。同样，小班讨论教学保证讨论内容的真理性是最基本的要求。相对于理论课，小班讨论课更容易出现理解的偏差或常识性的错误。因此，小班讨论教学知识的真理性一般有两类情况，一类是讨论主题知识的真理性，另一类是讨论所引用知识的真理性。我们先说第一类，也就是讨论主题的真理性。一般来说，讨论主题都是反复论证确定下来的，主题本身的知识大概率不会出错，但是主题的背景知识需要丰富的知识储备才能梳理清楚，辅导教师在设计讨论主题时要充分酝酿讨论提纲，对于容易引起歧义的讨论提纲能避免尽量避免，有些烦琐的诠释不适宜放在小班讨论的短时间内解决，这类问题需要通过反复阅读才能领悟真谛。第二类是常识的真理性。也就是讨论时引用的例子或相关知识要符合真理性，由于学生的专业背景不同，讨论同一个主题，引用的例子会完全不同，辅导教师是否全部理解学生所引用的知识？对于这一问题不敢给出肯定的答案，因为纯文科出身的教师大多对学生所学的专业知识要么完全不懂，要么一知半解。还有一些常识性知识，因为个人文化素质不同，也会出现错误的表述和判断，当然随口说出错别字也属于低级错误。在一次以防灾减灾为主题的讨论中，一位学生发言说地震前猪羊有跳出圈的动作征兆，这个学生一直把圈（juàn）读成圈（quān），这种错误是生活经历的缺乏造成的，他只知道生活中有微信朋友圈，而不知道还有一种农村生活，会有猪圈、羊圈等，这就是对常识性知识缺乏真理性认知的表现。

　　思维的科学性。人类一刻也不能没有理论思维，在学校教育过程中，特别是学习理论知识时拥有理论思维是基本要求。在思政课理论教学的课堂，需要学生深入思考，学生是否真的思考或者思考的逻辑是否正确？授课教师一般不能及时发现，因为学生当时懂不懂，授课教师只能根据学生听课时的反映作出大概判断，而当用"抬头率"判断一次理论授课学生思考的程度，显然有些高估了，因为对于一次成功的授课来说，学生先听而后思考。"抬头率"是判断听的指标，而不是判断思考的参数。但是，在小班讨论教学中，是否深入思考，对讨论发言的学生来说就是展示的场合，讨论发言的学生想浑水摸鱼、滥竽充数已不可能，如果学生想蒙混应付，没有提前准备，现场发挥出很有逻辑的理论见解是有难度的。一方面，一次高质量的讨论教学离不开马克思主义唯物辩证法。学生发言讨论时谨记使用"所有""全部""完全""都"等词汇，还有"最早""唯一"

"第一"等容易给人武断印象的表述；还有一些否定发展观点，从静止的、片面的观点出发言论，也不利于讨论教学；还有一些建立在想当然思维基础上的表达也是不足取用的，"我认为""我发现""人们总是"等表述也是不规范的。上述这些种种表现基本上是缺乏马克思主义唯物辩证法的表现。恩格斯在《路德维希·费尔巴哈和德国古典哲学的终结》中指出，"一个伟大的基本思想，即认为世界不是既成事物的集合体，而是过程的集合体，其中各个似乎稳定的事物同它们在我们头脑中的思想映象即概念一样都处在生成和灭亡的不断变化中，在这种变化中，尽管有种种表面的偶然性，尽管有种种暂时的倒退，前进的发展终究会实现——这个伟大的基本思想，特别是从黑格尔以来，已经成了一般人的意识，以致它在这种一般形式中未必会遭到反对了"。① 在论证"发展"这个基本的观点之后，马克思又深刻指出，"口头上承认这个思想是一回事，实际上把这个思想分别运用于每一个研究领域，又是一回事"。② 另一方面，高质量的小班讨论不能是"两张皮"，也就是理论与实际相脱离。理论联系实际是小班讨论的灵魂，一次没有灵魂的讨论教学就是走形式，就是为讨论而讨论。一次成功的讨论教学是有血有肉的，既有理论高度，也有现实基础，理论与实际高密度衔接。因此，运用理论思维的关键一步就是理论联系实际，因为理论是实际经验的升华，而且理论最终要运用到实际中去。小班讨论教学切忌空谈理论，以空对空，流于形式。这样的后果不但讨论效果不好，而且会影响整个讨论教学环节。最后，讨论教学要多使用其他的科学的思维方法和研究方法，用列举法结合经典案例，用归纳法专项研究某一类集中突出的问题，等等。

能力的科学性。在诸多研究小班讨论教学的学术文章中，"提高学生的能力"作为一个重要指标写在小班讨论教学的"价值"行列。这些能力一般是指"表达能力""沟通能力""即兴组织能力"等。当然，小班讨论的确能够提高学生的这些能力，如果反思一下，这些能力是设置小班讨论教学的最初目的吗？举办小班讨论教学是因为学生表达能力差，沟通能力欠缺，缺乏即兴组织能力？实际上有些人不善表达能力，有的人社恐不爱沟通，但这些绝不是学生思想认识水平

---

① 恩格斯. 路德维希·费尔巴哈和德国古典哲学的终结［M］. 北京：人民出版社，2018.

② 马克思恩格斯文集：第四卷［M］. 北京：人民出版社，2009：298-299.

低。学生的这些能力欠缺问题真的需要设置一门课来解决？即便是要通过课堂解决，就一定要在思政课小班讨论解决？在这里，不是质疑思政课小班讨论设置是否科学，而是揭示小班讨论提升学生能力的定位不科学。小班讨论准备在教学计划中提升学生的能力，通过其他途径是否能够实现更好地提升？无论是与不是，都需要在设计小班讨论目的时就充分考虑要提升学生的什么能力，而不是泛泛地列举一两个方面，而是要具有针对性、科学性。本书认为应该把思政课小班讨论教学定位于提升学生两个方面的能力，一个理论思维能力，一个逻辑表达能力。当然思政课小班讨论教学对提高交流沟通等能力也有益处，但是不能反客为主，失去思政课小班讨论的核心和宗旨。思政课小班讨论的核心是思政课的小班讨论，不是其他任何课程的讨论课，讨论的内容和形式都必须围绕思政课这个核心，因此以增加学生的理论思维能力为目的就是自然而然的事了。思政课理论性很强，学习理论不能依靠死记硬背，而是要在理解的基础上背诵记忆，因此培养学生的理论思维能力是小班讨论教学提高学生能力的重要目的之一，这也是其他课程讨论教学很难实现的环节。思政课小班讨论的另一个特点是讨论，就是要把理论思维的结果通过口头输出表达出来。既然是理论思维结果的口头表达，就不能用日常用语表述，表述的方式要符合理论逻辑，因此培养学生的逻辑表达能力是小班讨论教学的另一个需要重视的地方。

三、公平性原则

公平是保证思政课小班讨论教学正常开展的重要原则。只有在公平的氛围中，讨论才会有心情舒畅的发言，才会有真实观点的展现，才会有真诚的沟通与碰撞。一个没有公平做基础的讨论教学，会出现口是心非的发言，老道的学生会喊空洞的口号，羞怯表达的同学因为有非公平的压力存在而选择沉默。当然公平不是信口开河，更不是信口雌黄。权威的存在不是不遵守公平，而是为了更好地保证公平，权威和公平并不矛盾；相反，权威和公平是统一的，权威是公平的保障和前提，没有权威，怎么保证公平？一个随意挑衅权威的发言不是公平的表现，而是导致不公平的因素。固然权威不是永恒的，总有被打破那一天，正如权威不是一天就树立起来的一样，权威也不是一下子就推翻的。打破权威需要科学的依据，需要严谨的论证，而不是用一句话或一段话就能轻易实现的。没有科学的依据而对权威肆意妄议是一种严重的不公平现象。要保证小班讨论教学的公平，需要从以下几个方面努力。

第一，师生互动的公平。在思政课小班讨论教学环节，师生互动的公平是首要的、基本的要求。缺乏公平的师生互动不是真正意义上的互动，是走形式的过场，是彼此心照不宣的应付，是你想满意我就让你满意的欺骗。如何做到师生互动的公平呢？首先是角色定位公平。教师的定位是教师，学生的定位是学生，定位公平就是不能越位，学生不能说该教师说的话，教师更不能犯学生犯的错误。学生有质疑教师的权利，但不能没有经过深思熟虑就一味地认为教师说的是错的；同样地，教师不能像学生那样在讨论时因为各种原因随意犯错误。学生犯错误说错话是因为紧张，或因为知识储备差，或因为见识少等，学生的错误是可以理解的，但是学生的这类错误教师不能有，学生有因为是学生，教师不能有因为不是学生。其次是言行公平。讨论发言时教师学生各自在自己的角色定位发言，教师不能有阻止、轻视、蔑视学生发言的举止或言语。只要学生不犯根本性的立场错误，教师不能因为学生与自己的观点相左就言语打压或举止蔑视，应该鼓励学生讲完，如果讲得不是很清楚，应该再给学生解释的机会。同样，学生不赞成教师的观点，不能出现粗暴地插话或无礼地喊停等低素质表现，应该等教师讲完，有礼貌地请求教师是否可以发问，或者请教师把观点补充完整。思政课小班讨论的是观点，更是礼节礼仪等整体素质的表现。如果说观点是真理，那么围绕观点所有的发言、举止、态度等就是真理的外衣。一场有质量的小班讨论，既有真挚的道理，也有华美的外衣。真理是赤裸裸的，那是科学；真理的外衣是温暖而华丽的，这是文明。最后是观点公平。讨论课讨论的内容一般会存在分歧，如果没有分歧就没有讨论的必要了。有分歧就要通过讨论解决分歧，最后达到观点统一是最好的结果。如果在讨论的过程中出现不一样的观点，教师要尊重学生的看法，即便这类学生的观点是错误的（只要不是根本性政治立场错误），就应该鼓励学生进一步作深入思考，随堂或下一次课鼓励学生再次发言，观点越辩越明，思政课教师要有充分的理论自信接受来自包括学生在内的任何疑问，直到疑问被消除。

第二，求同存异，尊重分歧。思政课小班讨论的大部分时间是学生在讨论发言，教师只是起到主导监督作用。因此学生与教师之间的分歧与摩擦很少出现，大部分的意见不一致主要出现在学生之间。因此，在组织小班讨论教学时要设计好处理这种分歧的原则和方法，不至于等到分歧发生甚至引起意外的其他后果，教师才做应急灭火处理。处理学生意见相左的原则就是求同存异，尊重分歧。站在文学欣赏的角度，我们常说一千个读者就有一千个哈姆雷特。欣赏文学如此，欣赏思想、欣赏理论也是如此。相对于文学之美，理论之美、思想之美更需要多角度、多方面认识。文学之美在于描述、在于感知、在于感性，理论之美在于真理、在于深邃、在于知性。尊重学生观点的不同，不等于放弃理论观点的权威。文学上一千个哈姆雷特最后的归结还是哈姆雷特，不能因为"一千个"的数量变化而导致哈姆雷特就变成哈利·波特。就是一万个读者来读，哈姆雷特还是哈姆雷特，这是不变的，变化的是从什么角度认识哈姆雷特。理论认识也是如此，如何认识社会主义市场经济？不同的学生会从不同的角度认识，有从国有企业认识的，有从个体户认识的，还有从国际经济发展对比认识的，无论有多少种认识社会主义市场经济的观点，但是最终中国的社会主义特色的市场经济只有一个。多角度、多方位认识思想理论本身就是思想理论产生时不可避免的环节。纵观马克思主义发展史、中国化马克思主义理论发展史，思想理论总是在争论或论战中迎来发展的时机。在马克思主义中国化过程中，马克思主义如何与中国具体实际相结合、与中华优秀传统文化相结合是一个复杂的过程，这里的"复杂"之一表现为人们的意见不一致，观点不统一。"复杂"不是坏事，对理论的产生来说，是一个不可缺少的部分，只有经过充分的论证，才能保证理论的真理性、彻底性。相反，那种产生时无人反对，大家表面一致认可的观点后来大部分被证实是错误的。对于讨论课来说，允许观点相左，注重分歧是学习理论的进步，真理只有一个，尊重分歧，就是尊重真理，因为只有允许那些对真理理解一时有偏差的观点存在，给他们纠正偏差的机会，他们才会更加认可真理，学习真理，宣传真理。

　　第三，讨论环节的公平。讨论教学的过程和结果哪一个重要，应该说都重要，没有过程哪来的结果。过程好不一定结果就好，但是过程不好结果很难出彩。从这一点来判断，过程更关键。现场讨论环节是评价讨论教学过程的主要阶段，相对于前期准备阶段和后期的反馈总结阶段，现场讨论具有更多的不确定性和突发性。为了保证现场不失控，这里的不失控包括纪律得到有效遵守，讨论话题的边界不被打破，以及讨论的氛围始终是友好的交流。这些是保证讨论环节公平的基础。首先说遵守纪律。思政课小班讨论教学，既然是教学，就有教学纪律，每一个参与的教师和学生都必须遵守教学纪律，开口说话不是家常唠嗑，不是茶余饭后的谈资。同时思政课要有思政课的样子，小班讨论不能因为要求表现活泼而牺牲思政课的严肃与严谨。其次是主题的边界要清晰。讨论经济话题不要偏离政治范畴，谈论民生热点时就不要跑到国际形势去。清晰的边界是对大家的约束，一个夸夸其谈的离题发言，是对自身不负责任的表现，更是对主题的不尊重，对参加讨论其他学生的不尊重。因此要求学生发言时一定锤炼自己的思维和表达，尽量避免词不达意或因为刻意回避争论而言其他。最后是良好的沟通互动氛围。讨论教学避免不了观点的碰撞和语言的交锋。有力的表述需要的是鲜明的证据和可靠的论断，而不是语言的虚张声势，更不是无理的指责或攻击。无论是辅导教师还是班级学生干部主导现场讨论，一定要做到公平。大到观点表述正确与否，小到准确关注到举手发言的每一个同学。对于观点正确的发言及时给予肯定，肯定的方式有语言、有动作，还可以是眼神等微表情，经常不发言的同学非常在意周围其他人的评价。照顾到举手欲发言的学生更需要主导讨论的人明察秋毫般的细心和敏锐。讨论一般都是在规定的时间段内自由发言，当平时不积极发言的学生被现场气氛感染终于鼓足勇气举手发言时，主导讨论者要及时注意到这部分学生的举动，即使当时不能第一时间发现这种情况，也需要在紧接着的下一个发言机会，直接点名让该学生发言。这是讨论公平的重要节点。讨论教学是所有同学参与的课堂，而不是口才或勇气占优势那部分同学的专场，对于提高能力或产生长久影响来说，平时疏于表现的学生可能更有效果。

四、严肃性原则

思政课小班讨论教学现场讨论过程的重要性不言而喻。保证过程重要性的另一个原则是严肃性原则。小班讨论教学不是现场故事会，也不是诗朗诵，更不是幽默诙谐的脱口秀。小班讨论是一个经过激烈理性讨论，形成一个表述语言简洁、逻辑清晰、结论准确的教学过程。而严肃性是保证这一过程的重要原则。

严肃性原则是思政课课程性质的要求。思想政治课是立德树人的核心课程。立德和树人从来就不是随随便便可以达到目的的。在生活之中常听到严师出高徒、家教严格等说法，其实无论是技艺的传习还是家庭对个人的熏陶，总是可以看到严格要求的关键因素。思想政治课小班讨论教学秉承思政课的严肃性，这种严肃性是从信仰的崇高性、理论的真理性和思想的严谨性体现出来的。讨论教学绝不会因为讨论的因素而牺牲严肃性，语言可以诙谐，但信仰不能调侃；形体举止可以活泼，但理论逻辑不能混乱；讨论可以唇枪舌剑，但思想最终必须统一。

思想政治课的严肃性主要体现以下几个方面：第一，教材内容的严肃性。教材是什么内容，就要尊重教材的表述和结论，即便是教材很快有改编的新版本，不能因为新版本的出现而贬低旧版本，而是要科学地分析新旧版本的区别与联系，看到传承，观察到时代的要求。第二，涉及党和国家领导人讲话的严肃性。讨论教学不可避免会引用领导人的励志人生或领导人的讲话语录，在现场讨论环节要保证此类话语的严肃性，不能用轻佻的语言组织涉及此类论述。采用相关此类话题的例证时，在准备环节就要严格要求材料范围，那些地摊文学或缺乏史实的网上材料一定要摒弃。第三，采用普通例证参与讨论时也要遵守严肃性原则。要用理性的语言把生活工作的经验总结升华为理论表述，或者用理论和具体实际工作相结合，用理论表述语言统领生活化的描述，要达到这样一个效果，那就是任何一个人走进讨论教学现场，第一时间就能感受到是思政课，而不是别的其他课程的讨论教学。

严肃性原则是发言讨论时理论表述的要求。理论是灰色的，而生命之树常青。思政课小班讨论教学就是把灰色的理论融入社会生命的五彩斑斓。第一，严肃性表现为理论的完整性。马克思主义是关于自然、人类社会和人类思维最一般规律的科学。马克思主义主要包含哲学、政治经济学和科学社会主义等理论。马克思主义具有丰富的内容，同时马克思主义不断结合中国的实际产生新的理论成果。我们一定要准确地完整理解马克思主义，学习马克思主义。在思政课小班讨论教学课堂上，决不允许随意割裂马克思主义，更不能断章取义肢解马克思主义理论。在教学实践中，作为本科生的公共必修课，学生的理论基础还不是很深厚，在对部分理论知识的认识方面还存在一定的欠缺。讨论教学的辅导教师要精心准备，争取在较短的时间内，把学生迷茫的知识点用容易理解的教学语言给学生讲清楚，而不是用深奥的专业表述获得学生不解的眼神。

第二，严肃性表现为理论的真理性。思政课小班讨论的主题和内容应该紧扣理论知识，即便是社会热点问题，也应该是和理论教学相关的热点，而不是随意找一个社会热点，为了热点而讨论热点，必须始终牢记，讨论教学的目的是更好地学习理论。理论有大有小，大到理论体系，小到专业领域的一个观点，都可以作为讨论教学的内容。在讨论教学实践中，有时会出现讨论主题过于宏大，短短的几十分钟课堂，学生的讨论发言很难把整个宏大的逻辑展开，在对知识的认识理解方面，出现"一言难尽"甚至是"数言都难尽"的情况，此类情况不利于参与讨论学生对知识的学习和理解，这就在实际上破坏了理论知识的真理性，学生带着一知半解或满脸的疑惑结束了讨论学习。有一些社会热点问题，如果导入讨论教学课堂，会有很多切入角度。辅导教师一定要根据讨论的理论知识准确定位切入的角度，不能肆意展开讨论，如果不加以引导就很容易发生讨论失控的情况，达不到通过小班讨论学习相关知识点的目的和要求。

第三，严肃性表现为理论的历史性。实践在发展，理论也在发展。在讨论教学时，要注意学生发言时会出现这样的情况：参与讨论的学生积极准备，在准备过程中阅读了相关的原著原文，因为时间所限，他不能通读同一个理论主题的其他文献，而在实际讨论过程中，这类学生很容易引经据典，用一些历史时期有影响的观点来佐证他的发言。学生这种探索的精神是值得肯定的，在实践讨论中，辅导教师要从理论发展的历史角度，给予发言学生以理论补充。当然，每个人的知识储备都是有限的，我们不能苛求学生的发言尽善尽美，也不能苛求辅导教师是百科全书，参与讨论教学的辅导教师也有知识的盲区存在，但是我们不能因此就否认理论发展的历史性，这种历史性就是讨论教学严肃性的表现。

严肃性原则是讨论互动的基本要求。思政课小班讨论教学的精华在于讨论时思想激烈碰撞的互动，统领讨论基本要求的是思政课的要求，因此小班讨论的互动虽然是激烈的，但更是严肃的，严肃性是小班讨论互动的基本要求。思政课小班讨论不是普通日常聊天，也不是具有娱乐元素的辩论赛或脱口秀，它是理性、严肃的思政课教学。第一，严肃性体现在整个讨论教学现场。严肃性是思政课的基本特性，决不能在教学实践中为了追求讨论气氛的热烈或迎合学生而牺牲思政课的严肃性。任何戏说或其他轻浮的语言及态度都是不可以的。思政课小班讨论教学应该在对信念的执着追求、对知识的理性渴望、对思想的升华提炼中进行。第二，严肃性体现在个人发言环节。首先是语言干净简洁，不能出现口头禅；不能出现包含歧视性、侮辱性词句；不能出现其他含有负能量的暗示或戏谑。尽量避免生活化语言，生活化、碎片化语言是理论严肃性本身的大敌，理论来源于生活，但不能用生活化语言来表述，理论是深层次的，生活是表面的，如果处理不好讨论教学语言的表述规范，语言就会成为小班讨论的软肋，另外更忌讳空喊口号，如果没有实际内容的支撑，就会犯形式主义的错误，丧失原本该有的严肃性。第三，严肃性体现在互动之中。讨论的关键环节是语言的交流互动，思想火花的碰撞。在讨论教学中，严肃性体现为讨论态度方面，参与讨论者既不能因为交流怕得罪人而处处小心翼翼，不敢就自己的观点大胆地发表意见；也不能为了捍卫自己的观点而有失常礼地反驳他人，这两者都不是严肃性的体现。互动环节的严肃性，还体现在讨论内容表述方面，禁止使用攻击性或带有讽刺性倾向的表述。

五、个性化原则

个性化是小班讨论教学的重要特色，小班讨论的最好结果就是在个性化的讨论中达到观点的统一，越是个性化充分张扬的讨论，最后达成观点一致的可能性就越高；相反，抹杀了个性化的讨论，即使最后得到预期的结果，也很难说这个结果是得到一致认同的。一致认同的结果与强人所难的结果是完全不同的，一致认同的结果令人信服，强人所难的结果缺乏信任的基础。如果讨论产生出不信任和反感，还不如不讨论。如何体现个性化原则呢？

理论观点表述路径"殊途同归"的多元化。到达山顶的路不止一条，但是山顶只有一个。小班讨论教学的讨论结果只有一个，但是得出这个结果的方法会有很多。首先，不同的学生有不同的表述方式，有的学生习惯运用数据或事例论证自己的看法，有的学生擅长引经据典来说明需要支持的观点。其次，主题观点本身的特性需要从不同角度考察。不同角度之间不是相对立的关系，而是互补的关系，这种互补性的个性化必须通过讨论得以彰显，如果彰显不足，说明讨论得不彻底，不全面。有些问题最后必须集中一点，达成一致；有些问题具有全面性，需要分别论证，表述就显得很分散，不集中。达成一致可以是集中一点，也可以是分散表述。第三，理论是灰色的，生活是多彩的。讨论教学时引用事例是常用的表述方式之一，在参与发言的学生根据自己生活经历或占有资料的差别列举自己熟悉或对自己观点最有利的事例时，要尊重这种个性化表现。即使有些事例不具有论证观点的专属性，只要内含支持所持观点的正确元素，就应该得到认可和支持。如果不顾实际情况的客观情况，一味强调事例的完整完美，这是不符合马克思主义辩证法要求的，这是形而上学的表现，这种表现直接扼杀了小班讨论的教学要求，等于把人的手脚束缚住一样约束了学生的思想，思想僵化了即便是行动自由，也是一具自由的僵尸。相对于肉体的僵化，思想的僵化更为恐怖。英国著名物理学家霍金虽然因为渐冻症身体失去了活动的自由，但是他活跃的思想和对科学的追求的精神依然使他成为伟大的科学大师。

　　尊重现场发言语言风格的迥异。在讨论教学的现场环节，被关注的重点除了讨论内容，还有现场发言时风格迥异的语言风格。首先，学生现场发言语言风格的迥异由于个体文化素养的差异，对于同样内容进行语言组织时会有较大差异。这种差异并不是在讨论教学的现场才出现的，而是在学生长年累月的个体成长中形成的，家庭教育方式、个人阅读习惯、业余爱好等因素都会造成文化素养的差异。这种差异导致表述同一观点，有些表述会饱满一些，有的表述张力会欠缺一点；有的学生会刻意用理论化语言发表自己的看法，这种情况即使学生理论化语言的刻意使用有些生涩，有词不达意的成分，但是学生的探索精神还是需要鼓励和认可的。其次，学生现场发言语言风格的迥异缘于个人口才的不同。有人认为口头表达能力是一种天赋，也有人通过后天的坚持锻炼，也可以提升口头表达能力。不管怎么样，实际生活中学生的口头表达能力的确是存在差异的。有人天生好口才，语言组织能力强，有人天生木讷、言语笨拙、不善言辞。讨论教学时，辅导教师要尊重学生的各种情况，不能因为这种差异的存在而给出差异化的评价，特别是不能给出具体的分数差异。有勇气参与讨论，说出自己的正确观点，就值得肯定和赞许。第三，学生现场发言语言风格的迥异缘于个人情感的不同。学生的性格也是影响讨论现场气氛的主要因素，有的学生性格开朗，发言讨论极具活力；有的学生性格内向，平时就不敢公开发表自己的看法。当然，除了性格，还有心理因素，也会造成不同风格的讨论形式。这种差异导致在表述同一观点，有些表述会感性一些，有的表述理性会多一点；有的表述观点鲜明，有的则晦涩一点。辅导教师在主导现场讨论时，对于积极发言的同学，要给予赞同和承认，对于发言有困难的学生要及时鼓励，多发现优点，为了锻炼这部分学生，可以鼓励他们先不脱稿，学生只要能够尽自己最大能力参与讨论了，教师都要进行积极的评价。

　　讨论观点的碰撞处理。讨论教学时观点发生或激烈或温和的碰撞，产生思想的火花是讨论教学的必然现象。如何正确地考察这种必然现象呢？首先，如果没有这种碰撞的火花，就不是讨论教学的课堂。辅导教师一定要正视这种现象，讨论课绝不是只能有一种声音、一个观点，假如真的出现那种只有一个声音、一个观点的情况，讨论课就大打折扣了，甚至失去了讨论教学的根本目的。讨论教学的讨论过程必然会存在产生分歧的现象，不怕讨论中产生分歧，就怕讨论之后没有弄明白分歧产生的原因，最怕讨论结束也没有消除分歧，形成统一的看法。因此，一定要科学认识讨论产生分歧是讨论教学的正常现象。

其次，科学地探究讨论时产生分歧的原因。讨论教学产生分歧很正常，那么，这些分歧是如何产生的呢？第一，有些讨论主题本身就蕴含对立的观点。比如"市场与计划都是经济调节的手段"，不论这类话题的立场如何，都会有支持者，只是人数多寡而已。第二，有些主题立场鲜明，但是学生讨论的出发点不一定都在同一起跑线上。也就是说这类话题的主观性很强，每个人的实际体验和感受都是有差别的，辅导教师不能一刀切，要求学生无差别地发表自己的看法。有的学生立场鲜明，发言内容直接、简要、简洁；有的学生会因为发言时结合实际存在松散的情况而导致观点不是很明显。第三，个别学生存在哗众取宠，博取关注的倾向。对这类学生，不要被他的语言或行为误导，要对他讨论发言的内容进行科学评价，把他夸张或刻意表达的部分进行弱化处理，不提倡也不反对，也不参与讨论与教学无关的部分。

最后，如何把分歧归结为统一的认识。讨论课教学的精华在于过程，但是讨论的结果也非常重要。第一，要科学地区别讨论结论与讨论结果。讨论的结论不一定只有一个，但是讨论的结果必须达成统一。结论和结果区别在于：结论相对于讨论主题而言，结果相对于讨论主体来说。不同的主题有不同的结论，有的主题只有一个也只能有一个结论，有的主题却有多个结论。而对讨论主体来说，不管每次讨论主题是什么，是有一个或多个结论，但是只能有一个结果，那就是经过讨论之后大家一致认可统一的结果，结果可以包含一个结论，也可以包含多个结论，或许讨论的结果是没有产生结论。第二，要尊重不同的讨论发言。既然是讨论就会存在不同的声音，如果抹杀这一点，那就不是讨论教学了。不同的声音可能代表不同的立场，但最终的结论是一致的；也有可能代表相同的立场，但最终的结论是有分歧的。当然，也有立场不一致，结论也不同的情况。不管哪种形式，辅导教师都要尊重、包容每一个学生的讨论发言。正确的观点需要尊重；其他的观点只要含有正确的成分，更需要鼓励和引导；那些对讨论主题理解有偏差的观点需要包容，包容不等于支持，实践发现，包容比直接否定更能达到否定的效果。当参与讨论的学生发表了与众不同的观点，不管是哗众取宠，还是标新立异，一般来说学生本人是有预先准备的，他会预先判断来自教师的否定态度，他也会准备一旦遇到教师的否定怎么反击的预案。辅导教师对这类学生的最佳处理方式就是包容，包容少数意见的存在是讨论课教学的亮点。第三，讨论教学的目的在于通过讨论，消除分歧，达成共识。承认各种结论，尊重不同观点，最终的目的在于消除分歧，在关键问题的认识上达成共识。尊重分歧就是消除分歧，一味地压制或限制某种观点，最不利于消除分歧，即便是错误的认识，如果不给它表现的机会，它也会固执地坚持下去。对于这类观点，别人越反对，它觉得自己越正确。正确的做法是，让它表现，让它在现场把所有认为自己正确的方面都展现出来。真理与谬误有时只有一步之遥，但是这一步的差距必须表现出来，真理和谬误需要拉出来遛遛，才会看清谬误、承认差距。如果不给谬误机会，它还以为自己是被打压的真理。

第二节　思政课小班讨论教学的人员组织

一次成功的思政课小班讨论教学，需要精心的人员组织，无论是讨论主题的设计、发布，还是讨论教学现场的把控，以及最后讨论教学质量的评价，都需要所有人员全部主动参与。与常态下理论教学不一样，上理论课时，学生只需按时坐到教室中，或专心听讲或心不在焉，教师都能够完成教学任务，只是教学质量高低而已；但是对于讨论教学而言，不管教师还是学生，都需要主动参与，心不在焉和滥竽充数在理论授课时可以浑水摸鱼，在小班讨论教学中精心准备还显得力不从心，更何况心不在焉，这种情况容不得滥竽充数，否则只会丢人献丑。那么，人员是如何组织起来的呢？

一、组织师资

师资组织。如何把思政课小班讨论教学的教师组织起来？首先讨论教学的师资主力由从事理论教学的教师承担。思政课理论授课教师具有扎实的专业基础，对讨论的主题有深刻的认识和理解；从教学任务来说，思政课小班讨论教学属于思政课范畴，这个教学环节在思政课教学之内，而没有在思政课教学之外。思政课理论授课教师辅导小班讨论教学是职责所在，是教学要求所规定的义务。其次，参与思政课小班讨论教学的辅导教师应该覆盖到学校领导、学工系列的管理层及辅导员、班主任等。小班讨论教学的班级规模小，常态下理论教学的教师完全满足不了小班讨论教学的要求，这就需要增加辅导讨论教学的师资力量。按照国家教育部门的要求，学校管理层要到教学一线参与思政课教学，在思政课理论授课方面，由于专业性、计划性等原因，学校管理层参与思政课理论授课多有不便之处。而小班讨论教学具有灵活性、聚焦性等特点，适合管理层等人员参与教学辅导。最后，鉴于思政课小班讨论教学的实践性，参与辅导讨论教学的师资可以从社会先进分子中选聘。实践出真知，长年奋斗在一线的社会主义劳动者，对思政课讨论教学的部分内容更有深刻地认识与体会。建议学校根据实际情况，因地制宜聘请校外社会先进分子到思政课小班讨论教学课堂从事适当的教学辅导工作，一方面加强理论联系实际的教学理念；另一方面，促使学生的目光从教室转向丰富多彩的社会，从有字之书学习到无字之书的学习，多方面促进学生的成长成才，更有利于思政课教育工作。

知识的组织。表面上看，讨论教学形式简单，讨论内容与理论授课相比，小班讨论内容的理论深度比较浅显，逻辑性相对弱化。给人初步的印象就是小班讨论很简单，随便找个人看着场，应付十几分钟，学生胡乱发言讲几句就可以了。这种看法是极其错误的，这是对小班讨论教学的误解，这是对思政课惯性轻视在小班讨论教学的再现。高等教育史上，不止一次出现对思政课的轻视或边缘化，认为是个人都可以讲思政课。造成这种轻视的原因是态度不端正，是在专业化认识方面的无知表现。其实，无论是思政课理论教学，还是小班讨论教学都需要扎实的知识功底，那么小班讨论教学是如何实现知识的组织呢？首先，参与讨论的教师和学生都要具备相应的理论背景，对于学生来说，讨论内容不能脱离学生掌握知识的实际水平，最好是学生理论上同步学习的范围之内，内容新颖而不陌生，让学生感到有所知，还有所不知。对于参与的辅导教师来说，应该做好充足的准备，知其然，更知其为然。其次，参与讨论辅导的教师要具备相应的心理知识。讨论教学是一个充满不确定性的复杂过程，每一个参与讨论教学的学生都有自己的心理预期，讨论过程中辅导教师或其他同学不经意的一个眼神或动作都会影响某位同学的表现，轻者造成此次讨论课个人表现不佳，严重的可能影响个别学生的终身感受。因此，需要辅导教师掌握基本的心理知识，在讨论教学过程中，尽最大可能鼓励、尊重和认可每一位参与讨论的学生，严禁对表现好的同学表扬，对表现一般的同学忽视或打击。讨论教学不是演讲比赛，更不是礼仪大赛，小班讨论的精髓在于学生说了想说、该说的认识和看法。最后，参与讨论教学的教师和学生都要掌握基本的礼仪和口头发言技巧。小班讨论教学有语言的互动与肢体动作的参与，因此，不论师生，在教学过程中要保持基本的礼仪和发言技巧是非常必要的。一个彬彬有礼的发言者更能让人注意聆听自己的观点，如果一个人不讲礼仪，即便他讲的句句是真理，也难以让人信服。真理虽然是赤裸裸的，但是赤裸裸不等于粗俗和失礼，用华美的语言把真理包装起来，再用礼貌的举止把真理展现出来，则是最好的组合。另外，在讨论教学中，特别是在思想碰撞、语言交锋时刻，参与发言的学生因为各种原因，肢体语言随之丰富起来，有时为了证明自己的观点而否认对方时，尽量避免不文明的肢体动作，小班讨论教学是课堂，不是街头争执。此外，一些生活化的口头禅在讨论教学中也在不受欢迎之列。

能力的组织。能力的组织不是组织的能力。能力的组织是把各种能力在讨论教学的短时间内组织起来。组织的能力属于某一个人或团队，能力的组织是指使某一现场各种能力的有序集合。在小班讨论教学中，以下几种能力主要注意。

一是随机应变的能力。随机应变的能力一般是先天带有，也可以后天习得。小班讨论教学需要随机应变的能力参与，主导讨论者具有这种能力，可以很好地把控讨论现场，灵活处理发言失控、讨论激烈超出预期等突发情况。参与学生具有这种能力，可以更好地实现现场发挥，特别是遇到不相同观点发出了诘难性问题，随机应变能力可以巧妙地化解尴尬。当然，如果参与的学生缺乏这类能力，也可以在讨论现场学习如何提高随机应变的能力。总之，通过小班讨论教学，可以把现场现有或潜在的随机应变的能力组织起来，提升小班讨论教学的质量。

二是主导讨论方向的能力。在讨论主题既定的前提下，讨论的方向一般是不变的。但是，这需要主导讨论者时刻留意主题的方向，不能被参与讨论者带偏方向。因此主导讨论方向的能力很重要，讨论方向的正确与否是判断一次讨论教学成败的关键，讨论方向正确就能保证讨论取得预期的结果；如果讨论方向出现偏差，就难以达到预期的结果，甚至与目标结果大相径庭。讨论主导者要随时留意发言者的目标指向，每当发言者偏离目标时，要及时提醒发言者围绕主题方向表述自己的观点；当发言者出现偏执倾向时，要及时果断中断他的发言，决不能任由讨论者为所欲为，讨论课是有纪律的，不能因为讨论气氛而牺牲纪律。这种主导讨论方向能力的释放不仅是主导讨论者的个人任务，而且是所有参与该次小班讨论教学者的集体义务，特别是每一个参与的普通同学，他们对自己的同学更熟悉、更了解，他们更能轻易地判断出自己的同学出现方向偏差时是口误还是有意为之，每一个人都有义务帮助同学沿着正确的主题方向发表自己的看法。

三是激发讨论现场气氛的能力。讨论教学是严肃的，更是活泼的。讨论课教学区别于理论教学的最大特征就是富有生机，富有朝气。如果讨论教学组织不好，就会形成沉闷的氛围，甚至有些压抑，这就失去了讨论教学的原有价值。因此，如何激发讨论现场气氛是一种重要的能力，现场讨论教学需要把这种能力组织起来。激发现场气氛需要轻松、鼓励、承认和宽容。即便是忧国忧民的主题，也需要适时地宣泄，把理性的语言与感性的情绪糅合，承认彼此的观点，宽容相异看法的缺陷。只有把讨论教学的氛围激发起来，才能碰撞出真理的火花，否则大家都小心翼翼地试探，生怕伤着别人，更怕伤着自己，讨论教学就会如死水般的沉寂。

四是及时化解激烈争锋的能力。讨论离不了争论环节，适当的争论是小班讨论教学的标配，没有争论的讨论如隔靴搔痒，达不到讨论的深度，只有到了争论的环节，讨论才是到了火候。争论是展示真理的过程，是透过现象直达本质的过程。但是这种火候一旦掌握不好，就会出现激烈争锋的场面。适度争论是必需的，激烈争锋是不需要的，特别是带有情绪或个人偏见的语言输出要及时化解，否则不但会影响讨论教学的效果，还会附带对课后的学生关系产生不良影响，这就严重违背讨论教学的初衷。因此，要把及时化解激烈争锋的各种能力组织起来，教师有教师化解争锋的权威，学生有学生化解争锋的优势。有时学生间一个不经意的眼神比教师严厉的语言更能化解这种尴尬的情况。

二、组织学生干部

学生干部是小班讨论教学的重要参与者和辅导教师的协助者，组织好学生干部，小班讨论教学就成功了一半。如何组织好学生干部呢？下面从建立日常联系、主持现场讨论、反馈讨论结果等方面进行初步研究。

建立日常联系。讨论教学相比于理论授课具有更强的灵活性，教学时间和地点有很大的机动性，因此，组织好讨论教学必须依靠学生干部的纽带作用，及时传达相关讨论教学信息。组织学生干部的首要目的就是建立日常联系，实践中我们的经验是：学生干部一般是学习委员专项负责小班讨论教学事宜，通过组建QQ群或微信群等工作群，便捷的沟通方式利于师生之间传达信息，开展学生交作业等相关工作。这种日常联系机制拉近了理论授课时松散的师生关系，那种下了课学生找不到教师，教师联系学生有很大难度的局面轻易化解。新技术带来交互式沟通便利的同时，也存在一些应该留意的隐患，群有群的好处，也有群的不便之处。负责教师要制定群规，任何人（包括辅导教师）不能在群里发布与讨论教学无关的信息和其他资料，更不得传播负能量信息和商业资讯。关于通过何种方式建立教师与学生干部的联系问题？实践中有人建议并尝试通过学生辅导员途径建立这种联系，这种方式并不是不可以，只是不科学，辅导员有辅导员的工作，如果辅导员参与讨论教学，这是辅导员的责任所在；如果辅导员没有参与讨论教学，这无疑会增加辅导员的额外工作，一线任课教师主导辅导员的工作，从管理体制上不科学，容易引起辅导员的误会和反感。另外，一届学生有很多个院系，若干辅导员要取得整齐划一的组织进度，恐怕有较大难度。实践中，我们发现最简单的方法就是新学期第一周上课时，理论教学教师在课件上向学生展示负责辅导讨论教师的微信二维码，很快就能建立师生之间的联系，这种方式简便快捷，不影响其他任何人。

主持现场讨论。辅导教师是讨论教学的负责人，但是不等于每一次讨论教学都由教师主持，教师在现场主导，主持人可以是学生干部担当。第一，学生干部主持讨论现场对学生来说更具有亲和力，现场气氛更容易激发。当然，学生干部本人要具有一定威信，如果参与主持的学生干部在班级里日常就搞一些学生反感的小团伙，或个人威信不高，就可能对讨论产生不良效果，辅导教师要在确定主持人前期，私下征求一下普通学生的意见，因为讨论教学不是暂时性的一次，而是整个学期的常规教学活动，一旦确定下来主持人，就要尽量避免发生中途更换的情况。第二，学生干部对班级学生的情况较熟悉，能够预判讨论会发生意外的风险，并能及时化解风险。大学时期，学生非常敏感，个性张扬，讨论教学时个别学生会利用公开场合发言的机会把一些个人见解表述出来，或希望得到教师的关注，或者为了表现给班里某个异性看，或者仅仅是一种宣泄，只是平时很少有这样的机会。如果是校园生活中的是是非非与牢骚，那么教师也要尊重学生的言行，同时善意地提示，这是课堂教学，如果真有不能解决的问题，如果信任辅导教师，可以课下交流。如果学生激愤社会上的事情，特别是一些敏感性话题，建议辅导教师及时制止学生的表述，并给出不宜讨论的警示。面对这些情况，学生干部作为主持人，面对此类学生，他的意识中有潜在的预警思考，会在此类学生发言前重申讨论的主题及时间限制，把消除相关话题打个提前量，而不是现场灭火，或时候采取补救措施，等等。第三，学生干部主持现场讨论有利有弊。总的来说利大于弊，但是不能忽视或无视弊端的存在。首先，辅导教师不能将工作全部交给学生干部来安排，这不符合讨论教学要求，更不利于讨论教学的质量。学生干部不代表教师的威信，普通学生会轻视学生干部，进而瞧不起讨论教学，最终导致讨论教学的严肃性荡然无存。其次，学生干部从主持讨论到主导讨论，会增加学生干部的膨胀感。不排除学生干部在安排发言等涉及最终考评环节时会照顾与自己关系好的同学，这样会形成非常不好的影响。最后，辅导教师不要过多干预学生干部的现场主持活动。学生干部一般都比较优秀，对组织活动比较热心，可能他们对教学活动的相关环节不是很熟，不代表他们不会组织活动。辅导教师要包容学生干部的青涩、粗糙、试错等，给学生干部成长的时间和空间。

反馈讨论情况。讨论教学是一项非常复杂的过程，绝不是大家想象的只有几十分钟的讨论教学。讨论教学大致分为讨论前准备阶段、现场讨论发言阶段、讨论结果反馈阶段。在这三个阶段，学生干部的作用非常大，如果仅仅发挥学生干部的现场主持作用，显然是不够的，要么是对讨论教学认识不到位，要么是对学生干部作用的看法有局限性。首先，在讨论教学准备阶段，从发布讨论主题，到确定讨论时间、地点等这些必备的硬件要素，需要学生干部的参与。在小组讨论阶段需要学生干部及时收集意见，从初步讨论的情况判断讨论主题是否有价值继续讨论还是需要进一步丰富讨论大纲等，都离不开学生干部的参与。其次就是上面论述过的现场主持阶段。在这一阶段，除了处理各种关系、把控现场，学生干部本人的综合素质还很重要，语言组织能力、逻辑思辨能力等是讨论教学成功与否的关键。一个优秀的学生干部，一个学期的讨论教学周期结束，学生干部的获得感很大，经过数次讨论教学的历练，学生干部已经会熟练使用课件展示，已经老练地掌握整个讨论的节奏。最后，讨论结束后。从简单地撰写讨论总结到讨论教学座谈会，都可以看到学生干部的身影。讨论教学座谈会，学生参与的机会不多，但撰写讨论总结是每一个负责讨论教学学生干部的分内任务，相对普通同学来说，他们的付出要更多，但是也有收获，如果仅仅是应付一下，随意写几页作业大概就是浪费点时间，但是讨论课要求按照讨论大纲仔细撰写的，实践中辅导教师是要详细批改的。讨论总结是一个班级整体得分的主要依据，所以参与的学生干部一般不敢马虎。当然，他们会集中全班的集体智慧，写一份漂亮的总结。

三、组织小组

小组讨论在讨论教学中是否有存在的必要？实践中这个问题存在一定的争议，有观点认为，既然组织班级讨论了，就没有必要组织小组讨论，小组只是比班级更小的组织单位，讨论教学就是建立在小班规模的基础上，再增加小组讨论显得画蛇添足。另有人坚持组织小组讨论，坚持的理由是，班级讨论就短短的几十分钟，虽然是小班规模，也有二三十人，每个人发言一分钟，讨论课就结束了，一分钟够干什么呢？该观点认为，通过小组讨论，集中观点，可以达到充分讨论的效果。至于小组讨论放置的时间段，在坚持采用小组讨论的观点中又有新的分歧，一部分人认为，小组讨论放在班级讨论教学时段，先行小组分别讨论，在小组讨论的基础上，然后进行班级讨论；另一部分人认为，小组讨论放在班级讨论之前的课外时段，不要占用讨论教学时间，这样就能保证讨论的深入和彻底，没有杂乱和仓促感。如何组织小组讨论呢？研究发现，小组讨论与发布讨论主题密切相关。

首先，小组讨论是非正式的，人员一般以宿舍为单位，或者学生自行结合讨论，没有固定的模式，不要求固定的时间和地点。如果强行以宿舍为小组单位要求讨论，推行起来难度一定很大，因为这是一种天真的设想，对大学生活稍微有点了解的都知道宿舍关系的微妙与处理关系的难度，那种大学毕业今生不再相见的尴尬一直在宿舍存在着，这种尴尬绝不会因为思政课小组讨论就能一挥而散，所以简单地、一刀切式地要求以宿舍为单位进行小组讨论是不现实的。实践中，有学生反映，极个别关系紧张的宿舍因为被强行要求开展小组讨论，一度出现因为讨论而引发激烈争吵的现象，这种激烈不是因为问题的不同看法导致的，而是关系紧张导致不同偏见造成的，辅导教师开展小组讨论时必须注意到实际存在的情况。理想很丰满，现实很骨感，教育科学要充分考虑到人的因素。现实可行的是，在设计小组讨论时，一定要科学设计讨论主题，讨论主题要能吸引学生主动查阅相关资料，主动与室友或好友在茶余饭后谈论此类主题，而不是为了纯粹完成某项任务而应付。激发兴趣或激起好奇心是小组讨论实质性开展的重要前提，谁都不愿就一个枯燥的话题发起讨论。当然，主题的设计也不能完全迎合学生的心态而失去讨论教学的初衷和目的。

其次，小组讨论是自愿的、自由的，不建议把小组层面的讨论纳入考评范围。在实践中，检验小组讨论成败的标志可以从后续班级讨论时的准备情况及现场表现来判断，凡是经过小组层面充分讨论的，班级讨论时发言的同学有激情、有逻辑，会有深思熟虑的看法表达出来，即使不发言的同学，也在非常投入地聆听其他学生的发言，从发言同学的表述中寻求认同或相异的观点。如果小组讨论开展不深入，或者根本无人讨论，在小班讨论时就会发现参与发言的学生在应付差事，要么对着手机读，因为手机可以现场百度讨论话题；要么发言时心不在焉，其他学生也不感兴趣。关于如何发布讨论主题，后面有专门章节研究这个项目。另外，小组讨论虽然是自由的，这个自由是教师不干涉的自由，不是为所欲为的自由。任何学生不能以小组讨论为借口，谈论一些触犯法律法规底线的话题，更不能将此类言语扩散到网络上，这一点是必须要求到位的。大学生网络上的言行需要规范，特别是涉及思政教育领域的话题，更要严格要求。个别对某一专题有深刻认识和研究的同学，由于知识准备的欠缺，或者受网上国外文献的不良影响，会用到"讨论禁忌"表述以证明自己的观点不是不对，是不能说。当遇到这种情况时，辅导教师要采取正确的方法：不能直接打压。这类举止越打压反弹越强，在尊重法律与政策的前提下，允许学生把这种观点说出来。实践中，这种观点都经不住检验。通过说服这类观点，教育了一大批人。然后根据实际情况，教育学生，先把允许讨论的说好，再去深入讨论学习一些专业性更强的内容。实践证明，凡是借口有些是禁区不让讨论的观点，即使在允许讨论的领域，他们也说不好，就是真的如他们所愿，把他们认为的禁区开禁，他们也真的说不好。这些人会继续找新的禁区。

最后，要积极培育小组讨论。不能因为小组讨论是自愿的、自由的，就放之任之，这就违背了思政课小班讨论的教育目的，在小班讨论辐射的范围内，一定要起到思政教育的作用与影响。部分学生之间存在关系紧张是实际情况，发现情况就要积极处理。当然，思政课处理此类情况不能代替辅导员和班主任的职责，思政课要充分发挥隐形教育的优势，把纷争化于无形之间，把不和谐的因素转化为和谐动力，这就需要加强小组讨论的培育。培育小组讨论，第一，要树立典型，示范引领。不是所有的大学宿舍关系都紧张，现实中一定会有关系融洽的文明宿舍，在充分了解的基础上，每个班级筛选一两个符合要求的宿舍是完全可能的，以这样的宿舍为基础建立讨论小组，引导他们积极讨论，必要时选派学生干部参与。在班级讨论时，把这样的示范小组讨论的情况介绍全体学生，通过小组代表展示小组讨论结果，为其他宿舍做示范。第二，轮流培育，不要固定一个小组。根据一个学期的讨论教学计划，要轮流培育不同的讨论小组，这样可以激发更多学生参与讨论的积极性。切忌固定培育一个小组，在研究中，有观点主张打造样板讨论小组的实践。这种做法在提升小班讨论教学的质量方面会有很强的实践价值，但这种操作是否会得到普遍性推广，还值得慎重考虑，毕竟小组讨论针对的不是样板小组的个别学生，而是参与小组讨论的全部学生。当然，通过分析样板小组的培育成功案例，提炼出成功的经验和可复制的模板，一定具有非常重要的意义。因此，如何轮流培育讨论小组，最佳的途径就是快速复制成功的模板，但人的培养不是工业化的生产线，每个以宿舍为单位的小组从表面来看，大同小异；如果深入每个宿舍内部，内部的关系与表面却完全不同。理想中的模板复制与实际中的复制存在严重的误差，这也是对样板小组模式质疑的地方。在研究中，小组的轮流培育更注重因地制宜，因人制宜，具体情况具体分析，培育小组讨论有共同的成分，也有不同的特征。第三，嫁接其他现有成分小组。比如，实验小组等。培育小组讨论，除了以宿舍为单位，还有其他性质的小组可以依托，理工科的实验小组就是一个理想的依托，这些同学在实验结束后，便可利用空闲时间就讨论的主题发表各自的观点。

四、组织全班同学

开展小班讨论教学，组织全班同学是重要任务。在学生干部的配合下，如何快速有效地把学生组织起来是考验小班讨论能否成功的基础。首先是时空组织。小班讨论教学作为教学任务存在一个现实的窘境，那就是不能排到课程表中，而在思政课教学改革中，小班讨论又作为改革的主要内容。为了完成这个任务，辅导教师做了大量的相关工作，但是在计算教师工作量时教务部门往往依据的课程表。小班讨论为什么不能编写到课程表中呢？这里有现实的难度，大学教学班级很少有小班单独教学的，一般都是四个自然班或八个自然班作为一个教学班，特别是思政课这种公共通识课程，面对的是全校学生，单个自然小班使用教室的需求都满足不了，因此很难写进课程表。针对这种情况，需要灵活安排讨论时间和地点，这是讨论教学的基本要求，每一次的讨论教学都需要重新组织，有时是室内，有时是室外，遇到天气恶劣，还要随时更改。其次是人员组织。平时理论授课有考勤纪律约束，还有学生逃课缺勤。更不要说时间机动、地点机动的讨论教学，学生缺席的理由更加充分，"没有收到通知""手机没电了"等各种五花八门的借口搪塞不参加小班讨论教学。相对时间和地点的安排困难，人员的组织困难如何解决显得更加重要。时间地点好解决，人员组织难办。因为讨论教学占用的时间是课余时间，如果没有其他措施，依靠加强考勤不能彻底解决问题，点名替答是大学应付检查考勤的老伎俩，教师不认识学生，学生干部明知道有人替别人答到，也不愿意得罪同学，毕竟讨论教学就几次，同学是一辈子的事。解决问题的科学办法只能从考核方面入手，加重小班讨论教学评价在整个课程体系的分值比例。用课程考评得分这个传统的指挥棒指挥小班讨论教学。最后是组织现场发言。小班讨论教学的核心阶段是组织现场发言，即便是自由发言，也需要有组织办法，不会也不可能任由学生天马行空。组织发言方面，要安排好发言的顺序和原则，是根据小组代表发言，还是按照学号顺序，或者自由发言？即便是自由发言，是否允许重复发言？这些都需要有预先的组织方法，而不是现场手忙脚乱。研究发现，实践中指定发言与随机发言相结合是理想的组织方式。指定发言一般是在小组讨论的基础上，由每一个小组选派一名或两名讨论发言人，小组代表讨论发言完毕，辅导教师根据时间进度，再安排自由发言。实践证明，自由发言阶段往往是讨论教学的高潮阶段，自主发言的学生在自信或气势上一般比较优秀，陈述的逻辑性很强。当然，个别学生免不了有表现的嫌疑，但是从小班讨论的初衷来说，鼓励学生积极表现自己不正契合此意。

第三节　高校思政课小班讨论教学的多种形式

思政课教学改革中，小班讨论教学作为重要的改革环节，围绕如何做好小班讨论教学有很多方案，常见的观点有加强小组讨论、班级讨论、线上讨论、无声讨论（学习通等平台）。

一、小组讨论

前面我们研究过小组讨论的优劣及组织办法，在这里我们重点解决小组讨论形式是如何进行的。一是，讨论主题的发布在学生中的早期反应。二是，无人牵头的讨论组织。三是，讨论中的升华与自觉意识。这三部分是讨论教学在教学设计时务必重点考虑的环节，因为在这个层次的讨论是如何开展的、过程如何、结果又是如何，辅导教师很难掌握第一手资料。在研究期间，我们借助学生访谈、问卷调查、后期班级讨论等途径，了解小组讨论的部分真实情况，依据这些真实信息，归纳部分结论。对小组讨论的几个关键元素认识如下。

讨论主题在学生中的早期反应。一般来说，不管什么样的讨论主题，当学生干部通过班级群发布之后都会得到学生们的关注，特别是该课程的首次讨论主题，不管是三三两两的学友，还是关系融洽的宿舍，大家都会关注有这样一个教学任务，并很快给主题定位"枯燥""课本上的术语""热点""有新意"等评价。不同的定位评价会产生不同的初级讨论，对待"枯燥"主题的态度是冷淡的；对于"课本上的术语"之类主题，有学生会快速翻找教材，或利用手机百度一下，用教材上术语讨论"课本上的术语"，彼此交流的不是讨论，而是用什么讨论，言语交流中有对讨论教学的轻视和应付；人们总会在茶余饭后交流些什么话题，小组讨论的精髓就在于把讨论主题和学生的闲暇时间结合在一起，那种课堂上已经乏味的主题，如果想在课余让它再度激起大家的兴趣显然不可能。研究到这里，不是小组讨论已经遭遇失败，而是没有找到契合点。茶余饭后的交流是轻松的具有知性的话题，讨论主题的设计就要充分考虑到这一具体情况。当然，讨论主题的设计是严谨的，讨论主题在小组层面是否受欢迎为设计主题提出要求，但是不能迎合这一要求而牺牲主题的原有价值，而是在原有理性的主题基础上添加轻松的表现元素，以期待主题在发布早期就获得学生的热切关注。所以，学生早期对讨论主题的关注度是一个非常重要的参数，一次讨论教学还没有正式开展，从这个参数就能基本预测此次讨论教学的成功与否。

无人牵头的讨论组织。由于小组讨论并不是讨论教学要求的必有环节，而是教学建议，学生是否采取这个建议不能强制要求。是否没有了强制性要求，小组讨论就如同虚设呢？这个倒未必，实践研究发现，正因为对小组没有统一的规范和要求，小组讨论才没有出现走过场的嫌疑，灵活多样的表现形式是小组讨论落地的根基，只要讨论主题不是严重的死板枯燥，都能在小组层面引起学生的关注。没有形式的要求，甚至不限于大纲的范围，学生可以自由结合讨论主题内容，这种小组讨论是积极的、有效的、深入的，当然，还会有私密性。这时小组是自发的，没有人组织，没有人牵头。问卷调查显示，学生对这一阶段的讨论反映为"自由"地谈论指定的话题、没有人监管的"轻松"、时而"口语化"时而"书面化"的语言交流，"有一种偷偷谈论的感觉""走在去餐厅的路上，讨论这类话题，又唯恐被其他同学发现再被冠以装的嫌疑"，等等。或许这就是思政隐形教育的好处，寓教于无形之中，对于小班讨论教学来说，没有对小组讨论有明确的要求，没有要求就是最大的要求。在小组讨论的实践中，没有监督，没有强制，没有牵头组织，只有一个发布的讨论主题，学生可以用任何态度对待这个主题，积极也好，消极也罢，没有肯定否定之分，只有参与与否。不参与也没有人指责，越是这样，学生参与讨论的积极性越是高涨，讨论过程没有人记录，不需要反馈，激进的观点可以激进，只要有人愿意倾听，只要敢接受别人的批驳。讨论结束后，激进的再也找不到激进的理由，也许这类声音本来就知道自己观点的对错，只是想表达一下态度的激进，而不是观点的激进，在小范围内讲完了，过瘾了，大范围就不会讲了。小组范围观点达成一致，班级范围内出现这类分歧就会少一些。

讨论中的升华与自觉意识。小组讨论初始阶段是混沌的，学生都是试探着表达自己对主题的理解，和同学交换着彼此的看法。一般来说，很少有人把不成熟的看法和盘托出，相对于班级讨论，小组讨论更多的是不成熟看法，观点是聊出来的，在一些不成熟的观点中，随着聊的深入，不成熟的观点逐渐摆脱青涩，开始明朗起来，转变为成熟的看法。认识的升华是在不经意的瞬间完成的，人生中很多见识大多如此产生，小组讨论能够达到这样目的说明讨论教学模式是科学的，思政课教学改革采用讨论教学的方向是正确的。与讨论中认识的升华紧密相连的是自觉意识。在小组讨论范围，没有强制性约束，自觉性就显得格外重要。大学教育一直注重提高自觉自主，这是大学学习现实所要求的，熟悉大学学习生活的人都知道，大学学习靠自觉，没有周考、月考的逼迫和压力，但是看似轻松的无要求，其实大学学习氛围并不轻松，每一个学生心中都有英语四六级或考研等目标。因此，小组讨论需要学生具有较强的自觉意识，自觉融入讨论话题的深层，把讨论话题置于社会现实之中。

二、班级讨论

如果说小组讨论是隐形教育的阵地，班级讨论就是显性教育的前沿。一般来说，在大家的印象中，只有班级讨论才能称为小班讨论教学。其实这是一种对讨论教学的偏见。在实践中，有教务主管部门把辅导教师是否出场的照片作为考核小班讨论课时的依据、作为绩效的考核，这不失为一种方法，但是对于衡量小班讨论的教学质量而言，则有形式主义的嫌疑。因为从一张照片判断小班讨论的质量难免失之偏颇，因为一张图片的信息量不足以代表小班讨论教学过程的复杂、精彩的讨论、情感的勃发。那么，小班讨论教学是如何进行的呢？

讨论主题切入准确。讨论主题切入的准确与否，直接关系讨论的成败。首先，不能出现为讨论而讨论的空洞词调。主题是凝练后用浓缩的理论表述出来的，这就造成部分学生在讨论时总是停留在理论表面，不能深入理论来源的实践根基展开讨论，因而会出现为讨论而讨论的空洞言辞，学生的发言听起来很流畅，但总是游离于理论真理的最外层，不能深入理论揭示的真理内核。这样的讨论看似很热烈，也仅是词语热烈，实则缺乏深入剖析的勇气和精神，总是在边缘打转。实践中我们发布过"如何看待中华传统文化"的主题，不知参与讨论的部分学生是没有仔细审题，还是故意为之，结果部分学生围绕中华优秀传统文化大发议论，即便是讨论中华优秀文化，大段篇幅在说中华优秀传统文化好，至于为什么好？怎么继承好的部分，我们通过讨论教学期待的结果却很少有人触及。其次，立足现实，不能出现空喊口号的浮躁。思政课讨论教学的讨论选题一般会结合党的最新政策和会议精神。如何围绕讨论主题，把会议精神贯彻到实际学习工作中去，是思政课小班讨论教学关注的重点。在实践中，大部分参与讨论的学生能立足现实，结合本地熟悉的相关领域发表自己的看法，给人以真实真切的感受。但是，还有部分学生讨论没有深入下去，准备的资料也很厚重，只是停留在空喊口号的层面，除了有应付的嫌疑之外，还有对讨论教学课的误解。我们在实践中反复给学生讲解，教师在讲授理论时你们作为学生感到枯燥、无趣，为什么你们自己在参与讨论时反而复刻教师讲授理论时你们讨厌的表现呢？有部分学生反馈：在小组讨论阶段，还能畅所欲言，讨论效果很好；而到了班级讨论时，反而有了顾忌，结果导致部分同学不敢深入表达，只停留在表面的文字工作，给人空喊口号的现象，如何解决这个从小组讨论到班级讨论的反差，需要辅导教师在主导班级讨论时关注这个现象并加以积极引导。最后，真正做到理论联系实际，不能出现理论与实际相脱离的"两张皮"现象。班级讨论要做得扎实，理论与实际相结合是王道，理论来自实践，实践是理论之源，这是最基本的原理。上好小班讨论课，必须立足这一基本原理；讨论理论时，把理论回归实践，举实践例证时，要升华到理论的高度。理论与实际一旦相脱离，就会造成"两张皮"现象。造成"两张皮"现象主要有如下几个原因：其一，不能正确把握主题，故而收集支撑事例时不知道采用事例的哪一方面与主题相结合，事例讲得很生动，但是与主题相差较大；其二，列举的事例很丰富，却存在从众多事例中抽取同类项的困难，缺乏聚焦导向，焦点一旦出现分散，很容易导致"两张皮"现象。其三，事例中总结出来的经验，缺少升华提炼的纯度，感性的经验与理性的理论之间存在明显的隔阂，或许这一点与学生的专业基础素养不够有关，实践研究发现，文科基础的学生比理工科的学生更容易克服这一点。

讨论气氛激烈而和谐。讨论气氛是讨论教学能否成功的关键因素之一，讨论气氛的好与不好直接关系讨论教学的效果，但讨论气氛不像讨论主题或讨论提纲及讨论纪律可以通过文字要求提前准备。讨论气氛是情商因素所决定的，现场即兴表达的感性成分大于理性的设计。

讨论气氛最大的败笔是沉闷。一次生动的讨论教学必然是在热烈的气氛中进行的，如果参与讨论的每一个人都能完全投入，在激情中抒发自己的观点，这无疑是一次成功的讨论教学。相反，讨论气氛最糟糕的表现就是沉闷，代替心情舒畅的是压抑的、应付式发言。如何活跃讨论的现场气氛呢？首先是讨论主题的设计。一个活泼的讨论主题是吸引参与者的关键因素，参与者"愿意谈论"和"必须谈论"是截然不同的，参与者"愿意谈论"的主题会引发参与者积极思考、主动准备，或与其他参与者私下展开讨论；而"必须讨论"的主题会引发参与者被动式应付，难以激发参与者积极思考的火花，这样的讨论教学最终会在"完成教学任务"的惯例中结束。其次，讨论现场的主持人非常关键。无论是辅导教师主持还是学生干部主持，主持人的现场把控能力关系到讨论气氛好坏。一个现场把控能力优秀的主持人会在轻松的环境下调动参与者的积极性，会照顾到每一个参与者的情绪，特别是涉及一些"与讨论主题无关"的常规发言行为。比如，不能忽视频繁举手要求发言者，对发言时出现表达困难者给予鼓励和包容，等等，这些需要在瞬间做出判断并采取行动的关键时刻，却是决定讨论气氛能否达到高涨的关键因素。一个人在讨论时遭遇忽视待遇的小环节，不但会影响当事人的积极性，还会带动其他参与者的消极情绪。最后，参与讨论发言者的发言时间安排对讨论气氛的影响也十分大。任何一个教学组织内，成员的表达水平都会存在差异，特别是口才方面，有的人口才卓越，可以侃侃而谈；也有的人羞于表达，能把话说出来就很努力了。因此，主持人在了解讨论教学班级基本情况的前提下，要科学安排发言的顺序，做到整场讨论教学秩序井然，既高潮迭起，又不失公平，让口才好的充分表现，让一般的参与者获得足够的尊重。

有限的激烈是讨论的催化剂。讨论气氛是不是越激烈越好呢？显然不是，一次讨论教学引发参与者出现个人攻击，显然不是讨论教学的目的所在。激烈的气氛是需要的，但不是整场讨论一直处于亢奋的节奏之中，而是要有张有弛，有限的激烈是讨论教学现场气氛的催化剂。缺少激烈的气氛或者过犹不及的氛围都是值得思考的。如何把讨论氛围的激烈限制在一定范围呢？首先，讨论主题的设计要科学。讨论主题要理论联系实际，但不能只注重实际而忽视主题的理论性质。如果讨论主题的设计只想一味地迎合学生，设计成学生感兴趣的话题，比如学生评优评先等话题，此类话题会引发学生的高度关注，就容易发生学生管理方面的情绪问题，造成一定的对立面。因此，在设计讨论主题时，这类敏感性主题需要慎重考虑，不要为了气氛而牺牲主题，或者造成麻烦。其次，主持人在安排参与者发言时，要考虑到生活中学生之间的实际状况。友谊常在，不友好也是常态，讨论免不了出现争论，围绕主题的争论是深入讨论的表现，偏离主题的任何争论都是无益的，主持人现场务必留意发生偏离主题的争论，一定要及时制止并加以引导，尽量避免出现激烈的其他表现。最后，有限的激烈不是有限人的激烈。在实际讨论教学中，我们会发现有部分主持人情绪高涨，夸夸其谈，试图把讨论教学的焦点全部集中在自己身上。一方面，这种情况偏离了讨论教学的要求，讨论教学不是个人讲解，更不是演讲比赛，而是众人积极都积极参与的教学活动。因此，主持人要灵活处理现场气氛，活跃气氛，激发每一个参与者的积极性。

讨论不是讨伐，也不是声讨。讨论教学既然需要思想火花的碰撞，但是如何保证在碰撞的只有思想火花，而不出现思想之外的碰撞，如语言的交锋或情绪的对立等。如何做到这一点呢？首先，明确讨论教学的主题。讨论教学的主题是要求明理，明理的过程会有分歧，有不同的观点。分歧只能限制讨论主题覆盖的范围，不能超出讨论主题的界限随意发挥，一旦有学生表达超出讨论界定的范围，主持人有责任及时提醒或制止类似的发言，引导发言者回归到正常的讨论范围。其次，明确讨论教学的目的。为什么讨论？讨论的目的是什么？讨论教学的整个过程一定要坚持问题导向，讨论教学的大忌是偏离讨论目的、为讨论而讨论，为了烘托气氛而讨论。实践中，一些讨论教学，特别是存在形式主义倾向的讨论教学，为了应付学生，个别班级有故意制造热烈氛围的嫌疑，讨论教学退化为演讲展示，这应该引起我们足够的重视。最后，科学地处理争论。讨论就会有交流，有争辩，道理越辩越明，如果讨论课大家都发表无关痛痒的看法实则是讨论教学的失败。因此，讨论教学有争论是好事，没有争论不是好现象。鼓励争论不是放纵争论，要科学处理参与者之间的不同意见及表达不同意见的方式。这就需要主持人或辅导教师在争论气氛激烈时，要有能力分清理性的观点分歧还是感性的情绪对立。理性的观点分歧是值得鼓励与培育的，而感性的情绪对立一定要果断处理，但是处理的方式不能太突兀、太直接，而是要委婉地加以引导，消除情绪对立本身及这种对立有可能引发的其他冲突。

有讨有论。什么是讨论？讨论指就某一问题交换意见或进行辩论。从这个意义上讲，讨论的参与者至少是两个人，一个人参与不能称为讨论；我们进一步考察，会发现讨论的双方或多方之间要有互动，"讨"是邀请，是邀约，是讨教；"论"是回敬，是回应，是说明。讨论二字缺一不可。要想把讨论课上好，就必须充分理解"讨论"二字，按照上面关于"讨论"理解，在讨论教学中，讨论二字缺一不可，为什么这样讲呢？有人说，讨论本来就是一个词，怎么能分开呢？实际上，我们这里讲的不能分开，不是字面的分开，而是在讨论教学实践中如何把"讨论"二字的内在含义给完全体现出来。首先，参与讨论的各方要有互动。这里的互动包括口头语言互动，肢体语言互动，集体互动。当然，最主要的还是语言的互动，语言的互动除了内容上的关联之外，还有语言风格和表述要求的规定。实际教学中，如果一位参与者使用富有学术表述的语言来陈述自己的观点，而另一位参与者则用生活用语回应，显然这种互动就会大打折扣。其次，参与讨论的各方要实现交流。讨论的目的在于交流彼此的观点，让对方知道自己的看法，同时也理解对方的意图，即便是殊途同归，也要有共鸣的交集。最后，参与各方保留自己的观点。讨论不是征服，不是谁胜谁输的问题。讨论的结论会有一个统一的结果，但统一绝不是讨论的唯一目的，讨论的结果还有分歧，有时分歧才是讨论的目的，因为有些问题会有不同的答案。因此，在讨论教学中，允许各方保留自己的观点是讨论教学成功的标志之一，保留自己的观点，让对方知道自己的观点，让对方知道自己保留自己的观点，是尊重讨论教学的方式。

有讨没论是虎头蛇尾。通过对讨论教学的反馈研究发现，有些讨论教学看似过程精彩，参与者的积极性也很高，但无论是从现场教学的感受，还是从学生提交的小结来看，都会发现这是一种没有结论的讨论教学。造成这种情况的原因很多，主要原因在于：首先，对讨论主题理解得不透彻。研究发现，当讨论主题与实际结合紧密时，参与者往往注重实际情况的表述，反而会忽视对结论的总结概括。其次，参与者的结论与发言时阐述的理由结合不紧密，给人一种理由是理由，结论是结论的"两张皮"现象。出现这种情况，主要是参与者没有经过充分论证，教学过程中，一旦有其他同学发问，这类发言者就会出现慌张，语无伦次的情况。最后，结论总结不能契合主题，更多情况是结论大于讨论主题的设计，照搬书本结论是大多数参与者的通病。

有论没讨是空穴来风。实践中，我们发现有些讨论教学因为各种原因所致，往往出现只有结论的情况。这种情况出现一般有如下原因：第一，时间紧张。讨论不能深入，也不能展开，只能匆忙表达结论和核心观点。第二，参与者流于形式，不愿与对方展开深入辩解，不想评判对方，也不想让对方批判自己，只是简单地把结论抛出来。第三，逻辑思维不清，不能用科学的逻辑把支撑自己结论的理由严密地论证出来。这就造成讨论教学出现假、大、空的现象，给人以空穴来风的说教感。

三、线上讨论

随着信息技术的使用，线上教学逐渐为大家所采用，特别是新冠病毒感染期间，现实的困难促成大家接受了线上教学的方式，线上小班讨论教学就是其中之一。第一，线上讨论的氛围。有观点担心线上讨论教学的氛围感，其实这种担心不无道理，线下同学们参与讨论时围坐在一起，即使在座的一个一言不发的参与者都会影响现场的气氛，比如一个不发言的同学一直玩手机，会影响发言同学的心理状况。线上讨论有线上的优势，现场隔离把干扰因素过滤，发言讨论者会按照自己的思路对着麦克风侃侃而谈。当然，这也把发言者置于焦点之上，发言者所言内容会被放大，任何失误或错误都会被注意到，也会被记录下来。第二，网络是有记忆的。不管是网络的技术记忆（比如腾讯会议的储存功能），还是参与者采用其他技术手段（录屏功能等）储存课堂内容，都可以使小班讨论教学做到"留住时光"。这就要求小班讨论教学在设计线上教学时充分考虑这一点，避免一些不必要的、可以事先预防的错误。这就要求讨论参与者预习讨论内容，做好发言准备，比如，发言的书面提纲，必要时准备发言稿，虽然这会给人读稿的感觉。第三，线上技术的采用。目前能够提供线上讨论的技术为学生提供了多种可选择的平台，学校一般采用的有腾讯会议、钉钉、微信群、学习通等。这些平台的设计各有千秋，根据实践观察，采用腾讯会议的比例较高，这个平台能够提供稳定的通信信号，保证教学效果。在即时沟通方面，无论是语音还是画面，都能保持较高的稳定性。在使用期间，起初会存在部分学生操作不熟练的情况，只要在讨论教学时利用几分钟时间加以指导，同学们都可以克服这个困难。实际开展过程中，还有一个技术失误经常出现，就是参与讨论的同学有的是在一个宿舍，如果不及时关闭麦克风就会产生刺耳的杂音。第四，线上讨论时的纪律要求。不管什么方式，只要是课堂教学就必须有课堂纪律要求。除了常规的守时，按时上线，不能早退等要求；还要严格学生线下所处的实际场所，虽然线上教学突破的场所的限制，但不是完全没有限制，如果辅导教师在线上点名某一位同学发言，恰好该同学正在卫生间，这显然不是尴尬的问题，而是违反课堂纪律的表现。所以，即便是线上教学，也要有相关课堂纪律，学生要待在适宜的场所，衣着大方，关闭容易影响线上教学的其他通信方式。第五，线上讨论教学资料的保存。相对于线下教学，线上讨论教学更容易保存资料。比如学生的考勤，平台的技术会自动把参与者的名单记录并保存下来。当然，考勤只是讨论教学的一个基本要求。课堂上的讨论内容和现场精彩表现都可以用影音的方式留存下来，作为宝贵的资料供以后教学参考。

四、无声讨论（学习通等平台）

相对于腾讯会议等技术平台的影音即时讨论，学习通依靠发布主题，学生跟帖参与讨论。有人把这种讨论方式戏称为回归原始的讨论，理由是最早的网络论坛采用的就是这种方式。毫无疑问，从技术的角度考虑，这种跟帖回复的参与方式的确有点滞后，但是这种方式在一定范围内不受时间限制（规定的时间期限还是有的）讨论，给学生提供更大的发挥空间，学生可以自主地、谨慎地雕饰发帖的语言等，总体来说这种讨论还是有很大优势。

学习通讨论可以直观地反映学生的参与度。相比于线下讨论或线上即时讨论。学习通更能直观地把学生是否参与或参与的认真程度公开地展示在大家面前，谁在认真准备，谁是复制别人的内容，谁的跟帖内容在不负责任地东拉西扯，大家看得一目了然。这种静态的放大和定格使得参与的学生格外小心和细心。线下讨论或者线上即时讨论，有些学生做到被动参与就行，也就是凑人头，只是到场，很少参与主动发言，更不要说参与辩解性讨论了。对于这类为数不少的学生，线上跟帖使得他们不得不思考自己要说点什么，他们会深思，不敢轻易复制和修改几句话来应付教师，根据实践观察，这类学生一般会把自己思考的结论锤炼后再跟帖讨论。

辅导教师的积极参与。相对于其他的讨论方式，学习通讨论对辅导教师有更高的要求，除了准备讨论的内容，还要及时登录学习通，审阅学生的跟帖内容，回答学生提出的问题，处理一些不规范、不科学的内容，尤其是部分学生政治站位不成熟，可能发布一些个人观点比较突出的内容。这都要求辅导教师积极参与，拥有更强的责任心。线下讨论，辅导教师高度紧张就几十分钟；线上跟帖讨论，辅导老师要时刻紧张着，任何一个学生的自由散漫都可能导致不良后果。相较而言，防不如疏，辅导教师经常性浏览讨论内容，及时发现问题，解决问题才是尽职尽责的表现。事后诸葛亮或亡羊补牢并不是解决问题的最佳方式。

学习通讨论要注意的事项。学习通讨论除了较方便以外，还有一些参与者必须注意到的方面，这些方面有的可以改进，有的只能防范。第一，发帖内容的规范性、合法性。这一点能通过预先要求，提高学生参与的积极性和自律性。但并不是要求了，学生就遵守了，学校管理纪律三令五申，还是有学生违规，更何况是一个线上的跟帖讨论的纪律要求。除了纪律要求，教师要增加浏览跟帖内容的频率，及时把有问题的帖子筛选出来，跟发帖学生进行直接沟通，并给出合理化建议。第二，及时反馈线上讨论情况。每个讨论教学的班级都有自己的微信群，辅导教师应及时把学习通上的讨论内容反馈给学生，特别是把发言积极性高，回贴内容准确的学生进行公开表扬，激发其他学生的积极性。同时，把存在的问题概括之后进行反馈，此时注意，不要把存在问题的学生信息公开，只是点到为止，不要因为一次讨论教学课就轻易否定学生，有些学生只是思想不成熟，并不是本质出了问题，辅导教师要细心观察，耐心指导学生。第三，科学处理讨论数据。学习通学习平台能够提供很多技术支持，参与讨论教学的教师要及时跟上技术的发展，充分利用平台提供的数据进行教学研究，冰冷的数字可以还原活生生的讨论。学生跟帖的积极性、参与程度、最先跟帖的前五个学生、最后跟帖的五个学生、平均跟帖字数、发言内容雷同的参与者等信息都可以帮助辅导教师掌握讨论教学的情况，虽然是一次无声讨论，但是它展示的远远大于无声讨论的表象。

第五章 思政课小班讨论教学主体定位

教学理念的转变，教学改革要符合实际。高校思政课教学改革呼吁了很多年，其中引起高度关注的一个焦点就是教学主体的确立问题。教育教学改革的积极倡导者主张教学主体由教师转向学生，提高学生的参与积极性。持反对意见者认为，学习本来就是一个非常辛苦的过程，不管是积极主动学习，还是消极被动学习，最终的目的就是学习到知识，而不是玩花架子。如果说学生参与的积极性提高了，学生的学习效果就能提高，这是最好的结果，但是参与积极性高不等于学习效果一定好，而且目前并没有实际的、科学的、可靠的数据支持学生参与性高学习效果就好这一点。参与性高是学习态度问题，学习效果好是结果问题，态度从来就不等于结果，二者有因果关系，态度好结果有可能好，有可能不好。教学改革一定要符合实际，经得起科学验证，而不是依靠新名词的点缀。

树立科学的教学理念。教育不是工厂生产的流水线，用定量的数据要求教学改革看似有道理，实则是有点强人所难，特别是在思想政治课教育教学领域，用简单的数据来肯定或否定大的教学改革方向问题，是一个不严谨的态度，更不能产生科学的措施。每一个时代有每一个时代的教育，它所采用的教育方法和手段必然是这个时代所能提供的，当网络技术充斥生活空间的时候，如果教育滞留在前网络时代，无视网络改变社会的实际，这个教育注定要落伍。在有些领域，马克思主义的思想不去占领，其他的思想就会乘虚而入。因此，改变教育的理念是当前重要的任务，改变教育教学理念应当从教学主体入手。传统的教学一直坚持以教师为主体，新兴的观念则认为学生是教学中心。实践证明，在思政课小班讨论教学中，教师和学生在不同教学阶段，都处于中心位置。那种认为要么教师是主体，要么学生是主体的观点是不全面的，非此即彼的思维方式不是科学的表现形式，这是一种简单的一刀切，一分为二的世界观，这种观念总是从一个极端走上另一个极端。主张以教师为中心的观点当初有多执着，现在力争以学生为中心的愿望就有多强烈。他们会把过去教育失误的原因都归结为教师中心论，并且声称，自己是亲历者，有更多发言权，他们认为，应该坚持把学生置于中心位置。好像把学生置于中心位置，原来的弊端就不复存在了，就圆满了。事实上，任何模式都有缺点，只是缺点的多少或影响的程度不同而已。

确立正确的教学主体。从当前现有的资料来看，教师为主体的教育方式是中国教育的传统，即便是有鼓励学生积极参与的教育理念，也没有动摇教师主导教学的传统。以学生为中心的教育理念多流行于国外。到底是教师为主体好，还是以学生为主体更胜一筹？有人从当前政治大局的角度出发，认为以学生为中心是以人民为中心在教育界的具体体现。首先，我们必须肯定，讲政治，服从大局是完全正确的。教育除了服务学生、管理学生，更重要的是教育学生。教育从来就不是轻松愉快的过程，快乐学习的结果是学不到什么知识，通过刷手机或上讨论课随便发言就可以糊弄过去的只是形式，知识是糊弄不到的。其次，在教育领域，教师作为主导者，即使不是完全主体，但也不能放弃教师的主体地位，全部退让给学生来主导如何学习，学生如果什么都会，还来学校干什么。那种把学生置于教育教学主体地位，主导教学的观点是不全面的，学生的积极性可以调动，但是不能因为积极性而牺牲教育的整个价值。最后，教与学的双方，根据教学的科学规律，当前人们正在尝试用一种新的教育教学理念推进教学改革，思政课小班讨论教学采用教师学生双向主体的教学理念，把教师与学生的优势结合起来，既坚守了教育的传统理念，又利用学生的积极性激活课堂教学。到底谁是小班讨论教学的主体呢？下面结合近年来我们开展小班讨论教学的实践，探索一下教学主体问题。所谓主体，意思是指事物的主要部分；哲学上指对客体有认识和实践能力的人；民法中指享受权利和负担义务的公民或法人。小班讨论教学的主体，应该是指"小班讨论教学的主要部分"，也包含哲学意义上主体。"教学主体"没有权威的解释，但是在教育大辞典中，对"教育主体"[①] 是这样解释的："教育主体是指在教育活动中有意识地认识和作用于客体的人。"与"教育客体"相对。教育理论界对教育主体的认识有下述观点：（1）指教育者，主要是教师。教育者有目的、有计划地对受教育者施教，以自身的活动与影响引起和促进受教育者的身心发展，教师在教育活动中发挥主导作用。（2）指受教育者。学生在教育

---

①　顾明远. 教育大辞典［M］. 上海：上海教育出版社，1998.

过程中不是被动地接受教育，而是具有主观能动性，教师不过是指导者、辅导者。（3）指教育者与受教育者。二者都是有主体意识的人，在教育与教学活动中都有自己认识与作用的客体，二者都是主体，同时又都互为认识的客体。这两个主体在教育活动中的地位与作用有层次上的不同。从这个权威的解释，我们会发现，教师和学生都是教学的主体，那种非教师就学生的观点是不正确的，不符合马克思主义辩证法。

第一节　学　生　主　体

近年来教育学术研究方面，关于学生是教学主体的成果很多，这些研究大部分在研究意义方面，把教师主体的弊端当作转向学生主体的理由。这种研究的立场是站不住脚的，教师主体模式存在的问题应该尽量在教师主体模式中解决，而不是直接抛弃教师主体模式，换个模式代替教师主体模式。这种观点是不严肃的，更是不科学的。教学中唤醒学生主体没有错，但简单地用学生主体模式代替教师主体模式就是错误的，最起码是不科学的。树立学生教学主体，是教学改革的进步，因此需要科学分析学生主体。

一、集体主体

小班讨论教学过程中，学生是一个有组织的群体，设计教学活动时必须考虑学生集体特征。学生作为教学的主体，首先，考虑主体的集体性。在设计讨论主题、确定讨论大纲、现场组织、发言管理等环节，学生集体的心理和认识，以及社会情绪在学生层面的投影，都必须作为重要影响因素加以参考，忽视任何一点都可能在学生中产生不良影响。比如当前网络达人引导高考志愿报考现象，如果在讨论教学中触及此类话题，会导致部分专业的学生集体情绪出现较大波动。有观点认为，小班讨论教学注重的是学生的个体，主张激发学生的个性，展示个性，优化个性，张扬个性。这种观点是不全面的。小班讨论教学鼓励个性，但是有集体性做基础。如果没有坚实的集体性基础，哪来的个性张扬？重视集体并不等于否认个性，在某些方面，集体与个性具有相反的意思，但并不等于不能共处，当我们把小班讨论教学当作一个整体来看时，集体与个性就像矛和盾一样，是谁也离不开谁的共存关系。因此，在主观上，一定要重视集体性在学生主体的存在，只有做到这一点，才能保证讨论教学不会出现多数人的情绪化反应。

其次，在客观上重视集体性。小班讨论教学的集体和理论授课的集体不同：其中一个主要特征就是规模小，相对于大班理论授课或中班规模授课，小班讨论的规模很小。一般来说，当前中国大学思政课教学规模的常规大班是指6~8班，教学改革后的中班也维持4个班的规模。小班讨论就是1个自然班，学生的数量常规在18~32人。小班的另一个主要特征是集体之中大家彼此很熟悉。在讨论时，小班的同学之间谁要说什么，谁想说什么，大家彼此都会心照不宣，互相之间的认同和容忍都在集体性之中，这种集体的黏合力在小集体内会显得格外重要。一个自己不赞同的观点如果来自陌生人，就会立即遭到怒怼；而熟人之间的意见相左，大概率只是双方的会意一笑。因此，必须在小班讨论教学时要客观地重视集体性。如何做到这一点呢？第一，从组织纪律、检查考勤等方面有环节要求，有反馈机制，让学生感受到集体的存在。比如加强考勤不是盯住某一个或个别学生，而是要提醒大家这是一个集体教学活动。对违反考勤学生的惩罚不建议扣平时分的粗暴操作，取而代之的是把违反考勤的学生公开点名。第二，发言讨论时，在肯定发言者内容的同时，进一步追问发言者的支持者有什么观点，询问支持者的支持原因，把集体性的观念贯彻到现场的任何一个临时组合。当大家的观点一致时，瞬间的凝聚力或许给学生留下终身的印象。这种把控现场的即时组合能力需要辅导教师或主持人平时多加留意，不断提高判断力。第三，把集体性与个性辩证地结合起来。个性是集体性基础上的个性，没有集体性就没有个性。很难想象，一次小班讨论教学，全是一个个夸夸其谈的自以为是，都是个性的表现，个性之间的对冲和抵消，最终的结果是都没有个性。同样地，集体性有了个性化的对比会更加突出。如果片面强调集体性，参与讨论的同学没有一点个性，全部是照本宣科，大家都在应付，结果绝对是集体性荡然无存，个体之间没有黏合，松散的集体中如果没有个性化的支柱，就更别提凝聚力和集体智慧的汇集。

最后，要在学理上倡导集体主义理论教育。集体主义是社会主义核心价值观的基本理念，重视小班讨论教学中学生的主体性，要在倡导集体主义的理论指导下进行，而不是空洞地作简单的要求。第一，集体主义是强调个人之间相互依存的哲学、政治、宗教、经济或社会观点。集体主义是一个基本的文化元素，在实践中，所有的人类社会都包含个人主义和集体主义的成分。集体主义可以分为水平集体主义和纵向集体主义。水平集体主义强调，相对平等的个人之间的集体决策，通常是建立在权力下放的基础上的。纵向集体主义是以权力的等级结构和道德文化的一致性为基础的，因此是以权力集中为基础的。合作型企业是水平集体主义的一个例子，而军事层级是垂直集体主义的一个例子。小班讨论教学是以水平集体主义为主，以垂直集体主义为辅。第二，集体主义是无产阶级为完成自身解放和解放全人类的历史使命在道德上的一种必然要求，它是无产阶级高尚品德的集中表现。集体主义是无产阶级在进行生产斗争和反对资产阶级的阶级斗争中形成的。社会主义制度的建立，为集体主义道德原则的实现提供了条件，而全体人民也以建立共同的理想、共同的奋斗目标、共同的道德、共同的纪律作为自己的要求。在社会主义条件下，国家、集体和个人三者之间的利益，从根本上说是一致的。坚持集体主义原则，与承认正当的个人利益是一致的，不论是以集体主义否定正当的个人利益，或是以个人利益反对集体主义，都是错误的。集体主义首先要求人们要为社会集体利益的发展作出自己的贡献；集体主义原则为尊重劳动者正当的个人利益，尊重劳动者个人才能的充分发挥。第三，在共产主义道德规范体系中，集体主义原则对共产主义道德的其他规范具有深刻的影响。培养人们的集体主义观念是共产主义道德教育的一个重要的环节。集体主义是社会主义的核心价值理念，一直为我国社会的主导舆论所强调。集体主义作为社会主义道德的基本原则，是处理个人利益和整体利益的根本准则，是调整人们相互关系的各种规范要求的最基本的出发点和指导原则。其实，在任何一个社会，无论意识到与否，蕴涵在文化传统并体现于社会制度中的社会基本价值，始终在发挥整合社会的基础性作用，而个人主义和集体主义是两种最基本的类型。

二、个人主体

在小班讨论教学中，个人主体的地位如何呢？有观点认为既然是讨论，不管是个人代表集体发言，还是自然人发言，都是个人主体在发挥积极作用。有观点认为，不管是什么形式的个人主体，都必须置于集体主体的范围之内，而不是超越集体的、自由发挥的个人主体表现。认识个人主体，需要在教学实践中让个人主体产生科学的作用。使个人主体在小班讨论教学中发挥积极作用。

首先，就是在主观上考虑主体的个性化。第一，科学认识个性化的实际。随着社会的发展和进步，个性的觉醒也在逐步增强，特别是随着物质的丰富，人们在基本生活中有了更多个性化的选择，这种物质生活的多样化投射到精神层面，使人们的精神世界也丰富多彩起来，特别是青年一代，更加注重个性的感受，这是当前社会发展的一个趋势，也是青年学生的一个特点。作为高等教育机构从业者，我们不会迎合这个趋势，更不会迎合学生的这个特点，而是要科学地分析这个趋势，研究这个特点，然后对趋势加以引导，对特点加以改造。切忌武断地否定这个趋势和特点。第二，要用马克思主义的立场、观点、看法对待个性化趋势和特点。既然是个性化，个人主体就不会有统一的表现，如果说集体化的特点是统一，那么个性化的表现就是不统一。那么如何科学对待表现不一的个性化呢？这就需要从马克思主义理论中寻求答案，这就是运用辩证唯物主义的思维方法，具体分析每一个个体。一千个读者就有一千个哈姆雷特。一个小班讨论教学有30个学生，就会有30种不同的发言形式和内容。在教学实践中，我们不能对每一个学生的发言都给予全方位的理解和分析，因为教学时间资源不够，从教学设计来说也不科学。这就需要我们根据学生个体讨论发言的质量科学分类，分类的依据有"观点一致""论据有力""现场讨论气氛表现"等，根据分类，在教学评价环节给出科学的评语。第三，宽容对待讨论中出现的极端化个性表现。每一个参与讨论教学的小班集体都是积极向上的，这是教学者的主观愿望，也是教学设计的初心和动机，但学生是有差别的，造成差别的原因从心理认知到物质生活水平、情感生活等种种因素。辅导教师要充分认识到这一点，当教学讨论中出现过激的言行时，讨论教学的辅导教师要注意采取合理措施及时引导、中止发言等措施，同时根据发言的内容进行批评指正。有观点认为不应该在集体场合批评发言的学生。其实，一味地强调"不批评"是没有原则、没有立场的表现，思政课小班讨论教学是有坚定立场的。对于那些无心失误的发言，教师要抱有宽容的态度，给学生改正纠错的机会；对于坚守错误立场的认识，不管学生出于什么目的，教师要坚决指出错误，批评错误，决不可在课堂姑息有立场错误的言论存在。宽容不是纵容，学生成长中出现的错误和偏差教师一定要及时纠正，特别是牵扯到世界观、人生观、价值观的原则性问题，一定要毫不犹豫地采取正确措施进行改进。

其次，在客观上重视个性。在主观上认识到某条真理不等于在实践中正确应用该条真理。理论联系实际存在一定的难度，如何在主观上认识到个体的重要性，又在客观上重视个性呢？第一，教学设计体现个性化环节。小班讨论的现场教学不论设计得多么精彩，最终都是通过参与的学生表现出来的，即使是发言者代表小组集体观点，也会带有个性化的痕迹。因此，在设计小班讨论教学时，要及时发掘学生的个性化优势，在评价环节给予加分项，同时在现场适时通过主持人对发言者及时表达肯定。在实际讨论教学环节，如果总是出现讨论过程与教学设计高度一致的情况，那就说明整个讨论教学在走过场，实践中总会有不经意的个性化节点出现，因为人的即时发言是随机的，总会出现一些意外的惊喜或尴尬，虽然是意外，但是正常的，如果没有意外倒是不正常的。这些迥异的意外就是尊重个性化的表现，个性化是集体观点的装饰或触角，不同的小组集体会有不同的装饰或触角。千篇一律的装饰不是装饰，是装备，当装饰变成装备时就是个性化的消失。第二，不能忽视个体的存在。研究发现，有些小班讨论教学在设计时格外注重小组级别的集体观点，这种情况很容易造成发言者就是集体的发言代表，不允许发言者表达自己的真实观点。其实，真理不掌握在多数人手中，也不掌握在少数人手中，真理只掌握在真理持有者手中。小班讨论作为启蒙学生发现真理的教学环节，应该鼓励每一个探索真理的尝试者，而不是人为地事先规定谁是真理的发现者。可以事先规定谁来探索真理，但不可以规定也规定不了谁是真理的发现者。在讨论教学中鼓励学生积极发言，让学生在探索真理的道路上大胆毫无顾忌地表达真实的想法，而缺乏这种场景倒是需要反思的。第三，科学区分个性化的真伪。真的个性化是真情流露，假的个性化是虚张和粉饰。青年学生正处于个性张扬的阶段，夸张和故弄玄虚是常态。在小班讨论教学中，辅导教师要注意科学区分这一点。夸张和故弄玄虚是个性表现的一个方面，但不是真正的个性化，是虚假的个性化，虚假的个性化也是个性化的一个表现面，不提倡，也不禁止。这种所谓"个性化"是大部分学生为了个性化而表现出来的"个性化"，大多数时候是语言的夸张，或者态度的嚣张，或者奇谈怪论，唯独不见真理的任何颗粒。最值得注意的是，有时候这种所谓"个性化"还穿着貌似探索真理的外衣，发言者侃侃而谈，表面是知识渊博，实则东拉西扯，要么没有触及真理，要么堆砌新名词，或者进行一些没有逻辑关联的表述。

最后，要引导个性化走正确方向，避免其他思想的误导。一方面，树立科学的学生主体观。学生是教育的主体，特别是小班讨论教学，如果不把学生当作教学主体，就难以体现讨论的本质特性。因此，能否树立科学的学生主体观是小班讨论的焦点所在。那么，如何树立科学的学生主体观呢？第一，在思想认识方面，要扭转教师是中心、是主角、是核心的观念。教师是教学的主导，主导谁呢？当然是学生，用什么主导呢？当然是真理的知识。以什么方式主导呢？讲解和讨论是一般采用的方式。因此，确立学生为讨论教学主体是有科学依据的。这些依据包括教学对象、教学内容、教学方法，离开学生主体，这些依据就失去存在的科学性。第二，在讨论教学实践中，学生的主体作用要得到科学发挥。学生作为讨论教学的主体，不是文字的游戏，也不是仅为了教学改革的空口号，而是要在实际教学中得到落实。这种落实是让学生在一个心情舒畅的环境中展开的，而不是顾头顾尾的、小心翼翼地应付，也不是为了完成任务的虚张声势。在小班讨论教学实践中，把学生作为教学主体就需要调动学生参与的积极性，培育学生的自信，激发学生浓厚的兴趣，最后形成学生坚定的政治立场。第三，尊重学生主体。以学生为教学主体，还体现为尊重学生主体。具体体现为尊重学生的观点、表述、情感和缺点。讨论的目的是统一观点，统一观点并不是禁止其他观点的存在，没有迥异的观点，谈何统一呢？只有充分尊重学生，学生才会真情流露，才敢敞开心扉，对于同一问题，有不同的观点是很正常的，只有存异才能求同，如果只能有一种观点，一个看法，那不是讨论，是宣读；不是求同存异，是就同论同；不是去伪存真，是围绕一个既定的观点打转。观点如此，表述也是如此。另一方面，坚持以学生为主体要警惕几种错误倾向，尊重个体不等于让个体任性发挥。第一，尊重个体不能牺牲教师的主导。在小班讨论教学中教师不是唯一主体，也不是唯一主角，但老师必须是唯一主导。无论是讨论内容，还是现场组织，甚至是讨论评价和反思，都需要教师作为主导积极推进讨论教学的整个过程。主观上，教师要充分认识到这一点，这是教学要求，更是政治要求。在客观上，辅导教师不能图轻松，把小班讨论直接交给学生干部撒手不管。辅导教师应该深入参与讨论教学的每一个基本环节，即便是学生发言时得到教师一个眼神的肯定，都是对讨论教学的指导。第二，把学生作为讨论教学的主体，不是让学生自由发挥，放任自流。无论是发言内容，还是讨论时的言语表达方式，都要有课堂教学方法引导和约束。讨论自由是相对的，而不是绝对的，课堂上不允许说的内容绝对不能肆意发挥，日常不提倡的讨论教学课堂更是严禁出现。课堂纪律不是自由发言的限制，而是自由发言的保障，如果任由学生发言时肆意违背纪律约束，那不是自由的表现，而是不自由的真实写照。

第二节　教师主体

在传统的教学模式中，教师不但是教学主体，还是教学的中心，教师教什么，学生学什么；教师有什么，学生学什么；教师怎么教，学生就怎么学。随着社会生产力的发展和教学环境的变化，以教师为主体的教学模式开始向以学生为主体的教学模式转变。在新的教学模式下，教师的主体地位是否还存在呢？新兴观点认为，过去以教师为中心的灌输式教学应该被淘汰，取而代之的是以学生为中心的启发式教学、个性化学习；传统观点坚持教师在教学中的主体地位，该观点认为，无论教学模式如何变化，技术手段多么先进，都不能否定教师的主体地位，教学，没有教，哪来的学？教学模式和技术手段不是代替教的借口，而是增强教的原因。还有观点认为，不能简单地把教师在教学中的主体地位抛弃，要辩证地看待教学活动中的教师主体地位，教师主体地位不等于灌输式教学，启发式教学也不排斥教师主体地位。总之要辩证地看待教师在教学中的主体性作用，教师不是教学活动的唯一主体，学生不再是简单地被动地接受知识，更重要的是在接受知识的同时提高能力和塑造信仰。毫无疑问，教师主体地位在新的教学模式中要受一定影响，而不仅是传统主体地位的翻版，随着学生在教学活动中的主体性日益受到重视，教师的主体性作用如何发挥成为教学改革中新的课题。

一、集体主体

集体主体观念的转变。随着教学模式的转变，对教师主体地位的认识发生很大变化，特别是集体主体认识方面，人们对这个问题的看法存在较大分歧，有强调加强教师集体意识的，有主张淡化教师集体主体意识的，如何科学认识在新教学模式中特别是思政课小班讨论教学中教师的集体主体地位呢？

首先，必须加强思政课教师的集体主体地位。思政课不同于其他课程，思政课一线教师更不同于其他课程的教师，无论课程教学模式如何改革，思政课教师的主导作用不容置疑，面对教学技术手段的日新月异，教师的主导作用受到一定的冲击，特别是对教师集体主体的认识开始出现另类异音。统一认识，加强教师的集体主体地位迫在眉睫。第一，提高政治站位，用马克思主义中国化最新理论成果统一组织观念。教师集体是组织上的集体，更是观念上的集体，特别是思想政治课教师主体，应该强调观念的一致。也就是说，在小班讨论教学中，辅导教师的观念和指导思想必须是一致的，这种一致不一定用一个组织来具体实施，而是要求思想上认识上做到一致。在教学理念上，方式可以有不同，观点必须统一，立场必须一致。同一所学校遵守这个要求，不同的学校也要遵守这个要求，绝对不允许在小班讨论教学中各自为政，各唱各调。必须用习近平新时代中国特色社会主义思想统一认识，在小班讨论教学中坚守马克思主义阵地。第二，提升学理化，用马克思主义基本原理统一教学理念。思政课小班讨论教学实践中，由于参与的学生基础知识差异很大，特别是一些理工科学生，文史知识基础薄弱，造成在具体讨论中，学生使用的生活化语言较多，即使是用专业化表述，大多也是来自教材的语言，这是讨论教学的特点，但不是优点。如何把这种特点变成优点呢？需要从学理化的角度规范学生的表述。提升学生的学理化水平问题看似是学生造成的，其实这个问题的根源在于辅导讨论的教师。学生生涩的语言需要经过专业化的锤炼和提升，学生自己不会自动完成这个任务，需要教师在讨论教学过程中通过潜移默化的形式培育学生的能力。这种培育的方式可能千差万别，但对培育的重视是一致的，这也就需要辅导教师从集体主体的角度认识这个重要要求。第三，坚持与时俱进，及时学习教育教学新技术，把传承与创新统一起来。思政课小班讨论教学是一项生动活泼的教学活动，新鲜的词汇表述、社会新发展中的事例及新技术的采用，都对小班讨论教学产生极大的影响。如果辅导教师不能与时俱进，仍然采用老一套的陈词滥调辅导学生，恐怕不是教师辅导学生，而是学生"辅导"教师了。思政课小班讨论教学的教师要有不断学习、终生学习的意识，只有用新的知识去引导学生，才会产生良性的互动而不至于成为学生质疑教师的缺陷。辅导教师要有注重新知识学习的集体意识，注重新技术的采用及新设备的使用。

其次，实践中发挥集体主体作用的方式。第一，坚持政治学习，提高政治站位。思政课小班讨论教学的目的是什么？辅导教师必须对这一目的保持清醒地认识。在实践中，要发挥教师集体的主体地位，正确的政治观点和立场是根本，任何否认这一点的教师都会在这个集体中受到抵制和惩戒。如果教师集体不对观点相左的同事提出异议，这种异议将有学生以另外的方式提出，因为一个政治立场让人产生思索空间的教师很难被学生所接受。因此，在实践中，发挥教师集体作用，政治正确是一项重要评价内容，一致的观点、一致的立场、一致的要求，学生在参与讨论时自然会产生严肃深刻的认识。第二，辅导教师互相协作。讨论课教学不是一个教师在奋斗，而是一个集体参与的教学活动。在实践中，如何以集体主体组织学生至关重要。除了上述所讲的立场、观点一致外，组织讨论教学的形式、培养学生能力的要求也应有所体现。学校的教学活动不是街上的杂耍，取乐于学生不是教学目的，讨论教学可以寓教于乐，但是不能因为乐而丢失了教。教是体现教师集体主体的主要方面，怎么教？教要取得什么样的目的都是有统一要求的，同一个学校的思政课小班讨论教学风格上可以百花齐放，精神内核上只能展示一个。在开展小班讨论教学时，从选题设计到现场讨论及课后总结，需要教师团队作战、互相协作。设计讨论选题要考虑到社会发展、学生的知识积累和阅历及心理认知；现场讨论教学时，要把选题的中心思想作为讨论教学的核心，不能惘然不顾选题，任由学生自由发挥，结果离题万里。课后总结时，要辅导学生在讨论的基础上，结合选题，写出具有真挚见解的书面材料。有观点认为，课后总结不重要，无非是把课堂讨论的内容书面化。这是对讨论总结的严重误解，讨论总结在某种程度上来说是另一种讨论，是课堂讨论的继续，而不仅是讨论内容的书面化。第三，小班讨论教学辅导教师的可替代性。要充分发挥教师集体主体作用，必须注意课堂之间的衔接和一致性，不能因为某位教师的缺席而造成讨论教学无法进行下去。同样一个班级的讨论课教学，张教师能辅导，王教师也可以辅导，不能出现张教师辅导的小班讨论，因为张教师临时有事不能正常参与，王教师就辅导不了的情况。这就需要再做课堂教学设计时加强教师集体主体，在实践中坚决贯彻这一认识，用标准化的讨论要求推进小班讨论教学，有观点认为这种标准化会抹杀教师主体的个性化。这种观点是缺乏科学认识的，标准化操作是加强教师集体主体的助推器，只有在强化集体主体的基础上，个性化才会突现，如果失去集体主体，个性化就会成为无根的浮萍。集体主体与个性化是相得益彰的关系，不是非此即彼的关系。

最后，教师集体主体在思政课小班讨论教学中的发展趋势。随着思政课教学改革，小班讨论教学形式将成为未来思政课教学发展的重要阵地，教师的主体作用体现形式将更加多样化，集体主体的作用会得到强化。第一，教师集体主体的作用继续增强。在指导思想方面，用马克思主义中国化新的理论成果指导教师队伍建设，规范思政课堂教学需要加强教师主体的集体意识；在实际教学活动中，面对扑面而来的各种信息，各类价值观念，教师主体需要通过集体面对各类挑战，用统一的价值观念和学术理念战胜各类思潮；在与学生的教学互动中，特别是小班讨论特殊的互动氛围中，辅导教师互相之间不能产生自相矛盾的观点和互相敌视，而是要在一个堡垒般的阵地上保持一致；在向外界展示时，思政课小班讨论需要教师以集体的形象为讨论教学附以正能量，而不是学生自顾自地走过场；要激发学生活力、提升学生能力、锻造学生意志的教学空间，而不是有组织、有纪律但没有灵魂的说教。第二，教师集体主体的存在形式有分散化倾向。随着互联网技术的发展，多媒体平台技术的成熟，特别是短视频平台的崛起，常规的思政课教学面临很大的挑战，思政课小班讨论教学作为迎接挑战的一个重要改革形式，在一定程度上存在教师集体主体弱化、分散化的倾向。原因在于：一方面信息爆炸使得学生对来自教师主导的教学信息产生疲倦，特别是来自教师集体主体方面的统一认识，会给学生造成老套旧识的印象，即便是教师关于最新知识达成的共识，难免也会给学生此类印象。为了改变学生的看法，需要辅导教师结合最新的事例，通过鲜活的事例讲透真理。另一方面是教师集体中存在对新技术使用的反应滞后。新技术的使用不仅是课堂教学过程的短短几十分钟，而且是在获取教学资料的课余时间段。理论课的备课围绕的中心是教材，小班讨论备课时没有教材，唯一的依据就是教学设计的讨论选题及讨论大纲。辅导教师不能简单地带着选题和大纲就进入小班讨论课堂，这是打无准备之仗的状态，学生的任何疑问都不是事先规定的，在讨论的过程中，学生即兴的问题很多，突发的观点也会出现。作为辅导教师，要对学生讨论中可能出现的问题做出前瞻性的预判，做出预判就需要教师做大量的备课工作，讨论教学的备课不一定非得是严谨的书面材料，但是需要教师利用新技术抓取当前阶段与讨论选题相符的事例或观点，以应对学生可能涉及的话题，否则就会影响学生对辅导教师的整体判断，损害教师集体主体地位。第三，教师集体主体与个性化会更加紧密。随着交互式平台技术的成熟，小班讨论教学并不局限在物理场所，线上讨论也能取得良好的效果。实践中，线上线下相结合的教学模式已经成熟，在探索新模式的过程中，丰富多彩的线上讨论使教师的个性化得以彰显，教师集体主体的作用又是什么状态呢？有观点认识，个性化的张扬将不利于集体主体作用的发挥，这种观点无疑把个性化与集体主体放置为互相对立的位置。其实在新技术的平台上，教师集体意识的统一更能发挥作用，个性化是集体基础上的个性化，集体是个性化同类项的合并。线上讨论教学更加直观地把不同教师辅导的小班讨论加以对比，个性化不是完全风格各异，而是有统一立场的不同表现形式。

二、个人主体

教师作为小班讨论教学的关键角色，既有教学的统一要求，也有个性化的展示环节，教学不是生产的流水线，而是鲜活的知识交流与精神对话。教师的个性化能赋予同一知识的万般表现，或生动活泼，或精彩纷呈。如何在小班讨论教学中塑造教师个人的主体作用呢？

首先，教师个人主体需要坚实的知识积淀。丰厚和渊博的知识是一个教师立身的有力武器，一个知识匮乏的人很难胜任教师职责。思政课教师要实现小班讨论教学的目标，必须从以下几个方面着手：第一，加强思想政治理论学习，把牢政治立场。政治素质是教师，特别是思政课教师的最基本素质，政治素质的提升是一个持续不断的过程，思政课教师要紧跟党的指导，及时学习党的重大会议精神，提升政治理论素养；政治立场是小班讨论教学的基本立场，在小班讨论教学中，问题可以讨论，立场不能讨论，更不能质疑，只有坚定立场才能解决问题，立场是解决问题的基础，任何没有立场的方案都是空中楼阁。严禁在讨论教学中，在关注实际问题时忽视对立场的要求，当前社会思潮泛滥，特别是随着中外交流的扩大，一些有意或无意涌入的各类观点冲击着社会大众，其中有些观点很具有迷惑性。作为思政课教师，不但要做到坚守政治立场，更需要在讨论过程中对学生发言内容及时进行科学甄别，做出正确的价值引导。特别是一些在文学艺术包装之下的表现内容，要进行严谨的把控，从一些细节上下功夫，把爱国主义教育落实在真实的地方，而不是空讲大话、套话，大话、套话不但不利于树立正确的立场，反而有害于对正确立场的理解。第二，加强专业知识学习研究，学研结合。一千个读者就有一千个哈姆雷特，同样，不同的思政课教师即使讲述同样的内容，也会有不同的个性化特色。每个思政课教师的专业背景不同，研究方向不同，关注的重点也存在差异，等等。这种种的不同构成教师的个性化主体，其中专业知识是教师个性化的基础，如果没有扎实的专业基本功，任何个性化都是特殊化，基于扎实基本功的个性化是亮点，是画龙点睛；失去基本功的个性化就是污点，是哗众取宠。一个专业精湛、能够把马克思主义基本原理讲解得深入浅出的教师就是最具有个性化的，即便是同一个基本原理，一个集体之内的教师都可以做到讲活讲透，但是每个人的讲解方法绝对不同，否则就不是讲活讲透，而是死板地照本宣科。在这个意义上来说，只要把专业学精就一定会具有个性化，没有个性化的理解就没有精湛的专业知识。大众化的理解只能成为知识的搬运工，只会复刻而不会创新。只有实现个性化的理解，才会在继承的基础上进一步创新。第三，坚持教与学结合，深入研究学生的学习状况。小班讨论教学既然是教学，就需要处理好教与学的关系，相比于理论授课，小班讨论教学的教与学更具有互动性、即时性、时效性。互动性是小班讨论的重要特征，只要深入探讨就会有互动，除非是那种应付走过场的发言，走过场是没有互动的，大家都认为念完自己的发言就是完成任务，每个人都不在意别人的发言内容，也不希望别人注意自己的发言内容，除此之外，讨论教学必然会有互动。小班讨论教学另一个主要特征是即时性，虽然参与的学生都有事先准备，但发言讨论时只是基于准备的材料，而不是照本宣科读材料，即时性就会有很多即兴的表述，等等。辅导教师要把控教学现场情况，就必须深入研究学生的学习状况，对学生讨论的内容熟悉之外，要对学生的心理认知和关注的偏好有较好的掌握。需要教师具备基本的心理学知识和及时关注社会热点问题。其次，教师个人主体需要具有较高的综合素质。除了政治知识、专业知识及其他知识储备，教师的个人综合素质也是体现教师个人主体的重要方面。如果说解决知识储备是智商范围的事，综合素质的提升更多的是依靠情商解决的。第一，思政课小班讨论教学需要感性认识介入。小班讨论的成功与否，理性认识并不是唯一因素决定的，如果仅是理性认识就能解决小班讨论的教学任务，那根本就不需要小班讨论，理论讲解就能完成这个任务。小班讨论除了理性认识，更多的是感性认识，把抽象的理性和具体的感性认识糅合在一起，才符合认识论的发展规律。小班讨论就是通过具体的感性认识上升到抽象的理性认识，因此需要辅导教师具有较高的综合素质来主导小班讨论。小班讨论教学要求教师在事先确定理性认识的基础上，重现感性认识到理性认识的深入。相比于正常的从感性认识到理性认识的探索过程，小班讨论教学中，理性认识是已经获得的，学生的感性认识是围绕着既定的理性认识展开的，这个过程不是探索，更多的是验证。这就需要辅导教师科学引导学生的感性认识朝着设计的方向发展，而不是游离于目标之外。第二，小班讨论教学需要教师具有较完备的心理知识。小班讨论教学虽然是思政课堂举办，但涉及的知识并不是只有思政知识，特别是对辅导教师的要求还体现在心理知识方面。在讨论教学现场，哪个学生想发言？哪个学生想说什么？哪个学生想发言而在犹豫？哪个学生的发言只是在表现自己，其实对发言内容并不是很熟悉或很有热情，等等，这些问题都需要辅导教师从心理层面立即解读出来，心理问题需要心理层面解决。面对一个有强烈发言欲望但是在犹豫的学生，教师不能直接问学生"你想发言吗"之类的问题，而是通过心理解读这个学生的心理状况，故意用不经意的眼神捕捉到该学生的目光——"来，同学，你就这个问题发表一下自己的看法。"意外的重视比专门的照顾更能激发学生的讨论兴趣。当然，讨论教学中需要心理知识的环节有很多，教师只要细心观察，每一个环节都能做到使参与讨论的学生心情舒畅，这离不开心理知识的应用。第三，小班讨论教学需要教师具备渊博的人文知识。思政课小班讨论并不是局限在思政知识的范畴，而是会涉猎人类社会知识的方方面面，政治、经济、文化、社会、生态、军事、国际关系等。一名辅导教师不能对着学生说："不好意思，今天讨论的选题不是我熟悉的领域，我不敢表态。"这样的观点是不符合教学要求的，这样的论断对参加讨论的学生也是一个沉重的打击。这就要求辅导教师具有较为渊博的知识，这里之所以用"较为渊博"，因为现实中并不要求教师一定是个百事通，什么都懂、什么都会，这是不现实的，也是不科学的，术业有专攻，博士段位的教师都有自己的专业，但是知识专业并不排斥知识渊博，学哲学的可以涉猎经济学和文学，研究马克思主义哲学的最好多少懂点西哲和中哲，当然，当前的形势与政策及社会热点、国际热点、网络事件也应该比较熟悉。较为渊博的知识的"较为"，有长期的"较为"，也有短期的"较为"，最基本的要求就是在为小班讨论教学准备时，辅导教师应该及时对所讨论选题的背景进行拓展准备，从理论角度、历史角度、现实角度等分别做相应的准备，有备无患，无备必有后患。

最后，教师个人主体需要具备灵活即兴的能力。灵活即兴是彼此联系的两个方面，包括三层意思，一是灵活能力；二是即兴能力；三是灵活即兴能力。第一，我们先考察灵活能力。灵活能力是一个人表现优秀的能力之一，它代表聪明、敏捷、迅速等。小班讨论教学为什么要重视教师个体这方面的能力呢？因为小班讨论是一个充满不可预测甚至不可控元素的现场，要把不可预测的元素处理为意料之中而不是意料之外的情节，把不可控的因素导向可控的环节，这些需要辅导教师具有灵活的能力来处理这些问题。不可预测的情况很多，学生的观点可以预测，学生表达观点的方式不可预测，学生发言的总体时间可控，个别学生的发言时间就有可能出现不可控。当遇到不可预测的情况时，辅导教师要专心听、细心看，时刻为不可预测的情况采取灵活的语言或动作作为应答，特别是遇到难以控制的局面时，要紧急采取相应措施，把讨论现场引导常规状态。第二是即兴能力。严格来说，即兴能力是灵活能力的一种，但又与灵活不完全一样。即兴需要灵活，但是只有灵活难以达到即兴水平。此外，还有即兴发言、即兴回答、即兴辩论等。具备即兴能力，需要有扎实的基本知识，流畅的语言表达，严谨的逻辑思维，以及熟练的演讲技巧，等等。小班讨论的参与主体主要是学生，一次小班讨论课要进行得生动活泼，达到明辨事理的程度，需要辅导教师的调节和主导，因为学生的发言是原始的，是青涩的，在发言间隙的衔接方面是生疏的。这就需要教师的即兴能力来填充与协调。但是在实践中，我们发现一个很容易产生的偏差，有些辅导教师把自己的即兴表达当成了主角，占用相当多的时间。发生这个现象的原因一般就是教师讲解理论时的惯性所致。第三是灵活即兴能力。即兴与灵活即兴的区别是：即兴是有备而来，灵活即兴是即使无备也要来；即兴是该说就说，灵活即兴是该说时说，不该说时立即停止。在小班讨论教学实践中，即兴是教师的主动参与，比如评论学生的发言，问题之间的衔接或对讨论选题的总结等；灵活即兴是教师的被动参与，当出现学生争论激烈时，教师要适时引导，或者当有学生的价值观念有待于锤炼时，教师要根据学生的发言内容紧急展开尺度合适的评价和引导。因此，相对即兴能力，灵活即兴能力的要求更高一些，能力来自平时的锻炼和培育。对思政课小班讨论教学的辅导教师来说，除了课前充分准备，还要在日常生活工作中有意识地提高这方面的能力，任何能力的提高绝非一日之功，都需要日积月累。

三、主体话语管理

在小班讨论教学实践中，无论是学生主体还是教师主体，在发挥主体作用时都会涉及一个关键问题，这就是主体话语管理。讨论教学的主要形式是讨论，讨论是通过话语表达实现的，讨论教学的质量如何，主体话语的表现形式和表现内容起着决定性作用。在研究中，我们发现科学的主体话语管理能够促进小班讨论教学。

首先，主体话语的形式管理。主体话语的形式多种多样，有单独的个人表现形式，有统一的集体要求；有事先准备好发言稿的讨论，有脱稿的即兴表述；等等。如何对这些不同的表现形式进行科学管理呢？第一，通过讨论教学要求规范讨论表述形式。是否允许带稿子发言，是否限制一字不差地对着稿子读，如果有学生现场用手机搜索近似文案，应付式发言怎么管理，等等。这些能够想象到的情况都应该在教学中做出具体要求，如果不能认真对待这些细小环节，就可能给教学带来严重影响。针对这些问题，在小班讨论教学设计阶段就需要根据教学要求用书面形式告知参与讨论教学的学生发言时的要求与形式，如果不遵守课堂教学规定，就会影响学生该项学习成绩。当然，规定是死的，人是活的。在真实的讨论教学课堂中，学生即兴发言时往往会忽略话语形式的要求，不能脱稿，或兴奋时刻容易出现偏差，等等。这就需要辅导教师在现场不断重申教学要求，以便让学生的发言形式回到符合规定的框架内。

其次，主体话语的内容管理。小班讨论教学的内容是小班讨论教学的重要载体，这个载体是否能够准确地把讨论主题渲染出来，能否把讨论大纲的脉络勾画成型，载体本身就很重要，因此，主体话语的内容就需要科学管理，充分体现载体的媒介作用。第一，科学规划内容的层次感。小班讨论教学的内容不仅是讨论现场，还包括课前的教学设计、教学准备、课后讨论总结及评价反馈。因此，在规划小班讨论时，要以课前、课中、课后三个时间段为单元，科学规划主体话语的内容。研究中，我们发现有些小班讨论教学没有针对这方面的要求，课前准备阶段的教学设计出现较大篇幅的口语表述；而在讨论现场，学生在陈述自己的观点时又出现大段地照读文稿，用书面化的正规语言；等等。针对出现的这些对讨论教学语言要求的误解或曲解，一定要科学地规划主体语言的内容，该使用书面表述时一定用书面用语，用口语表达时要强调短句、方言的表述。在实践中，有观点指出，小班讨论教学要有充分的深度并提出建议，认为参与讨论的学生应用演讲的方式表达自己的观点。其实这是对讨论教学的误解，讨论不是为了追求现场效果，而是为了明辨事理。如果学生舍弃熟悉的口语表述，却把自己的观点隐藏在长句子里，使用晦涩的表述，生搬西式化的表述习惯，大概率出现相反的效果。第二，强调表述内容的辩证性。讨论课教学的精髓在于讨论，讨论的目的不是判断谁对谁错，不要说讨论一个学时，就是讨论一天或更长的时间都未必分得出对错。明辨是非不等于简单化、脸谱化的对错好坏，而是要通过讨论发现是中有非，非中有是，是非可以转换，什么条件下转换，朝着什么方向转换，等等。那种简单化、脸谱化的判断不但不利于显示内容的辩证性，还非常容易使讨论失去辩证性。如何增强主体话语内容的辩证性呢？这就需要在教学设计时注重贯彻马克思主义哲学的辩证法理论,把辩证的思维体现在内容表述方面,无论是选题还是讨论大纲,都要富有辩证性,而不是单纯地抛出一个结论等待学生填空,完成填空问题只需要记忆就能满足,显然小班讨论教学想要提高的绝不是记忆能力,而是培养学生发现问题、分析问题、解决问题的能力。第三,强调表述内容的真实性。小班讨论教学的一个重要特征是真实性,思政课本身就是实践性很强的学科,理论联系实际一直是思政课的教学要求,小班讨论课更是要严格贯彻理论联系实际。因此,真实性就必须体现在主体话语的内容之中,讨论教学不能围绕一个虚假的问题讨论,也不能就一个伪命题玩文字游戏。在教学设计阶段,选题要求真实,符合现实生活,最好是当前具有教育意义的热点问题;在讨论现场,通过讨论能够让学生在课堂再现生活场景,有强烈的代入感,在某种程度上,真实性是能够说服学生的有力武器,是树立学生信仰的重要支撑。揭示真相有时难免会遇到一些不便在课堂上表述的因素,辅导教师要科学地引导学生辩证地看待问题的正反两个方面,不能因为强调真实性而否定辩证性,而是利用真实的案例充分应用辩证法剖析问题,解决问题。

最后,主体话语的逻辑管理。不论讨论教学主体是学生还是教师,在表述时一定要符合逻辑,逻辑混乱、没有章法的漫谈是不符合讨论教学要求的。大学的学生讨论,要具备基本的学术性、学理化,因此,在主体话语的逻辑方面,需要从以下几个方面加强:第一,历史逻辑。世界是发展的,任何事物都不是从来就有的,总有一个发生发展的过程。在设计讨论选题时,要强调发展的观点,用历史逻辑科学规划选题的设计;在实际讨论过程中,参与讨论的学生要具备历史的视角,强调梳理问题发展史,问题解决历程;等等。历史是结论的支撑,没有历史基础,结论就会显得苍白无力,因为论从史出。所以实践中,在讨论发言时讲清楚所论问题的来龙去脉是基本要求。第二,实践逻辑。实践是检验真理的唯一标准,所讨论的问题是否具有真理性且具有讨论的价值呢?这就需要从实践中寻找答案:所论问题从何而来、人们在实践中是如何解决这类问题的,不能空谈问题,更不能满篇大话空话套话,要从人们的实践经验中总结经验教训,找到解决问题的办法和措施。在具体讨论教学中,遵从实践逻辑是主体话语管理的一个难点,特别是在现场教学环节,明明是一个实践性很强的选题,但论着论着要么滑入就事论事的怪圈、要么出现空喊口号的现象。出现这种情况的主要原因就是主体缺乏对所论问题的实践参与,这就需要辅导教师深入研究选题的实践性,他山之石可以攻玉，自己缺乏实践性，不等于其他人没有实践性，通过分析研究他人的实践经验，特别是复盘别人精彩的实践故事，来升华提炼理论的表述。第三，思维逻辑。在这里，思维逻辑主要是指理论思维逻辑，为什么不直接使用理论逻辑呢？原因在于现场教学过程中，学生使用的口语化表述距离理论阐述的真理还有不小的距离，如果一直强调学生遵守理论逻辑，无形之中容易给学生误导，造成讨论中的学生大量使用理论表述，进而失去讨论的鲜活情节，失去从讨论中总结理论的原始程序，变成了用理论谈理论的应付。思维逻辑一般是指逻辑思维能力，逻辑思维能力是指正确、合理思考的能力，即对事物进行观察、比较、分析、综合、抽象、概括、判断、推理的能力。在讨论教学中，强调思维逻辑就是培养学生思维逻辑能力的开始，但是必须认识到这样一点，讨论的结论不是通过思维逻辑推演出来的，而是在实践基础上通过思维逻辑得以明确地表述和说明，因为任何结论都是从实践得出的。

第三节　社会先进典型主体

在讨论教学中，还会出现另外一种主体，这就是社会先进典型。有观点把代表人物划入讨论内容，是学习研究的对象，属于客体，不是主体。笔者认为，当人物作为讨论选题时，人物既具有客观性，也具有主观性。特别是现实生活中的优秀代表人物走进讨论教学课堂，他们既是学习的对象，同时也会引导学生如何进行学习。基于这样的认识，本节从讨论教学主体的角度把代表人物的主体性专门提炼出来研究，这就拉开了人物的丰满度和鲜活感的张力，避免单纯地从客观角度学习代表人物带来的空洞和苍白。在实际教学环节，这种尝试具有复刻、代入、重现、直接接触等情景，具有现场的感染力和冲击力，颇受学生喜欢。有观点认为，具有教学主体性的只能是现实具有生命的个体，已经离世的人物不具有主体性。这种观点初看貌似合理，其实经不起推敲，主体性不等于主体，不能把主体与主体性混为一谈。另外，不能把教学主体简单地等同于活着的自然人，教学主体包括自然人在内主导教学的人或类人体。什么是类人体呢？比如当前正在兴起的 AI 技术虚拟人，或者已经离世的人生前讲课的影像资料，等等。以此类推，那些沉寂在经典中的名家大师在这个意义上讲也可能称作教学主体。下面我们将分门别类研究这一主体。

一、杰出人物

在讨论教学课堂，经常见到将杰出人物作为讨论内容。在这种常规的教学设计中，杰出人物是学习的对象，总是被动的，特别是历史杰出人物，由于年代久远，人们学习他们的事迹和精神，只有从文献中学习。如何在小班讨论教学中使杰出人物发挥主体性呢？第一，杰出人物具体化。在教学设计阶段，充分研究杰出人物的全部资料，把此类人物的精神精华通过浓缩聚焦，形成具有代表性的表述，代表性表述要精炼，多角度，容易复刻，能够借助现代技术手段形象化。杰出人物的选取要具有正面形象，同时要用马克思主义辩证唯物主义观点分析其中存在的局限性。比如爱国主义与阶级属性的关系，但不能因为阶级局限性就否定人物的爱国主义精神，也不能因为爱国主义精神就否定阶级局限性。在具体化过程中，坚持以主流价值观为核心，多角度展示人物丰满形象，局限性尽量少参与，把局限性放在讨论环节分析，这样就避免分裂人物形象，也避免出现理解歧义。第二，历史人物现实化。中华优秀传统文化是中华民族的精神体现，而其中的历史人物更是像璀璨的群星一样，如何在思政课小班讨论教学中把杰出的历史人物复刻在思政课堂，融化在学生的血液中，沉淀在学生的脑海中，进而实现把马克思主义基本原理同具体实际相结合，同中华优秀传统文化相结合。根据现实需要，历史人物的选取正反皆可，正面人物的光辉需要发扬，选取正面历史人物时，要聚焦人物的历史事迹，提炼民族精神的精华，可以是爱国主义，也可以是科学精神、创新精神等；反面角色的劣迹更需要批判，相比较发扬正能量，批判负能量的讨论似乎更容易一些，在实际讨论教学中有一种观点需要注意，那就是"把反面人物的负面形象过多地归因于个人因素"。批判不等于谩骂，虽然谩骂在一定形式上可以表现批判。科学地分析历史人物，历史唯物主义是基础，要看到历史人物的局限性，阶级局限和生产力发展水平的限制，都是历史人物当时所处的社会环境。这一点同样适用于正面人物，不能一谈到正面人物，因为他的正面形象而否定其局限性。发挥历史人物的主体性，必须回归历史现实，联系当前实际，这样的历史人物才是鲜活的，既是学生的学习内容，又启发学生如何学习。第三，政治领袖生活化。在设计小班谈论教学中，政治领袖是一个重要的参与元素，政治领袖一般都拥有高尚的人格魅力，把这种高尚的品质通过主体性唤醒学生的成长需要，而不是仅以教学客体的内容要求学生学习、模仿。在常规的学习活动中，因为政治领袖的高峰位置，学生往往因为远距离的仰视而忽视自身品质的锤炼，学习政治领袖，不但是政治要求、学习要求，更是自身修养的需要。如何在小班讨论教学中发挥政治领袖的主体性呢？本书建议通过政治领袖生活化来发挥这一主体性。首先，要从政治领袖生活中的小事情切入，以小见大。小事情可以是政治领袖挥斥方遒的一个环节，也可以是领袖成长经历中的片段。讨论教学中，要把这类环节或片段还原为生活中能够发生的情景，严禁出现理想化的偏差，政治领袖是伟人，但不是神，伟人生活在人民之中，总带有人民熟悉的生活方式和特征。其次，在提炼领袖人物生活事例时，要充分考虑事件发生时期的时代背景，不能用今天的生活方式或工作环境要求前人做出只有今人才能做出的成就。发挥政治领袖的主体性与讨论教学的代入感并不矛盾，代入感不是把前人带入今天的生活，而是把学生带入前人生活的氛围，虽然是设计的一个教学环节，强烈的代入感更能体现政治领袖人物发挥教学主体性的立体画面。最后，在选取政治领袖人物作为讨论教学载体发挥教学主体性时，要充分联系马克思主义基本原理，用马克思主义辩证分析方法、历史分析方法，从辩证的角度、历史的视角科学地评判他们，不能因为一个方面而否定另一个方面，也不能因为一点而否定全部。在中外历史上，为人类社会发展做出重大贡献的政治领袖人物群星灿烂，每一位明星般人物都有自己的成长背景，绝不可以简单地从文献中照搬照抄现有的结论，特别是阶级社会中涌现的大量领袖人物，他们不可避免地带有阶级的烙印，选取这类领袖人物时要用阶级分析法，看到他们的历史进步性，也要看到他们的阶级局限性。

二、时代先锋

教学人员并不仅限于学校教师，广泛地说，只要在课堂上给学生授课的教学人员都具有教学主体性。随着技术的进步，走上讲台的除了在职专任教师，还有现实生活中各类优秀人物为代表的时代先锋。

第一类是时代先锋人物。时代先锋人物就是以中央电视台等影视媒体为代表发布的年度感动中国人物。感动中国人物评选无论是全国范围内还是地方举办的活动，都会引起社会的高度关注，感动人物一般是社会的楷模，思政课小班讨论教学应该把注意力关注到这类活动，这是小班讨论教学理论紧密结合实际的一个重要举措，也是把社会先锋人物的感人事迹及时融入课堂教学的改革环节，活生生的教学材料更具有说服力、感染力和激发力。

感动中国人物带来的积极影响主要体现在以下几个方面：一是弘扬正能量。通过公开评选和展示一些值得崇敬和学习的典型人物，向社会传递积极向上的价值观和人生态度，激励更多的人以他们为榜样，传递正能量。二是引领道德风尚。在当今社会，伦理道德和价值观的快速演变中，感动中国人物活动是一个推动社会道德建设的手段。通过表彰那些崇高的品质和行为，传递正确的价值观，引导社会追求道德规范和良好的行为。三是促进社会发展。活动所表彰的人物通常是在创新、公益、扶贫等领域作出杰出贡献的人们。通过关注和宣传他们的事迹，能够激发社会的创新思维和社会责任感，推动社会进步和发展。四是提升社会凝聚力。感动中国人物活动能够凝聚社会共识和情感，让人们在赞美他人的同时感受社会的温暖和团结。通过这样的活动，能够加强社会成员之间的联系，增进社会团结与认同。把时代先锋人物引入课堂只是第一步，接下来的关键是如何发挥时代先锋人物的教学主体性。把现实生活中的真人请到教室不是不可能，只是不具有操作的普遍性。影视作品虽然栩栩如生，但是与现实的直接交流和互动还有很大的差异。在激发教学主体性认识方面，有观点主张采用类似镜像原理的方法，虽然影视作品的人物形象是客观的材料，但是他们的教学主体性可以从学生的现场反映来评判，用学生的主体性反映授课人物的主体性。这类观点有一定的可取之处，学生所讨论即之所得。但是这里存在三个问题，一是学生的主体性是否能够完全阐释时代先锋人物的主体性？二是学生的认知主体性之间是存在差异的，怎么处理这样的差异？三是学生的认知主体是发展变化的，如果把学生的反映当作固定不变的、静止的，那就不是学生的主体性，而变成了被动的受体性。这些问题如何解决？目前本研究还没有取得成熟的操作方法，期待在思政课小班讨论教学中继续探索研究，同时也希望广大同行在这方面给予深切指导。

第二类是道德楷模。中华民族是一个非常重视道德修养的民族，自古以来中国人民就非常尊重和推崇道德高尚的人，主张向有道德修为的人学习，全国各地每年都会涌现很多道德楷模。在中华优秀传统文化中，这类关于道德楷模的经典表述随处可见。道德楷模是道德上仿效的榜样，是某种道德理想的集中体现。楷模总是有爱有恨的血肉之躯，生活在特定历史条件下，不可避免地带有时代的烙印。但是，人们从楷模身上感受到的不是这种局限，而是他们特有的感召力和吸引力。这种超越时空的辐射力，体现着道德楷模价值的恒定性。这就是为什么以前的道德楷模，时至今日仍具有无穷的魅力，始终为人们所追忆和怀念；而当代的道德楷模，更是时时受到人们的尊重和敬仰。此时，道德楷模已不再作为独立个体，而是一种文化的象征，一种先进道德文化的凝聚者和传承者。尽管道德是历史的、具体的，但是在中华民族的传承中，总有一些道德品质历尽岁月的沧桑，经过年代的洗礼，越发表现出黄金般的品质，为历代中国人民所学习、所尊重、所传承。思政课小班讨论教学要及时采纳这些新鲜的教学材料，用新时代的新道德楷模打造学生的道德品质，通过学生的切身讨论，把道德楷模的崇高品质渲染在教学活动中，用高尚的道德要求塑造学生的学习主体性。

第三类是网络先进人物。近年来，随着互联网技术的突飞猛进，短视频交互平台的成熟，除了传统媒体的关注和推送精英人物，更多的是民间涌现的先进人物。如何在思政小班讨论课堂导入这类群体激发学生的学习热情呢？有观点认为，相对于传统媒体推送先进人物的严谨性，民间自媒体的自发涌现则具有更多的随意性，人物形象的塑造缺乏稳定性，不宜把此类人物作为教学内容搬上课堂，特别是在演绎这类角色的主动性方面更不合时宜。这类担心并不是没有道理的，相反，现实中这类观点的支持者较多，因为网络人设的打造带有较多的粉饰，掩盖的手段不单是美颜相机，还有剧本的美化。网络上已经有一个又一个伪装的正能量形象被揭发。进一步研究发现，这些人为什么要通过伪装伪造这样的形象呢？就像伪造假钞一样，因为人们对真钞是信任的，同样，人们对具有正能量的形象是尊重的，是向往的。伪造的先进人物也是先进的一种表现，虽然是假象，但是假象也表现本质，人民向往真善美是不变的。更何况，有假象就有真相，通过网络自媒体，我们发现很多具有高尚品质的平凡人，他们在网上，更在生活之中，我们让这些具有先进品质的平凡人走进思政课堂，他们更容易激发学生的共情认识，更能体现教学的主体性。当然，在实际的教学设计中，我们一定要运用辩证思维方法，角色选用要慎重，不能网络上谁火选谁，不能随波逐流，也不能主观臆断。在自媒体选择上，首先主张以官方媒体客户端为主，中央级别的，影响力大的传统媒体为主要参考，地方媒体也是列入值得信任名单的；其次是具有影响力的个人自媒体，以知名学者、主持人为主，即便如此，也要考虑个人的偏好和立场；最后是网络达人的主导，在参考网络达人的作品时，一定要有数个以上的个人相互佐证才能选用，禁忌没有共识的个人单独观点。在时间选择上，做好选择具有一定热度，但又不能是刚热的人物题材，一定要经过时间的检验，哪怕是最短的检验时间，很多伪造题材会在短时间内被揭穿。在课堂教学中采用的材料，一定要经得起推敲，经得起检验，不能浮躁，更不能肤浅。

第四类是行业领军人物。社会生活本质上是实践的，而物质生产实践是最基本的人类实践活动，社会也是建立在生产基础上的，因此促进人类社会巨大进步的生产领域各行各业的领军人物更容易受到社会的关注。特别是代表先进生产力发展趋势的生产领域的行业领军人物，一直是社会高度关注和崇尚的目标。随着中华民族伟大复兴中国梦的即将实现，代表中国生产硬实力的企业家们成为国人的脊梁。纵观当前社会价值的关注走向，非常有必要把当前的行业领军人物导入课堂教学，通过讨论的形式积极引导学生关注国家发展的整体趋势，在这一趋势中科学分析产业对国家发展的促进作用。如何利用行业领军人物的社会主动性培育学生正确的人生观和价值观？把社会主动性转变为教学主动性呢？首先是人物筛选。在当前的科技洪流中，各种号称科技领军人物的比比皆是，但是真正的科技巨匠凤毛麟角。有些商业巨子并不是真正意义上的民族企业家，而真正的民族企业家低调地躲在繁重的工作背后，他们没有华丽的包装，也没有唬人的噱头。实践和时间都证明，中华民族是智慧的民族，中国人民是聪明的人民，时间的潮水浪涛推出的伪精英被拍在岸边的礁石上，那些打着互联网科技旗号其实没有一点科技含量的企业及其代表人物，终将在真正科技力量的碾压下化为乌有。其次是资本考量。科技是无国界的，但科技总是服务一定国家的；科技没有阶级属性，但推动科技的资本总是有阶级属性的。有为人民服务的社会资本，有为金融资本家盈利的私人资本。在改革开放过程中，我们允许私人资本进入部分领域，在这些领域，私人资本运转得也相当良好，涌现了一些成功的企业家，有一些企业家的影响力还很大。如何正确引导学生看待这些人呢？我们不能简单地因为这些人背后的资本属性就轻易否定他们的社会价值导向，但是也不能因为这部分人的成功而忘记支持他们的资本来源。我们允许私人进入某些领域是为了促进生产力的发展，而不是为了迎合资本的价值观念，特别是资本附带的社会价值观念，这一点辅导学生讨论的教师要务必注意，不能出现低级的错误。最后是民生评价。这里的民生包括社会效益和生态利益。在改革开放过程中，部分外资或私人企业抓住中国快速发展的机遇，取得了良好的经济效益，塑造了行业标兵的形象，同时这类企业的掌门人也赢得了社会声誉，在自媒体的欢呼声中被打造成企业明星，甚至很多不明就里的青年学生把他们当作偶像来崇拜。如果思政课小班讨论不及时关注这类问题并加以正确的价值观引导，就是思政课教学的缺位。一家成功的企业除了经济利益，还要有承担社会效益的责任，更要承担起价值教育的使命。在国家与民族的危难时刻，有些企业和企业家是经不起考验的，特别是那些有外资背景的企业，没有为国家和民族的灾难捐款捐物，当然，任何个人和单位的捐助都是自愿的，不能强人所难。既然是自愿的，这些企业或企业家就不能要求民众对他们有过高的评价，因为评价也是自愿的。在小班讨论教学中，我们一定要科学分析这类角色的复杂性，不能因为他们带有的某些光环而忽视他们光环背后的龌龊。

三、本地先进

先进人物既有全国范围的，也有各具特色的本地人士。相对于影视媒体上的形象，与本地先进人物的零距离接触，画面感更强，印象更为深刻，影响更为深远。在小班讨论教学实践中，充分发掘本地先进典型人物，是丰富小班讨论教学内容的主要途径，也是发挥教学主体性的关键。特别是新乡先进群体的涌现，使得这种教学探索更具有可行性。一个国家需要有自己的民族精神，一个城市同样需要有自己的城市精神。近年来，新乡涌现出先进群体。从 20 世纪 50 年代带领群众共同致富的刘庄党支部书记史来贺，到为改变贫困面貌而奋斗大半辈子的吴金印，从毅然放弃都市生活机会而坚守乡村的刘志华，到改革开放以后不断涌现出的裴春亮等一大批先进模范人物，新乡先进群体历史久、层次广、人数多、影响大、基础牢，老一辈先进事迹历久弥新，青年一代典型人物层出不穷，可谓群星璀璨，熠熠生辉。他们是共产党员，大多来自农村，扎根基层，奉献群众，带领一方百姓共同致富，书写了幸福生活的新篇章。他们是先进群体，也是一面面旗帜，更是一个个标杆，始终鼓舞激励着广大党员干部。他们更是一面面镜子，成为新乡乃至河南省、全国广大党员干部践行群众路线、密切联系群众的生动教材。这类先进性人物全国都普遍存在，他们的精神共同组成了共产党的精神谱系。按照他们工作学习的单位，研究中，我们初步把本地先进人物分为基层干部、普通先进党员、校园的普通学生等。

第一类是基层干部。在中国，基层干部是与群众密切接触的群体，他们的素质是否过硬是由群众直接评判的，有句俗话说，群众的眼睛是雪亮的，在无数双雪亮眼睛的审视下，基层干部的任何一个缺点都会被关注、被聚焦、被无限放大。因此，基层干部的口碑是靠硬本领树立起来的，确切地说，是真干出来的，没有半点虚假和人为打造的痕迹。如何把基层干部和高校思政课小班讨论结合起来呢？研究中，我们发现部分思政教育已经开始关注此类问题，比如央视科教频道《高校思政拓展课堂》带你走近先进人物，感受榜样力量；先进人物进校园活动在"大思政课"中的应用；等等。对这些已有的研究仔细梳理，会发现，这些初步的成果大多围绕结合的意义展开讨论，至于如何结合没有进行可行性的细化和推演，即使有一些文章涉及结合的方法与途径，也缺乏实践的支撑。比如，有文章指出，应该把本地先进人物请进课堂，或者鼓励学生走到基层干部的工作环境亲身体验。这种初步的探讨是可贵的，为实践中推进思政课教学改革有较大益处，但是如何把基层干部请进课堂，如何鼓励学生走出去，缺乏现实的可操作性。根据小班讨论课的实际进展和实践经验总结，本书认为，要实现本地基层先进干部和思政课小班讨论教学相结合，激发出先进干部的教育主体性和塑造学生成长的主体性，必须从以下方面着手：一方面，根据教材进度和学习重点，科学选取基层先进干部的素材，切忌为了突出本地先进人物，机械地套进小班讨论课堂。比如在学习基层治理，村民自治或基层党建等内容时，不失时机地，巧妙地把教材内容与当地的人物结合起来。也就是说，根据教学需要结合本地基层先进干部，不是为了结合而结合。另一方面，在结合的具体方式方面，请进来和走出去只是大多数从教者最初轮廓般的设想，在这类设想中，怎么请，怎么走？时间怎么安排？交通怎么解决？产生的费用如何处理？最关键的问题是，无论是请进来还是走出去，作为课堂教学，是否具有普适性？在教学实践中，我们初步探索出请进来与走出去相结合，代表性与普适性相结合的具有可操作性的方案。先说请进来与走出去相结合，请进来与走出去并不是完全不能交融的两个独立环节，而是可以交互融合的。基层干部不会 24 小时专门接待学生，为教学服务，学生的课堂也有事先制定的课程表。不是什么时候想请进来就请进来，什么时候想走出去就走出去，这些受时间的限制和约束。只有经过实践操作，才能体会到组织一个活动的艰难和所费的周折，因为需要综合所有活动参与者的时间安排。在实践中，适合请进来的时候请进来，适合走出去的时候走出去。无论是请进来还是走出去，都不具有普适性，要达到普适性的目的，就需要和代表性结合起来，把基层先进干部请进来也不能面对所有学生，更不用说进入讨论环节，走出去也只是一小部分学生代表走出去。因此，结合具体环节，要及时做好影音资料，再把影音资料拓展至小班讨论教学课堂。由于视频中参与的学生都是周围的学生，讨论教学中学生亲临感和体验感就会非常充分。

第二类是普通先进党员。普通先进党员与小班讨论教学结合和基层先进干部的结合大体相同，操作起来更加容易一些，原因是相比基层干部，普通党员的事务性工作相对来说少一些，他们的工作单位大多支持他们外出交流。在讨论教学实践中，把普通先进党员与小班讨论教学相结合，除了与基层先进干部的相同操作以外，需要注意以下几点：第一，普通先进党员的口头表达能力相对于基层干部来讲，稍微弱一些，特别是一些不经常面对媒体或公众讲话的同志，与学生的交流会存在一些障碍。我们曾经去过一个知名培训基地，基地在培训期间，为了增加学员的感受，把当地的一个参加过历史上著名工程事件的老人邀请到培训现场，老人用亲身经历讲述了当时的情景，讲到动情处，潸然泪下，但遗憾的是他的方言我们基本听不懂。第二，普通党员的事迹简单，没有跌宕起伏的故事，相对于基层干部来说，普通党员的事迹就是工作中平凡的小事，缺乏凝练的题材，只是在平凡中做到优秀。学生们在面对这些所谓的琐事时，难免会有惯性疲劳感。第三，建议在选取普通先进党员与小班讨论结合时，要更注重学生的主体性，用普通党员的实际工作日常唤醒学生的主体性，普通的螺丝钉不是随随便便的螺丝钉，也不是简单应付的螺丝钉，不同规格的螺丝钉要用在不同的地方，即便是普通的工作，也要结合工作实际，用心思考具体工作环节和环境的异同。

第三类是校园的优秀学生。每年校园里都会涌现一些感人的学生楷模，有的是外省学校发生事情经过网络媒体的传播为大家所认识，有的就发生在身边。这些学生之所以能够脱颖而出，基本上具有某一方面的优秀品质，有的是艰苦奋斗，有的是助人为乐，有的是身残志坚，有的是见义勇为，等等。之所以把这些学生纳入小班讨论教学的主体性范围，是因为他们来自学生群众，具有大众学生相同的社会成长环境、学校学习经历，更能够与学生产生共鸣，更容易与学生产生心灵的互动，同辈的榜样激发更容易。在实践中如何实现把校园的优秀学生和思政课小班讨论教学结合起来呢？第一，选取的模范学生一定是经过官方媒体确认和推送的。这是一个严肃的问题，在自媒体文化繁荣的今天，任何一个人都可以借助平台推送想推送的主题，甚至一部分自媒体的流量影响超过官方的媒体。流量大不等于严谨性高，为博取高流量的人设打造比比皆是，学校里学生博主造假的概率小一些，但是不等于没有造假的可能。第二，坚持用辩证的方法分析学习对象的优秀品质。人无完人，学生毕竟是学生，某一部分优秀不等于全部品质都优秀，助人为乐的学生、见义勇为的学生不一定学习也同样优秀。在一般人的心理认识方面，存在用非优秀部分抵消优秀部分的偏好。在理论上，这种认识是片面的；在实践中，这种认识会导致非常危险的结果。仆人眼中无英雄，越是身边的学生模范就越容易导致这种错误的观点出现。第三，把优秀学生的特殊品质提炼和升华为一般优点。这就是处理一般与特殊、共性与个性的关系问题。如果不能把特有的优秀品质升华为普通人都可以拥有的一般优点，这种教育的探索无疑是失败的。学都学不来的东西根本就不具有可学性，高高在上和遥不可及与科学教育是相违背的，小班讨论的优势就是把书本上的抽象理论变成触手可及的现实，更何况是从现实到现实的学习模范，更不应该人为拉大距离。

四、没有走进课堂的角色

网络现状对思政课教学的挑战。思政课小班讨论课的特点是讨论，讨论课结束了，讨论不会结束；思政课结束了，培育人思想道德修养的任务并没有终结。在课下，学生不会不讨论社会现象，学生也不会只关注讨论课堂上的学习内容，生活的实践告诉我们，还有很多社会人物进入学生的讨论话题，思维世界。这些没有在课堂出现的角色，有正面形象的，有负面形象的，还有功过各半的，甚至青年学生更多的话题是网络名人琐事。因此，树立正确的人物观，科学认识名人、网络达人等社会现象是思政课教师不能绕过的话题，任何无视、忽视、轻视这个话题的都是不负责任的行为。网络是成就英雄的世界，也是鱼龙混杂的空间。现实是明天的历史，历史是昨天的现实。历史比现实更具理性的是，历史是经过时间检验的现实，而现实是有待于检验的历史。历史提供给我们的不一定全是真相，但是现实展示给我们的一定有假象，甚至不少，特别是在网络时代，有些假象比真相还要受人追捧，真相被埋没，假象却大行其道。实践是检验真理的唯一标准，时间是检验真理的试金石，如何在网络时代辨清真伪是青年一代的责任，也是他们急需培养的能力，青年学生不会自动获得这种能力，能力的培养离不开教师的指导，虽然这项能力的培养大多是在课堂之外，教师有责任把课堂之内的影响拓展至课堂之外。授人以鱼不如授人以渔，当学生能够分辨真伪时，能够去伪存真时，现实就会褪去假象的外衣，成为真实的历史，至于还有未褪去的假象，那是留给历史学家和考古学家的任务。

科学地看待网络的功能与作用。网络是现实社会生活的一种反映，生活中有正反、对错、黑白及是非，那么泥沙俱下的网络时代是社会发展的必然。不知道为什么，人们能够容忍生活中的是是非非，却对网络抱有一股清流的偏见。网络就是生活，生活就是网络。那种生活是生活，网络是网络的观念是简单化的肤浅认识。科学地讲，对生活什么态度，对网络就应该也是什么态度。现实生活中，有人把生活过得一塌糊涂，转身期望在网络上过得风轻云淡，那只不过是主观的臆想，网络不是世外桃源，不存在怡然自得的"躺平""躺赢"状态，如果用"躺"的观念和方式处理网络问题，结果只有一个，那就是"躺输"，最后不但不能躺赢，连"躺平"都难以实现，只会躺得很难堪、很痛苦，躺得辗转反侧。还有人在生活中迫于各种压力和社会法律和道德规则伪装得很好，也很辛苦，把网络的虚拟化当作合法化，生活中的各种不满在网络肆意宣泄，网络不是法外之地，天网恢恢疏而不漏，法网更不会在另一网面前失效，如何引导青年学生科学地看待网络，使用网络是思政课教育的一个重要任务。只有把这个任务做好了，才会辩证地看待和分析网络人物的出现和影响。

如何充分发挥马克思主义意识形态网络背景下的统领作用？在有思想的地方，马克思主义意识形态一定要发挥作用，如果马克思主义意识形态不去占领，其他的意识形态就会乘虚而入。塑造学生的思想观念，绝非短短的几十分钟课堂所能解决的，也绝非课堂之外再也没有教育的责任。首先，思政课教师要重视马克思主义意识形态的教育功能。马克思主义是科学，是关于自然、社会、人类思维最一般规律的科学。只要是人类生存的地方，都受马克思主义的基本原理的支配。有人借口在资本主义国家，马克思主义不是占统治地位的意识形态，就否认马克思主义的真理性。政治立场不等于真理立场，在人类社会的科学发展史上，暂时正确的政治立场不止一次地打压过真理的正确，资本主义社会反对马克思主义不是马克思主义不正确，而是马克思主义太正确，马克思主义正确地解释了资本主义必然灭亡的最终结果，资本主义反对马克思主义是害怕马克思主义。马克思主义本身就是在批判资本主义社会中产生的，它首先是解释资本主义社会的真理，接着才是改造资本主义社会的真理，最后才是社会主义社会发展的真理。有人借口资本主义国家离开马克思主义的意识形态指导，照样在科技领域取得一定成就，这个问题怎么解释呢？在科技领域，真理是没有国界的，虽然没有马克思主义的政治指导，但是这个科技成就遵循的原理并没有与马克思主义的自然观相违背，与马克思主义揭示的人类思维科学也不矛盾。我们不能武断地夸大马克思主义意识形态的功能，否则我们又会犯我们曾经犯过的错误。历史已经证明，盲目地变更生产关系不会促进生产力的发展，过分地强调意识形态的功能作用也不会促进科技的发展，但是科技发展必须遵循马克思主义思维辩证方法。在教育领域，意识形态的教育和指导作用不容置疑。从校园的微观来看，马克思主义不仅是课堂上讲授的知识、讨论的内容，更是生活中指导人们追求幸福的真理。理论上认识马克思主义意识形态在社会中存在范围的广泛性是一回事，实践中把这种广泛性落实到学生的校园生活是另一回事。其次，学校要塑造马克思主义意识形态统领的校园文化氛围。思政课堂是传播马克思主义的主阵地，但不是学校落实马克思主义意识形态的唯一阵地。除了教学一线，学生工作和宣传工作及社团工作等也是进行马克思主义意识形态教育的主要阵地。第一，学生工作是进行马克思主义意识形态教育的重要环节。相对于思政课堂的理论教育和研讨，学生工作更注重于学生的思想实际，如何科学地立足于学生的思想实际，提高学生的思想认识，使思想认识更加符合马克思主义的要求，更具有科学性，是当前学生工作的重点。简单来看，如果说思政课是学习马克思主义，那么学生工作就是在运用马克思主义。虽然思政课小班讨论和实践课也要求学生运用马克思主义，从一定意义上讲，这种用就像实验课上实验一样，是学着用，模仿着用。学和用不是同一个层次的要求，学到了不一定会用，但是会用就要懂。这就对学生工作队伍提出了更高的理论要求，研究发现，大部分学校有思政课教师承担学生班主任工作的要求，从一个侧面也能反映出学生工作对马克思主义理论的认真对待和渴望。第二，宣传工作对马克思主义意识形态教育的推进。在传播途径方面，学校的宣传工作随着网络技术的发展，已经形成了新的宣传优势，从传统的校报、广播站为主，已经转换到网站、微信公众号和短视频平台为主的立体化宣传氛围；在宣传内容方面，主流媒体主要内容的转载转发转播是基础，在马克思主义意识形态指导下科学制作适合校园传播的题材会赢得更多学生的关注；在宣传效果反馈方面，新媒介的运用更能及时得到学生的参与和关注，与常规的单向宣传进化为双向互动的宣传与反馈并存。第三，学生社团工作对马克思主义意识形态工作的推进。学生社团是承载校园文化的主要载体，也是展现学生精神面貌、思想状况的主要途径。判断校园文化是否统领于马克思主义意识形态，从学生社团活动就可以做出大致的评判。学生社团活动不是自由活动，学生自主举办也不是学生想怎么办就怎么办。活动要有主题，表达主题要有科学的方式。近年来，网络上关于"毒教材"的批评是社会关注的热点，热搜中校园频发的涉日现象不免让人担心意识形态的教育任重道远。加强马克思主义意识形态对学生社团的指导地位不容松懈，用马克思主义意识形态武装学生的思想一直是紧迫的政治任务。

在网络时代科学认识网红现象。如何认识网红，高校学者发表了很多学术论文，这些论文对待网红的观点有肯定的，有否定的，还有持辩证观点的。我们先搞清楚什么是网红？所谓网红，狭义地讲就是流量高的平台主播，广泛地说，就是借助网络迅速扩大知名度的普通人。原有的知名人物把已有的焦点效应移植到网络上，不算是网红。随着短视频平台及直播平台的兴起，大多数娱乐明星纷纷转场，入驻短视频平台或直播平台，有的名人魅力永存，借助网络平台继续保持较高人气；有的名人显然底蕴不足，失去签约公司的包装，那点黔驴技穷的才艺显然不能满足网民的娱乐需求，掉粉是必须的，见光死也是大势所趋。所以说名人不等于网红，网络可以成就，也可以封杀传统名人。网络是真公平，真的好就是好，真的坏一定不会好。普通人成为网红，从主观上来说有两种，一种是精心打造人设，刻意博流量，以成为多数人关注为目标，最终达到某些目的，或出名（才艺取胜）或盈利（直播带货），出名的最终还是盈利。另一种是不经意间成为网红，在别人镜头下一个举动，一个眼神，一次出格的画面都可以让普通人成为网红。普通人成为网红，从客观上讲有三类，一类是正面形象的网红，不管是才艺还是带货，都能给人带来愉悦、娱乐；一类是负面形象的网红，这类网红大多是被动出名的，或道德存在瑕疵，或挑战公众底线，这类网红给人带来的是好奇、惊奇、惊愕，甚至恐慌和恐惧；第三类是在上述两类网红之间翻转或逆袭的。从正面向负面翻转的大多是精心打造的人设崩塌，欺骗公众，结果网红想放大的优势在流量的加持下把网红不想为人所知的缺点暴露。最终，这类人梦想的流量把他的优势和劣势都呈现在大众面前，怎么在网络上得到的，就会怎么在网络上失去，怎么靠欺骗公众得到的，就会怎么在欺骗被揭穿后失去。从这一点来说，公开的网络是公平公正的。反之亦然，有些普通人不经意间因为一个举止被网络短期迅速放大成为网红后，网民深扒之后会发现这些普通人的真实形象不但不是那个可以被定格后放大的举止所代表的品质，与之相反，这些普通人在现实生活中却是遵纪守法、道德修为极好的，网络是公平的，给出真相的同时也让这些网红逆袭，恢复原有的名誉。综上所述，网红现象是复杂的，对于具体的网红要具体分析；网红现象也是基于实践产生的，网红虽然活跃在虚拟世界，但是其本质在现实中依旧具有实践属性，既然是实践的产物，我们就能够运用马克思主义基本原理分析和解决网红问题，网红问题的解决在马克思主义范围之内，而没有超出马克思主义的范围。

青年学生如何看待网红现象。网红是客观存在的，不管网红出名的动机是主动还是被动的，网红都不可避免地出现在我们的生活之中，那么，如何看待网红现象呢？特别是青年学生如何处理网红带来的价值观影响呢？第一，坚持马克思主义意识形态指导。网络世界复杂繁乱，接触网络就要分清是非明辨黑白，知道了网红就会受网红影响，是好的影响还是坏的影响，作为教育者都必须预测到、观察到、做好预案。不能因为网红是正能量的，就一定会对学生产生正面的影响，网红是负面的就一定会带给学生恶劣的影响。这种简单的脸谱化的思维要不得，也最容易害人。正能量网红或许带给学生的是一夜暴富的坏影响，负能量网红的道德瑕疵或许是提醒学生不能重蹈覆辙的正面影响。第二，分清虚实。网络是虚拟的，网络也是真实的。不能因为网络的虚拟性忽视网络的存在，也不能因为网络的真实性忽视生活的真实性。部分学生沉湎于网络，在网络中寻找感情的寄托，在网络中逃避现实的艰辛，甚至上当受骗，在这个过程中就有网红推波助澜的作用。在明辨网络虚实的过程中，在鉴别网红是非的过程中，青年学生不应该迷失，而应该是越来越精明，让网络成为学生成长的工具，而不是堕落的泥潭。第三，想成为网红必须努力。任何榜样都是有很大力量的，学生成为网红并不是不可以，也不是不可能。很多网红有高等教育的经历，甚至部分网红还是大学教师。网红是不是就靠一部手机，"躺平"着就可以实现的呢？显然不是，网红也是需要做很多辛苦的工作，线上的每一个短视频作品，需要经过构思、拍摄、剪辑后期制作等程序，那种简单拍一个爆款的视频就梦想成为网红是极其幼稚的，有学生被直播流量带来的高收入所吸引，幻想着一夜暴富，幻想只是幻想，从来不存在一夜暴富，即便是高流量、高收入的网红，他的暴富也不是一夜之间的，线下每一个网红都经过数年、数月的努力，最短的也是数夜的努力，那些才艺主播从小就辛苦地练习基本功，没有网络他们也是生活中的佼佼者，只不过是网络助力他们脱颖而出。即便是普通的直播主播，刚直播时也会遇到不少尴尬，直播间没有人，涨粉速度慢，同时需要极强的心理承受能力，直播间随时会有人不礼貌地扔出令人难堪的问题让主播接招。

第六章　思政课小班讨论教学主题内容设计

　　思政课小班讨论教学是一个科学的教学过程，它和常规的教学活动一样需要教学设计，其中教学内容设计是一个非常重要的环节，讨论课不是辅导讨论教师的即兴发挥，想到什么讨论什么，什么是热点讨论什么，当然，讨论教学中辅导教师即兴发挥是一项非常强的能力，课堂及时讨论热点也非常接地气。但是，即兴发挥和热点显然不是教学内容设计的重点，最多只是其中的一部分。那么如何科学地设计讨论教学主题的内容呢？设计讨论主题内容依据什么样的原则呢？确定讨论主题的范围有多大？在这一部分，笔者经过多年的实践，通过总结思政课小班讨论的经验和理论研究，大致确定了教材内容、马克思主义经典著作内容、热点问题等。

第一节　思政课小班讨论教学主题从教材内容选取

　　思政课小班讨论教学与思政课理论课教学并不是互不联系的独立课程，思政课小班讨论教学依托于理论课教学，而不是脱离理论课教学。理论授课时教师讲解有难度，学生理解容易出现歧义的部分采用小班讨论的方式开展教学，从这个意义上讲，小班讨论教学是理论讲解教学的深化和具体化。因此，小班讨论教学主题内容的选取首先来自教材，然后才是其他来源。那么，是不是所有的教材内容都可以拿来当作小班讨论的教学内容呢？从科学的角度来讲，所有的真理都可以讨论，都可以讨论不等于必须讨论，有些作为马克思主义的基本原理已经固定下来，不再具有争议空间的内容已经失去讨论教学的价值，有些内容随着时代和实践的检验也不再具有讨论的必要。这就给我们提出一个明确的要求，如何从教材中选取讨论教学的内容？

一、适合作为小班讨论的教材

为什么要把设计讨论教学内容的目光先聚焦在思政课教材呢？原因如下：第一，思政课小班讨论教学是思政课，课程性质不能变，思政课小班讨论教学不能失去教学本意，不能离开思政课的基础和方向，如果思政课小班讨论失去思政教育就没有设计的必要。研究发现，有部分思政课小班讨论过分注重讨论，忽视或轻视思政课的基本要求，这是严重的偏差，违背了思政课小班讨论教学的初衷。选取教材内容作为小班讨论教学的内容是思政课的基本要求。第二，思政课教材的权威性是思政课小班讨论教学选取教材内容作为讨论内容的关键因素。思政课教材是教材体系中变化较大的一类，实践的变化会引发理论的与时俱进，理论要跟上鲜活的实践，必须不断地通过理论创新实现新的发展。任何创新都具有不稳定性，需要接受实践的进一步检验，在理论的发展过程中，教材展示给大家的理论基本上是经过实践检验和理论论证的科学理论体系，具有极强的权威性。因此，选取教材内容作为讨论内容，歧义较小，稳定性好。第三，思政课教材内容作为讨论内容是满足学生讨论学习的最佳选择。思政课是公共基础课，面对的学生有很多种专业背景，公共课毕竟不是专业课，相对于学生专业课的扎实基础，公共课的学科性基础普遍略显薄弱，也就是说学生的马克思主义理论素养不能满足学生参加更深层次的专业性讨论，而教材内容的难易程度刚好适合学生讨论，过于深刻的话题会使学生出现为难情绪，过于浅显的讨论又给学生不严肃的体验。

教材的所有内容是否都适合进行小班讨论呢？从科学的角度来讲，教材的所有内容都可以作为讨论教学的讨论对象。从讨论教学的课程性质来讲，并不是所有的教材内容都适合作为讨论教学的对象。第一，那些属于常识性的教材知识点不适合进一步讨论，这样的内容进入讨论范围意义不大。比如马克思主义基本原理、基本立场、基本观点等不适合作为讨论内容，课堂讨论"联系和发展普遍性"之类的主题难以找到"争议"的焦点，不能激起学生讨论热情，即使把这类内容当作讨论的主题，得到的效果也会让人大失所望，学生的讨论气氛再热烈也是"假讨论"，反而把学生拖到诡辩的困境，学习不到讨论的精髓，辩论的能力也难以提升，一旦遇到值得讨论的真问题时就很容易陷入文字陷阱，把握不到需要讨论问题的实质。值得注意的是，这类不能作为讨论主题的基本知识点却是讨论课经常采用的方法和原则。讨论原则方法和讨论内容是有本质区别的，希望参与讨论教学的辅导教师要给学生讲明白这一点。那种认为设计讨论内容不能采用的知识点，也不能作为讨论方法或原则出现在课堂的观点是严重错误的。第二，有部分知识点的教材只是点到为止，并没有进一步深入展开论证，关于这类知识点的讨论在学术研究领域争论比较激烈，对于这类争议较大，暂时没有权威结论的内容不建议交给普通本科学生在公共课基础上讨论。为什么要这么慎重呢？因为有的知识点是在实践经验中刚刚总结出来的，实践中没有进一步验证，还没有形成较大影响。还有部分知识点理论上属于在新版教材中缩编的内容，也就是说，现实中这类知识点所涉及的实践内容已经由过去的热点逐渐淡出当前社会发展的重点领域，处于社会快速发展的边缘化地带。对于这类问题，不建议学生继续讨论学习。理论在创新，教材在变化，小班讨论的内容不能不变化，教学内容陈旧容易引起学生的反感和厌学情绪。总之，前沿的问题和陈旧的知识点都不适合作为思政课小班讨论教学的讨论内容。第三，讨论内容的首选是曾经通过争论产生正确结论的知识点。这部分知识点一般比较重要，而且学生理解时有难度，把这部分知识点作为讨论教学的内容，是希望通过再现历史上产生科学认识时期的分歧，在讨论中分析分歧产生的原因、背景及化解分歧的科学方法，以此加深学生对正确结论的记忆、理解和运用。比如对社会主义市场经济的正确认识，可以设计"社会主义与市场经济的关系"为讨论主题，指导学生从科学社会主义、中国特色社会主义等方面科学认识市场经济，正确理解社会主义市场经济的理论地位、实践意义等。这类讨论教学既有理论基础，又有实践历史，还有现实维度，学生参与讨论时能够有的放矢，不是空穴来风的漫天瞎扯，不但是有的放矢，而且是多角度、多方位"放矢"。第四，坚决反对脱离正确立场的讨论。有观点主张从教材找出一个知识点，这个知识点本身就是常识性的，在思政课之内不具有进一步讨论的价值，但是这种观点认为，教材之内不具有争议性，教材之外不等于没有。于是从教材之外截取一些非马克思主义的观点，来引导学生参与讨论。在研究中发现，这类课堂讨论教学非常少见，但不等于没有。一般情况整节课堂的教学活动主题不会涉及此类话题，但在讨论教学的片段内还是有所耳闻，这就值得引起我们的警惕。从意识形态的角度来讲，这已经不是讨论课的内容问题了，这是政治是否正确的立场问题。或许带领这个话题的教师并没有主观故意，只是限于知识领域的狭隘和匮乏，对某一个问题好奇所致。对于这一点，思政课小班讨论教学在设计教学内容时一定要提高警惕，严把质量关。对于讨论主题要科学设计，讨论环节从主题引发的此类问题要做好充分的预判，对于可能发生节外生枝的环节要反复推敲，决不能在思政课堂犯原则性错误和出现低级失误。

二、选取教材内容作为小班讨论内容的参考建议

教材作为思政课的理论权威，小班讨论主题的设计不能忽视或无视教材内容的选取，但是如何科学地选择教材内容作为小班讨论内容呢？教材的知识点很全面，而适合讨论的知识点是有限的，另外还要考虑社会实践发展的要求，以及对社会热点问题的回应，因此适合讨论的知识点可供选择的范围更小。如何在这个较小的范围内科学选择适宜讨论的题材呢？

第一，根据理论课教学进度在教材中选取讨论主题。小班讨论教学是思政课教学的一部分，既然是一部分就不能脱离思政课的整体，也不能与其他授课方式相脱离。这就要求小班讨论课在设计教学主题时要充分考虑课程的整体性和结构的逻辑性。本着这个要求，在根据教材内容设计讨论教学主题时，根据教学进度选取讨论内容是一个基本要求。首先，根据理论课教学进度选取知识点基于理论的科学性。学生讨论学习，不能在对知识点完全陌生的情况下开展，换句话说，讨论要有充分的准备，其中理论知识的准备是最基本的前提，如果学生对讨论的内容不是很了解，会直接影响讨论教学的质量。设计教学时充分考虑学生在讨论时间段内熟悉的基本理论知识是关键，因此根据理论课教学进度设计是比较现实的选择，也是比较科学的选择。如果学生对讨论的知识点比较陌生，在与实际相联系时就很容易遇到结合的困难，要么不能把理论知识与实践融会贯通，要么理论与实际结合得松散。造成理论是理论，实际是实际的"两张皮"现象，而且很大程度上，讨论的理论是空洞的，联系的实际是离散的。其次，教材知识点的选取要难度适中。在熟悉的知识点中，也有难度大小的区别，有些知识点不适合讨论，或者讨论的难度较大，这就要求依据教材选取讨论内容时要充分考虑知识点的难易程度。通常情况是，一次理论授课一般讲解多个知识点，而同步进行的小班讨论教学往往围绕一个知识点展开。这样选择的范围就比较大，选择的难度同样也比较大。不是所有的知识点都可以拿来讨论，也不是随便找一个知识点都可以讨论。这就需要在教学设计时，提前针对同步的知识点进行科学分类，仔细筛

选，而不是临时抱佛脚，临近讨论教学才匆忙发布讨论主题。最后，教材知识点的选取要时间适宜。讨论主题覆盖的知识点要求与理论授课内容同步，这符合学习规律也符合学生的学习习惯。如果讨论的知识与学习的期间相隔太久，会给学生一种恍如隔世的感觉，既对知识点陌生，也对讨论教学充满疑惑，会有"这是什么时候的事""教师是不是搞错了"等误解。讨论教学的目的是让学生更加透彻地理解思政课，更加喜欢思政课，而不是相反。从这一点来讲，坚决反对隔离讨论教学与理论教学的错误做法，那种认为讨论教学独立于思政课之外的观点是错误的，这种观点违背了教学改革的初衷。即便有时为了突出热点问题，也要尽量围绕同步时期的知识点来设计，决不能天马行空肆意设计热点来讨论。

第二，根据政治要求在教材中选取讨论主题。思政课是一门实践性很强的课程，及时把党的重大会议精神融入思政课程是思政课教学的一贯要求，虽然不断修订的教材会体现这一点，但是教材的编写和再版总是有一定的时间间隔，而教学要求随时随地在思政课堂体现党的重大会议精神。一般理论授课在融入最新精神时，往往因为授课教师的理论认识水平不一，融入的效果很难达到理想状态，但是小班讨论就能充分体现出这一要求。小班讨论如何实现这一点的呢？首先，小班讨论授课模式的灵活多样性决定了讨论内容的机动性。小班讨论虽然有教学设计，但小班讨论的教学设计最大的优势就是灵活，而不是像理论教学那样按部就班，这种课程特性就决定了小班讨论随时根据变化而变化，如果说变化是一个小班讨论的特点，这个特点同时也是优点。其次，就是小班讨论如何围绕重大会议精神和教材的结合问题。撇开教材单纯设计热点题材是小班讨论选材的另一个视角，设计重大会议热点要科学地结合教材的知识点来进行。党的会议精神要及时贯彻到讨论课堂。教学设计时要充分考虑党的会议精神的全面性和讨论教学课堂时间的有限性，科学选择会议精神的一小部分进行讨论。这"一小部分"怎么选取呢？选取的依据是什么呢？解读会议精神，不能囫囵吞枣，大而全是忌讳，把会议精神吃透，融会贯通是根本。一次讨论课，主题必须专注，主题可以是经济，也可以是生态，经济还可以细分，宏观经济怎么讨论，微观经济怎么讨论不能一概而论；主题必须深化，微观经济中的一个小分支就可以作为讨论的主题。选取主题时，不能随意切换，讨论教学是个很严肃的环节，不能在教学环节随意调换讨论主题。因此，在选取主题时，要结合党和国家的重大活动和学生的学习生活，不能选学生非常陌生的领域。最后，党的重大会议并不是经常召开，而是有年限的，在没有重大会议召开的教学周期，要及时地、准确地把教材结合党和国家领导人的重要讲话，根据教材内容，及时融入领导人最新的重要讲话精神。在这类讨论主题中，教材的经典阐释和领导人最新的表述会起到相得益彰的效果。在做这类选题时，要求辅导教师要时刻关注领导人的讲话，多看新闻，熟悉领导人讲话的背景和重点内容。但是有一点必须注意，尽量避免把最新（一两天之内）的重要讲话搬到课堂进行讨论教学。及时也不能太及时，因为讨论是在完全理解的基础上讨论的，如果不完全理解讨论的内容，会出现理解的偏差甚至误解。建议等到这类主题媒体宣传到位，组织开展过学习活动后再推进到讨论教学中。

第三，在教材中结合追踪热点趋势选取讨论主题。在研究文献和交流中我们发现，部分教师在设计小班讨论时倾向于热点问题，特别是网络热点问题。当然，目前没有任何规定限制热点问题出现在小班讨论教学的课堂。没有规矩不成方圆，没有规定不等于任何热点都可以拿过来作为小班讨论教学的主题。特别是在结合教材方面，热点问题的选择还是有所限制的。在研究中，任何热点都可以从教材中找到结合点，找到结合点并不一定都适合作为讨论主题。首先，政治热点，特别是国外政治人物不宜作为选题。如今是信息社会，获取国外的资讯非常方便，特别是借助自媒体的推波助澜，学生就可以轻易知晓天下事，尤其是国外政客的流量，容易受到当代青年学生的关注，作为个人爱好，无可厚非，但是不能把这种个人爱好移植到课堂教学，更不能当作主题来讨论。其次，反面角色、反面现象不适宜作为讨论选题。学习真善美，打击假丑恶是社会的主流要求，当社会上出现丑恶现象时，鞭策和抨击理所当然。研究中我们发现，这类题材不适宜作为讨论对象，不健康的事件、画面容易影响学生的心理，给人以不舒服的感觉。最后，弘扬正能量，宣扬正面形象。教学要求还是应当充满正能量。虽然这个世界是辩证的，有好就有坏，只有见过坏，分析坏，才能分清好坏，但是不能过度关注坏，实际生活中，知道坏的目的是让好的更好，而不是为了坏而关注坏。因此，对假丑恶适当抨击是必须的。

三、围绕教材内容的扩展方向

教材如果有适合作为讨论选题是最适宜的了，学生对所讨论的问题有熟悉的感觉，同时也是对理论教学的回应。但是在实际中，我们发现，大部分教材知识点并不是最佳的讨论选题。比如，在教学中我们曾经设计过"关于社会主义本质论"的讨论，根据课堂教学的实际表现并没有达到预期的效果，期待学生会谈论"计划""市场""政府""调控手段"等表述并没有出现，大部分依然从"生产力""共同富裕"社会主义本质理论的关键因素探讨。做这个选题的本意是加强学生对社会主义本质的理解，而不是为了加强对社会主义本质概念的记忆。因此，在设计讨论选题时，单纯地依靠课本有时不如围绕教材向外扩展。在这里，"外"主要是指教材覆盖范围的内外，简单来说，教材上有的知识点就是教材内，教材上没有的知识点就是外延的方向，内是有限的，而外延是无限的。实践中，无限难以把握，这就需要在无限中确定有限，研究一致认为以教材为基础，立足于民族主体，向实践扩展，向国际形势扩展。当然，扩展的分类很多，还可以按社会、文化、生态等进行，不管哪种领域，总之要有清晰的脉络，不能给人混沌的感觉。

第一，围绕教材内容向实践扩展。简单地说，就是理论联系实际。围绕教材开展讨论学习，很容易从理论到理论，形成空洞的讨论氛围。在设计讨论大纲时，要明确学生参与讨论的思路从实践出发，而不是从书本的理论出发，书本的理论是讨论的中心点，中心点不是要求讨论时原地踏步，而是要求讨论围绕中心点阐释、演绎。这种阐释、演绎是多方位的，要学生结合自己的实践来讨论，也可以结合别人的实践参与讨论。如何科学地把理论与实践结合起来实现外延呢？首先，讨论主题的理论知识要尽量靠近民生、教育、社会、生态等学生具有初步感性认识的领域，这类题材容易引起学生的共鸣，代入感较强，学生会有感而发，而不是无病呻吟式的伪装。但是，对于教材来说，书本上的理论是理性的、统一的，而实践是丰富多彩的，在讨论中不能因为实践的多样性而忘记了理论认识的统一性，理论是讨论的中心点，也是出发点和归宿点。决不能因为尊重实践而降低对理论的要求，否则就失去了讨论的原意。其次，讨论主题的理论知识要与学生的专业实践相关。专业性实践更容易唤醒学生参与的积极性，对学生来说，对即将到来的职业发展具有强烈的认同感，不只是讨论课堂，在心理层面，每个学生都会有对未来职业的憧憬和勾画。这种实践虽然是模糊的、处于萌芽状态的，但这是学生自己的实践，通过讨论教学，会强化学生这种实践。但是，对于辅导教师来说，针对不同专业的学生要做出不同的讨论选题，工作量和工作难度都会超出平常惯用统一的选题设计。在实践过程中，我们还没有这两种情况（针对不同专业学生的个性化定制选题和统一选题）下的研究对比，但是从仅有的几次讨论效果直接判断，效果差异是明显存在的。期待有同行研究者进一步围绕这个方向进行更深化的研究。最后，理论联系实践，既要尊重科学的正确的实践，也应该允许或包容错误的实践。正确实践产生的是经验，错误实践产生的是教训。反思错误教训有时比总结成功经验更能阐释理论的真理性，因此，在讨论过程中，会有学生从失败的实践中总结教训，辅导教师要从氛围方面尊重学生的表达，同时引导其他学生要有包容的心态，从正反两方面理论联系实际。

第二，围绕教材内容向国际形势拓展。讨论教学本身就有开阔学生思路和视野的原意，随着全球信息化时代的到来，具有国际视野是当代学生应当具有的素质。因此，在设计思政课小班讨论教学主题时，应该围绕教材知识点向国际形势拓展。新鲜的国际形势在制造话语氛围方面具有明显的优势，相对于国际背景的历史，学生更倾向于网络带来的新资讯。如何根据教材内容科学地与国际形势相结合呢？首先，处理好教材知识点和国际形势资讯的结合问题。教材知识点是稳定的，相比来说国际形势资讯是活跃的。活跃的知识点能够激发学生的积极性，但积极性显然不是讨论教学追求的目标，如果为了追求积极性而忽视知识点的深入学习，不免有些本末倒置；也不能为了迎合国际资讯的热点，故意蹭流量，牵强附会地在教材中找近似的知识点凑数，这也是讨论教学坚决反对的。其次，在科学结合教材的同时，要注意国际形势的主流方向。多把握有利于世界人民权益的潮流，而不是相反；多关注科技发展的动力趋势，而不是其带来的消极方面（当然科学辩证分析"双刃剑"效应是不可或缺的）。在实践中，每出现科技选项作为讨论的选题时，学生总是迫不及待地从网络上收集信息，特别是一些博眼球的怪异观点，被学生关注和引用的较多，通过课下追踪深入了解，才会发现这部分学生并不是很熟悉这个领域，他们知道的仅是网络上可查到的那一部分。最后，讨论国际形势话题必须保证鲜明的政治立场。立场正确是思政课小班讨论教学基本要求，经验告诉我们，从学生角度看世界形势是很容易发生偏差问题的。这一点必须引起我们足够的重视。造成这种情况的原因有两个，一是学生对外交领域不熟悉，对很多专业知识和具体政策缺乏全面了解，简单地用爱国或者不爱国来判断有些笼统，有时候学生发表片面的看法不等于实际上他就一定会怎么样，对于学生的主观见解，教师不能再做出更甚的主观判断，而是要客观地判断学生的真实意思，不能曲解学生的表述，虽然学生的表述存在令人曲解的成分。二是国际形势的变化还在继续，一般来说，这类素材不建议放到课堂讨论教学，因为对未来事情发展方向的预测总是失准的，讨论的观点可以有多种，但是真实的发展趋势只有一个，跟事实不相符合的远远大于符合的。这是概率的问题，不建议大家用立场问题判断概率事件，这很容易造成偏差。

　　第三，围绕教材内容向人民主体性拓展。马克思主义认为，人民群众是历史的创造者。如何在小班讨论的主题设计中围绕教材内容凸显人民主体性是一个关键，把人民群众丰富的实践活动和教材内容有机结合在一起是思政课小班讨论教学饱满的体现。首先，人民群众是社会物质和精神财富的创造者。这既是首要观点，也是体现人民主体性的切入点。中国共产党一贯重视人民主体地位，始终坚持以人民为中心的发展理念。在设计与讨论主题相符合的讨论大纲时，必须把人民主体性作为其中重要元素，切忌个人主义特别是个人英雄主义对人民主体性的干涉或侵扰。如今国外影视作品对青年学生影响较大，加强人民主体性教育就是加强社会主义意识形态教育。其次，在讨论教学过程运用阶级观点阶级分析法参与教学管理。阶级观点和阶级分析法是马克思主义的基本观点和基本方法，在社会主义社会，各种非无产阶级的意识形态在一定程度上还存在着，这些非无产阶级意识形态引发的矛盾虽然不是完全意义上的阶级矛盾，但是含有阶级矛盾的成分或因素，这些矛盾一旦激化就会形成激烈的阶级矛盾。在讨论教学中，要密切关注问题分歧时产生的不同观点，有些观点纯属个人看法，有些观点放到阶级观点的透镜下分析就会观察到背后的不良动机。阶级观点和阶级分析法客观上不是万能的方法，主观上也不能把它当作万能的，但是有些问题必须使用阶级观点和阶级分析法才能解释清楚，只是不能把这种观点和方法不加区别地滥用。最后，坚持党的领导保障人民主体性的原则。党的领导和以人民为中心是一致的，决不能因为在讨论中为强化人民主体性而弱化党的领导。二者的结合也不是机械地、随意地组合，而是有机地统一在伟大的社会主义实践之中。在实践中，有学生不能使用辩证法科学分析讨论对象，总是片面地强调其中的一个方面，即使对二者都有关注，也给人留下刻意的痕迹。不能人为割裂党的领导和人民主体性的关系，只有把二者统一起来，才能是正确的，也才是正确的，才可以得到正确的结论。

第二节　马克思主义经典著作

在思政课小班讨论教学中，主题的设计除了教材，马克思主义经典著作也是选题的主要来源。相对于教材的精简，经典著作就显得有些浩瀚和广博，可供选择的范围更为宽广，自由度很大。本书所指的马克思主义经典著作，马克思主义是指广义的马克思主义，所以经典著作包括马克思恩格斯著作、列宁作品、毛泽东著作、中国特色社会主义理论体系的系列文选等。实践中为了便于操作，我们把《马克思恩格斯选集》《列宁选集》《毛泽东选集》《邓小平文选》《习近平谈治国理政》及领导人的重要讲话、党的重大会议公报等作为重点。即便是从这些重点著作中设计讨论选题，也是一个很大的工作量，把这么大的工作量当作教学任务布置给学生是不合适的。思政课作为公共课，非马克思主义专业的本科学生很少接触到此类著作，让学生学习公共课的任务扩大到读经典著作非常不妥。这就需要参与小班讨论教学的教师熟悉这些著作，能够根据教材进度准确地把握经典著作的内容，把适宜讨论的原文章节或段落设计成讨论主题供学生讨论学习。如何科学快速地根据经典著作把讨论主题选出来呢？就是说这一部分关注的重点，我们将结合实践经验，围绕马克思主义经典著作为讨论教学主题选取材料基础，具体的设计和实际操作概述如下。

一、怎么样选取马克思主义著作作为讨论内容

对于本科阶段大部分专业的学生而言，研读马列经典应该是一个超级爆款的行为。同样，作为讨论课主题选择的材料基础，科学地选取部分内容作为学生深入讨论学习的内容，要尽量减少这种"爆"的成分，让学生轻易接受，进而愿意深入探讨，才能达到预期的教学目的。

第一，在马克思主义经典著作的基础上，结合教材选取适合讨论的篇章或段

落。根据我们的调查和研究，实践中负责选题设计的教师更倾向于从马克思主义经典著作中寻找跟教材进度相关的内容作为讨论教学的选题。比如在主题为"理想信念"的讨论中，把马克思在《资本论》中名句："在科学上没有平坦的大道，只有不畏劳苦沿着陡峭山路攀登的人，才有希望达到光辉的顶点。"① 作为讨论要点列出来，引起学生极大的讨论兴趣。经过访谈参与该期讨论教学的学生，大部分学生反馈，这句经典的表述他们都知道，但是很少有人知道这个名句出自马克思主义著作，更不知道它出自名著《资本论》。名句名著还会遇到这样的尴尬，说明我们知识的普及远远不够。因此，在以马克思主义经典著作为基础，结合教材设计讨论选题时，我们要依据如下原则：首先，重点关注名篇名句。在马克思主义经典著作中，有很多脍炙人口的名篇名句，根据教材选取此类题材，更加激发学生参与的积极性。比如在学习唯物史观章节时，同步讨论经典名句，"全部哲学，特别是近代哲学的重大的基本问题，是思维和存在的关系问题"②。通过讨论追问这些最基本的表述，让学生感悟思维的魅力，理论思维穿越百余年历史时空，激发青年一代的朝气。其次，对教材知识有重大理论意义的章节。比如在学习社会主义本质理论时，同步讨论《共产党宣言》1872 年德文版序言的内容："不管最近 25 年来的情况发生了多大的变化，这个《宣言》中所阐述的一般原理整个说来直到现在还是完全正确的。某些地方本来可以作一些修改。这些原理的实际运用，正如《宣言》中所说的，随时随地都要以当时的历史条件为转移，所以第二章末尾提出的那些革命措施根本没有特别的意义。"③把这段经典表述和邓小平关于社会主义本质理论结合在一起，能够帮助学生快速理解科学社会主义的相关知识。最后，对教材内容具有标志性关联性的章节。在大学二年级学生的思政课堂，特别是结合《概论》和《原理》的内容，能够和马克思主义经典结合的章节较多，特别是一些具有标志性的内容，比如人类社会发展的动力等，结合历史合力论来展开讨论，"无论历史的结局如何，人们总是通过每一个人追求他自己的、自觉预期的目的来创造他们的历史，而这许多按不同方向活动的愿望及其对外部世界的各种各样作用的合力，就是历史"④。学生

---

① 资本论：第一卷 ［M］．北京：人民出版社，2004：24．
② 马克思恩格斯文集：第四卷 ［M］．北京：人民出版社，2009：77．
③ 马克思恩格斯文集：第二卷 ［M］．北京：人民出版社，2009：5．
④ 马克思恩格斯文集：第四卷 ［M］．北京：人民出版社，2009：302-303．

或许对整篇文献不是很了解，因为各种客观因素，普通本科学生也没有时间和精力去系统学习经典著作，但是通过讨论其中的精华章节节选并紧密结合教材内容，对于开阔学生理论视野，塑造理论思维还是有相当帮助的。

第二，结合学生专业选取。大学有各类专业，但是思政课教材只有国家统一的一种。如何让这本统一的教材受到不同专业学生的喜欢，需要思政课教师下一番大功夫的。其中，结合不同学生的专业背景就是当前探索的一个重点，各门专业课程积极探索课程思政就是二者能够结合的明显例证。专业课程可以结合思政，思政课程为什么不能结合专业课程呢？从理论上讲，思政课绝对可以和专业课结合，因为马克思主义是关于自然、社会和人类思维最一般规律的科学。无论是自然科学还是社会科学都离不开马克思主义揭示的基本规律。如何实现这种结合？首先，要明确思政课和专业课结合是方向的结合，而不是具体知识的结合。这一点与课程思政不一样，课程思政是具体的点的结合，而思政课程结合专业课是面的结合。课程思政是通过点的结合达到正确方向的指引，思政课结合专业课是通过面的结合引起学生的关注，最终实现学生对思政课教学的深化认识。其次，既然是在大的层面结合专业课知识，选取的内容尽量具有普适性，既不失马克思主义作品的经典性，还具有专业化精神。比如："社会一旦有技术上的需要，这种需要就会比十所大学更能把科学推向前进。"① 这个选题内容适合所有理工类等自然学科学生的讨论，具有较大的覆盖口径。在马克思主义经典作品中，有很多关于具体学科的内容，经济学、金融学、管理学、社会学、文学及物理学等自然科学。在针对不同专业的学生设计选题时，建议进一步深化选题专业性，但是切忌涉及具体的学科内容，一方面这对辅导教师来说是一个较大的挑战；另一方面容易给学生造成轻视思政课的错误，决不能出现喧宾夺主的结果。最后，在结合教材选取马克思主义经典作品考虑专业化因素时，一定要坚持科学性原则。一是选取的马克思主义经典作品中关于某门学科专业要具有科学性。马克思等无产阶级理论先驱通晓各科知识，并不等于说他们就是某一具体学科领域的专家，因此，在选取这类题材时，要事先论证涉及相关学科内容的科学性，特别是随着科学的发展，有些具体表述已经不合乎今天的学科发展状况。二是结合的方法要具有科学性。不是随意找到一段话与专业方向就能结合，如果结合得不好，就像

---

① 马克思恩格斯文集：第十卷 [M]. 北京：人民出版社，2009：668.

松松垮垮的"两张皮"，那还不如不结合。一次勉强的结合还不如一次彻底的照本宣科。做到有机结合是讲究科学方法的，怎么切入案例，怎么结合理论都需要科学论证，而不是为了结合而结合。三是结合的时机要把握好。在党的重大会议召开前后，或者某个重要理论热点形成大范围影响时，都是需要抓住时机的时候。比如设计"中国式现代化"选题，"中华优秀传统文化"选题就是基于这样的原则。

第三，结合理论热点从马克思主义经典著作中选取讨论主题。社会发展不是均衡的，总有先后差异，实践的差异会在理论方面映射出来。于是实践的亮点就会促成理论热点。近年来，生态文明、全过程民主、中国式现代化、马克思主义基本原理和中华优秀传统文化的结合等理论热点不断涌现。如何结合理论热点从马克思主义经典著作中选取讨论主题呢？首先，要科学分析理论热点的特征。理论热点不同于社会热点，社会热点是具有大众化、轰动性等特点，理论热点是专业人士关注的重点，即便是今天信息传播快捷的时代，理论热点在短期内也不会传到社会普通大众。但是理论热点最终对社会发展的影响丝毫不能低估，因为理论来源于实践，最终会转化为政策和制度运用于实践，最终是服务于人民群众。掌握了理论热点的这些性质，在设计理论热点和马克思主义经典著作相结合时的讨论选题，就能够做到有的放矢，而不至于出现盲目混乱抓不住重点的情况。其次，要准确定位理论热点和马克思主义经典著作的结合。理论热点的理论基础是马克思主义，这是笼统地来讲的。具体的理论要有具体的理论基础，要有详细准确的表述，即使这些表述是模糊的，具有萌芽性质的，或者间接蕴含其意义的。对于本科阶段的学生来讲，是否所有的理论热点都可以作为讨论选题？原则来讲，所有的理论热点都可以作为学生的讨论选题。但是如果考虑学生的理论基础，那些马克思主义理论本专业学生读起来都费解的理论表述，难度对于非马克思主义专业学生来说绝非小可。邓小平说："学马列要精，要管用的。长篇的东西是少数搞专业的人读的，群众怎么读？要求读大本子，那是形式主义的，办不到。"[1] 在根据理论热点选取马克思主义经典著作作为讨论材料时，一定要符合学生实际，不能好高骛远，不切实际，特别是辅导教师，要根据热点精心阅读原著，通过教师的阅读挑选之后，再交给学生讨论。讨论的结果要保证是好的，而

---

[1]　邓小平文选：第三卷［M］. 北京：人民出版社，1993：382.

不是更令人费解的失望的结果。最后，选择有利时机。从理论认识到制定政策再到实施制度会有一个过程，根据理论热点选取马克思主义经典作品作为讨论主题，要充分认识理论热点的阶段性特征，抓住有利时机，及时把与理论热点相关的马克思主义原著内容选取出来供学生讨论学习。并不是理论热点一出来，马上组织学生进行讨论学习，这种动机是好的，但不一定会产生好的结果。通过研究，我们发现，在理论热点刚刚出现的时候，并不适合把理论热点交给本科阶段的学生讨论学习，要想取得很好的讨论效果，建议把讨论时间节点选在围绕理论热点执行政策阶段，即通过理论宣传，社会上已经广为接受新的理论认识的阶段。表面看这是一个理论联系理论的结合，其实这是一个理论联系实际的结合，邓小平说，马克思列宁主义的普遍真理与本国的具体实际相结合，这句话本身就是普遍真理。它包含两个方面，一方面叫普遍真理，另一方面叫结合本国实际。我们历来认为丢开任何一面都不行。① 理论热点来自实践，学生讨论此类主题，很难有深刻的理论认识，更多的是根据理论表述，把理论还原到生活中的现实。

第四，结合理论的科学性选取马克思主义经典著作相关文献设计讨论教学主题，提高学生理论思维能力。一个民族要走在世界前列，一刻不能没有理论思维。高校思政课教学不仅要培育学生政治信仰、学习知识，还要提高学生的能力，特别是理论思维能力。这种理论思维能力的培养需要结合重大理论问题，通过理论再现、理论分歧处理、理论结果达成一致等讨论教学环节，最终实现学生理论思维能力的提高。首先，要让学生明白理论的开放性。马克思主义理论是发展的理论，开放的理论。这种开放性的基础在于社会的发展实践，在马克思主义经典著作中有这样的表述："但是无论如何应当声明，我所在的党并没有任何一劳永逸的现成方案。我们对未来非资本主义社会区别于现代社会的特征的看法，是从历史事实和发展过程中得出的确切结论；不结合这些事实和过程去加以阐明，就没有任何理论价值和实际价值。"② 只有扎根于现实的土壤，理论的大树才会茁壮成长，因此，马克思主义经典作家又说："我们的理论是发展着的理论，而不是必须背得烂熟并机械地加以重复的教条。"③ 其次，让学生从实践中认识

---

① 邓小平文选：第三卷［M］. 北京：人民出版社，1993：258-259.
② 马克思恩格斯文集：第十卷［M］. 北京：人民出版社，2009：548.
③ 马克思恩格斯文集：第十卷［M］. 北京：人民出版社，2009：562.

理论，学习理论，培养理论思维。理论怎么来的？实践是理论的唯一来源，生活中我们坚持实践出真知，但是很多人在学习"真知"过程中，往往只是重视"真知"，而忽视"真知"来源的基础。邓小平曾经批评过一部分理论工作者，他们"对于社会主义现代化建设实践中提出的种种重大的理论问题缺乏兴趣，不愿意对现实问题进行调查和研究，表示要同现实保持距离，免得犯错误，或者认为没有学术价值"①。这种错误倾向今天依然存在，有些人习惯从理论到理论，不愿意思考理论后面的内容，只会纸上谈兵，革命队伍中有持有这类观点的人，生活中更是较大范围存在着。在讨论教学中，要紧紧抓住这一要求，训练学生的理论思维能力。最后，科学对待理论禁区问题。课堂有纪律，特别是思政课堂，更要严格遵守政治规矩、课堂纪律。讨论不是无限制讨论，也不是自由发言。有些领域是不能触碰的，有些表述是不能在课堂讲的。特别是一些辅导教师借口存在理论研究禁区而夸大禁区的范围，把自己的胆小慎微归咎于禁区的存在。我们经常说，学术无禁区，研究有纪律，通过学术讲政治。怕讲政治就是不讲政治。冒昧地问一下那些处处借口存在禁区，满眼就是禁区的人：纪律约束的禁区不让说，那么纪律允许你说的非禁区你说好了吗？这类人，如果禁区解禁了，他们又该盯着新的禁区。在思政课小班讨论过程中，我们要科学处理理论禁区问题，特别是针对本科阶段的学生，规范一定要大于讨论，坚决反对任何打着讨论自由旗号别有用心的言行。

　　第五，结合科学方法选取马克思主义经典著作为讨论材料。马克思主义是科学的世界观和方法论。相较以马克思主义的经典著作为讨论主题的素材，马克思主义作为世界观和方法论更具有讨论价值。首先，要认识到马克思主义方法论的科学性。"马克思的整个世界观不是教义，而是方法。它提供的不是现成的教条，而是进一步研究的出发点和供这种研究使用的方法。"② 这是马克思主义经典著作的原文表述，这种原汁原味的表述能够给学生直观的印象，也会改变学生那种思政课考试"背背就可以解决问题"的错误认识，让学生明白如果学习思政课只是为了应付考试的认识是多么的肤浅。邓小平教导我们说："马克思主义理论从来就不是教条，而是行动的指南。它要求人们根据它的基本原则和基本方法，不

---

① 邓小平文选：第三卷 [M]. 北京：人民出版社，1993：40.
② 马克思恩格斯文集：第十卷 [M]. 北京：人民出版社，2009：691.

断结合变化着的实际，探索解决新问题的答案，从而也发展马克思主义理论本身。"① 学生学习马克思主义，在生活中还要会运用马克思主义分析问题，解决问题。如果仅把马克思主义作为书本上的理论而不知道或不会在实际中加以运用，将是最大的损失。其次，用发展的眼光看待马克思主义中国化的理论创新规律性。马克思主义中国化是马克思主义理论创新的重大理论成果。这一理论创新是如何实现的呢？这就需要我们深化认识马克思主义理论创新的规律性。马克思主义经典作家认为"所谓'社会主义社会'不是一种一成不变的东西，而应当和任何其他社会制度一样，把它看成是经常变化和改革的社会"②。这个表述深刻地告诉我们马克思主义的权威不是不变的，而是"经常变化和改革"的理论，只有资产阶级理论家宣称他们的理论是终极理论，是完美理论，他们的制度是终极制度。其实，这个世界是不存在终极和完美的，任何终极或完美的东西在实践和时间面前都不堪一击，因为今天的终极粉碎了昨天的终极，明天的终极会宣告今天终极的破产，终极在发展面前就是一个笑话，因为终极没有明天，只要有明天就不会有终极。最后，用无产阶级的世界观塑造学生。思政课教育的最终目的在于塑造无产阶级世界观。马克思去世后一百多年，究竟发生了什么变化，在变化的条件下，如何认识和发展马克思主义，没有搞清楚就决不能要求马克思为解决他去世后上百年、几百年所产生的问题提供现成答案。列宁同样也不能承担为他去世后五十年、一百年所产生的问题提供现成答案的任务。真正的马克思列宁主义者必须根据现在的情况，认识、继承和发展马克思列宁主义。新时代的大学生，要成为真正的马克思主义者就必须立足现实的发展和需要，把马克思主义基本原理与具体实际相结合，只有不断进行实践探索和理论创新，才能在复杂的社会发展中立于不败之地。

二、选取马克思主义经典著作作为讨论内容的其他建议

马克思主义博大精深，马克思主义作品更是一个庞大的体系，在浩瀚的马克思主义著作中，科学地选取可供学生讨论学习的内容是一项艰苦的工作。有观点认为，马克思主义是真理，随意抽出一段表述都可以作为学生讨论学习的内容，

---

① 邓小平文选：第三卷 [M]．北京：人民出版社，1993：146．
② 马克思恩格斯文集：第十卷 [M]．北京：人民出版社，2009：588．

这话不假，如果讨论课只有一次，可以按照这个思路操作，但讨论教学是一个符合教学规律的科学体系，如果没有科学的选材原则，等到学生的讨论课结束后，回望讨论内容的成分，会给人支离破碎的感觉，很容易破坏学生对马克思主义整体性的理解，这是非常危险的，会在事实上形成肢解马克思的错误行为。关于这类惯常的行为，马克思曾经指出："由于某种判断的盲目性，甚至最杰出的人物也会根本看不到眼前的事物。后来，到了一定的时候，人们就惊奇地发现，从前没有看到的东西现在到处都露出自己的痕迹。"① 如何选取马克思主义经典著作作为讨论教学的内容，除了上面谈到的几个方面外，还应该有如下的考虑。

第一，在争论中产生的作品。马克思主义的发展从来就不是一帆风顺的坦途，而是在各种理论斗争中完成的。在与不同思想的争论中，马克思主义彰显强大的真理性和革命性。马克思主义批判了黑格尔、费尔巴哈、鲍威尔、施蒂纳、普鲁东等错误认识，让真理的光芒穿透黑暗，绽放出理的论绚丽之彩。通过复盘这些理论斗争，让学生明白，理论不是灰色的，生活之树常青，理论之树也常青。这些伟大的斗争为探求真理开辟了道路，在小班讨论教学中选取此类作品的内容作为讨论的主题时需要注意：首先，选材要准确。不能不顾讨论教学的具体时长和学生的理论基础，教师一厢情愿地设计主题，教师对原著的阅读量不等于学生也有类似的基础。实际上，大部分学生不具备教师的资料占有量。但是也不能没有一点难度，学生讨论前不做任何资料准备，随时用手机搜索就可以应付过去。这是设计选材时必须注意的，既不能难度太大也不能没有一点难度，讨论大纲要体现出具体要求，比如争论的主要内容要列举出来，争论的历史背景是什么？其次，再现争论时的核心分歧。组织学生组成不同的组别，分角色代表不同的观点，可以给不同的学生布置不同的讨论任务，落实到具体的小组或个人。讨论时分别陈述自己所代表的观点，指出对方的错误，捍卫自己的理论立场。通过这种方式，让学生不但获得真理性认识，还学会了怎样获得真理性认识的方法和途径，真理是如何战胜谬误脱颖而出的。在这个过程中学习马克思主义者的批判精神和批判方法。马克思主义关于斗争的经典表述，在马克思主义文献中到处可见。比如："批判的武器当然不能代替武器的批判，物质力量只能用物质力量来

---

① 马克思恩格斯文集：第十卷 [M]. 北京：人民出版社，2009：284.

摧毁；但是理论一经掌握群众，也会变成物质力量。"① 在论述科学社会主义如何获得真理性的认识时，马克思主义指出："对所有这些人来说，社会主义是绝对真理、理性和正义的表现，只要它被发现了，它就能用自己的力量征服世界，因为绝对真理是不依赖于时间、空间和人类的历史发展的，所以，它在什么时候和什么地方被发现，那纯粹是偶然的事情。同时，绝对真理、理性和正义在每个学派的创始人那里又是各不相同的；而因为在每个学派的创始人那里，绝对真理、理性和正义的独特形式又是由他们的主观知性、他们的生活条件、他们的知识水平和思维训练水平所决定的，所以，解决各种绝对真理的这种冲突的办法就只能是它们互相磨损。……在辩论的激流中越是磨去其锋利的棱角，就像溪流中的卵石一样，这种混合物就越容易构成。为了使社会主义变为科学，就必须首先把它置于现实的基础之上。"② 恩格斯评价他的老战友说："斗争是他的生命要素。很少有人像他那样满腔热情、坚韧不拔和卓有成效地进行斗争。"③ 因此，马克思相信："不是战斗，就是死亡，不是血战，就是毁灭。问题的提法必然如此。"④"谁最勇敢、最坚定，谁就能取得胜利。"⑤ 我们相信，当青年学子看到马克思激昂的斗争文字时，绝不再把马克思主义局限在枯燥空洞的理论。最后，学习马克思主义者的斗争艺术。在马克思主义的战斗檄文中，充满了斗争的艺术。伟大的马克思主义者语言幽默诙谐，战斗力十足又不失风趣。这种斗争的艺术值得学生们学习，"总是用理论上的浮夸来弥补自己实践上的卑下"⑥。"我们就情愿让原稿留给老鼠的牙齿去批判了。"⑦ "不过我对这种臭虫的叮咬原则上是置之不理的。"⑧ 尽管敌人很多，但是马克思从来没有一个私敌。为真理而战的格局远大于私人恩怨，这更是一个无产阶级革命家的胸怀。当我们在设计小班讨论教学主题时，把这些鲜活的元素融入讨论材料，很难想象我们的学生还会麻木

① 马克思恩格斯文集：第一卷［M］. 北京：人民出版社，2009：11.
② 马克思恩格斯文集：第三卷［M］. 北京：人民出版社，2009：537.
③ 马克思恩格斯文集：第三卷［M］. 北京：人民出版社，2009：602.
④ 马克思恩格斯文集：第一卷［M］. 北京：人民出版社，2009：656.
⑤ 马克思恩格斯文集：第二卷［M］. 北京：人民出版社，2009：71.
⑥ 马克思恩格斯文集：第三卷［M］. 北京：人民出版社，2009：360.
⑦ 马克思恩格斯文集：第四卷［M］. 北京：人民出版社，2009：265.
⑧ 马克思恩格斯文集：第十卷［M］. 北京：人民出版社，2009：458.

地坐在那里或者滑动手机的界面。马克思主义著作原本就不枯燥，为什么成为枯燥的代名词了呢？曾经一度让当年年轻人心潮澎湃的救国救民真理而到了这一代就被熟视无睹了呢？今天的青年学生熟视了，但是熟视到什么程度呢？熟视有两个倾向，一个是司空见惯、熟视无睹，这是熟视产生疲劳；另一个能够产生新的认识，实现质的飞跃。我们希望是后一种，我们期望通过小班讨论教学的改革重新焕发马克思主义在思政课堂上的活力。

　　第二，产生重大影响的作品。在社会发展的关键时刻，马克思主义者总能敏锐地抓住社会发展的规律和人民群众的需要，通过理论创新写出具有划时代意义的有重大影响的作品。比如《德意志意识形态》《共产党宣言》《法兰西内战》《国家与革命》《新民主主义论》《矛盾论》《实践论》等经典文献。这些经典文献产生重大的影响，把这些代表作的部分章节或核心思想选出来作为学生讨论学习的对象，对学生理解和掌握马克思主义有重要的实际意义。比如《法兰西内战》，这部著作是马克思全面总结巴黎公社的战斗历程和历史经验，阐发马克思主义关于阶级斗争、国家、无产阶级革命和无产阶级专政理论的科学社会主义文献。在文章中，马克思讴歌了人民群众的历史首创精神，工人阶级不能简单地掌握现成的国家机器，必须建立自己的政权机构来代替资产阶级的国家机器，等等教材中常见到的经典表述。在实际操作中如何把产生重大影响的经典作品转化为小班讨论的材料呢？经过我们几年的实践和反复论证，得出较为粗浅的建议。首先，要确定产生重大影响的文献范围。马克思主义著作的每一篇文献都很重要，但是总有一些脍炙人口的名篇，这些名篇对科学社会主义实践和理论产生重大影响，有一些文献的影响与此相比重要性会弱一些，确定这个具有重要意义的范围是非常严肃和严谨的事情，需要参与辅导小班讨论的教师深入论证，慎重选择适合讨论的那部分材料。设计材料时要突出与现实的结合点，便于学生从现实意义和实践角度发表看法。切忌不顾实际的发展状况，没有目的地让学生参与讨论，脱离实际的材料很容易陷入空洞，给小班讨论教学带来深层次的伤害。这与小班讨论教学的初衷相违背的，也不是思政课教学的目的。其次，在选取这些材料时一定要制定详细的讨论学习大纲，大纲要包含相应历史背景的简要资料，让学生以当时的背景资料为基础展开讨论，不能隔空直接投放讨论资料，这样会给学生空穴来风或空中楼阁的感觉。背景资料不能太多，太多会出现喧宾夺主的现象，背景资料是为讨论理论内容服务的，相对于理论的理性，学生更愿意围绕与感性接近的历史背景。这很容易导致学生滑向另一个陷阱，只愿意围绕自己熟悉或靠近熟悉的情况开展任务。感性的材料或接近感性的材料是为理性认识服务的，丰富的感性材料为讨论教学的课堂导入提供了便利，但是讨论教学不能到便利为止，而是要深入认识理论的理性层次，进而达到训练学生理论思维的目的。最后，要有画龙点睛的环节。马克思主义经典文献逻辑性强，材料厚重，短短的40分钟小班讨论不可能面面俱到，辅导教师在设计讨论内容时要抓住重点，突出重点，在有限的时间内把重点内容展示出来，让学生围绕重点展开讨论，不至于出现松散的泛泛之谈。从历史背景到讨论大纲再到讨论小结，环环相扣，逐渐展开，聚焦于理论的核心观点。切忌围绕着核心观点打转转的游离现象，这种讨论很具有迷惑性，学生对讨论的理论核心知道一点，但不知道如何围绕核心阐释核心；每个发言的同学都提到讨论大纲中要围绕的核心理论观点，但是对核心理论观点的真正含义一知半解；学生在讨论发言时，语言上表述了观点的文字内容，论述时却没有坚守该观点坚持的立场。这种现象具有很大的迷惑性，需要在实践中加以注意，不能让这种假讨论干扰了真教学。

第三，有重大时间节点纪念意义的作品。在马克思主义经典著作中，产生很多具有重大时间节点纪念意义的作品，如革命领袖的诞辰纪念日、革命运动周年纪念日等。这些纪念日被纪念的标志性事件一般会有理论性文献，通过学习这些理论性文献的纪念性意义，是思政课小班讨论把马克思主义著作当作讨论材料的充分理由。如何把这一合理的理由优化为教学任务呢？首先，精确定位时间节点。对于这些具有纪念意义的著作，它们被纪念的原因就是讨论教学的切入点。在一定意义上来说把握好切入点，讨论教学已经成功一半。比如马克思诞辰纪念日、"五四运动"周年纪念日、十月革命周年纪念日、中国人民抗日战争胜利纪念日等。讨论以纪念日为基础的著作，既能培养学生的理论素养，又能培育学生的爱国主义等政治素质，具有很强的现实意义。其次，以重大时间节点纪念为基础的讨论教学，需要足够的时间提前量。讨论具有时间纪念意义的著作是可以事先设计的，不像理论热点有预知难度，既然是有预知的方便，在教学设计环节相对来说就难度就小很多。建议在设计教学大纲时，优先设计此类选题，特别是结合特殊时期，因为党和国家大多数会关注这类纪念活动。这就需要教学设计时要具有前瞻性，如果没有事前准备，教学设计时也忽略这类选题，到纪念日临近，慌忙组织学生仓促讨论，虽然具有时效性，但是学生的准备和讨论质量会大打折扣。纪念意义虽然重大，但是不宜过多安排具有纪念意义的著作讨论，适当的安排具有纪念意义，频繁的安排会稀释纪念的成分，安排得越频繁稀释得越厉害。这类安排还应该注重讨论的重点，小班教学讨论侧重于理论性，而媒体宣传大多聚焦历史性，辅导教师要多加引导，稳住讨论教学的重心，不能发生重心偏移，降低小班讨论教学的质量。学生讨论发言不仅要说自己知道别人也知道的常识或媒体通用表述，还要说自己刚知道别人想知道而不知道的具有理论性的认识。最后，讨论总结要与现实相结合。只要是具有纪念意义的活动，都具有强烈的现实意义。历史总是为现实服务的，任何纪念活动或著作都可以提炼出现实价值；不同的纪念具有不同的价值，即使是同一个纪念在不同的年份，提炼现实价值的重点也不一样。建议在设计小班讨论教学时，要把需要突出的重大价值体现在教学目的中，引导学生聚焦纪念著作或活动的核心价值。值得注意和警惕的是，历史性纪念也要坚持马克思主义指导和社会主义意识形态的领导地位。近年来，历史虚无主义在线上喧嚣一时，迷惑个别涉世不深的青年，虽然是个别现象，作为坚守思政课阵地的教师也要杜绝此类观点出现在课堂，学生无知可以教育，但教师不能松懈；气氛可以活跃，语言可以活泼，但是立场必须坚定。

通过以上的讨论，我们对选取马克思主义经典著作作为讨论教学的主题内容提出初步的建议，归根到底就是要让学生明白理论的来源，理论产生的历史背景，现实价值和意义，培养学生的理论素质和政治素养。当然，任何建议都不是完美的，也不是唯一的。期待大家在各自的实践中发掘更加具有科学性的教学理论，为小班讨论教学提供更加合理的设计，在这里，我们只是从自己单薄的实践经验中发表的一些粗浅见解，仅供大家参考。我们相信，随着思政课小班讨论教学的深入开展，教学理念会越来越具有真理性，教学方法越来越完善，教学设计越来越具有可操作性。小班讨论不是人为刻意编撰出来的，这是时代的需要，也是教育的需要，更是思政课教学改革的需要，我们要做的就是把需要的答案探索得更加标准，更加符合要求。

第三节　根据舆论热点设计讨论主题内容

社会热点年年都有，而且层出不穷。特别是在信息社会，网络技术的聚焦能迅速形成一个热点。所谓热点，指的是比较受广大群众关注，或欢迎的新闻，或信息，或指某时期引人注目的问题。思政课小班讨论课教学不回避热点，但并不是所有的热点都适合在课堂进行讨论教学。有人主张，只要是热点，都可以和思政课建立联系，小班讨论课，甚至是思政理论课教学都应该围绕热点，热点是现实生活的聚焦，不讲热点就是逃避现实。重视现实问题是教育的特点和使命，热点在一定程度上也反映现实问题，但是热点反映现实不等于现实，热点只是现实的一部分映射，现实还有很多方面不是通过热点反映出来的，现实是全方位的，热点只是其中的一个或几个方位，如果现实的全方位都是热点，那就等于没有热点。把社会热点作为讨论教学的主题，就必须学会甄别热点。

一、甄别热点

社会热点虽然发生在人们的生活之中，但大部分热点是不受人们的意志所控制的。热点具有偶然性、随机性、爆发性和暂时性。有些热点是正向的，激发人们积极进取；有些热点是反向的，具有错误导向，因此科学甄别热点问题的性质是选取热点材料的第一步，也是关键环节。

第一，热点必须具有科学性、正能量、代表性。首先，热点具有的科学性。这是从真理角度来说的，就是热点内容的叙述是否清楚、确切，是否尊重历史事实或者前后是否一致等。科学性原则以科学思想为指导，以事实为依据。以一定的事实为依据，没有事实的热点就是噱头。在这里需要注意一个问题，即怎样看待违背传统观念与常识的新问题。热点往往伴随打破常规，突破传统。传统和常识并不一定是科学的，其背后很可能隐藏着人们还未发现的科学规律，需要随着科学的发展而更新。有些热点是新问题，有些热点跟新问题无关。其次，热点具有的正能量。这是从价值角度来说的，能量是物理学里的术语；而正能量是生活用语，它表示信息的价值取向。把消息分成正面的和负面的，这个本身和阶级立场是有决定关系的。所有符合社会主义核心价值观的积极、健康的、感化人性、催生健康的政治和经济秩序的新闻和消息，就是"正能量"。若从行为角度去观察，只要是为着善的结果，推进事物向着公平、法治、民主的方向，有益于公众，集体利益的行为，都是有正能量的行为。"正能量"指的是一种健康乐观、积极向上的动力和情感，是社会生活中积极向上的行为。当下，中国的正能量是指所有积极的、健康的、催人奋进的、给人力量的、充满希望的人和事，并被贴上"正能量"标签。它已经上升成为一个充满象征意义的符号，与我们的情感深深相系，表达着我们的渴望，我们的期待。正能量可以引导人们有积极向上的"三观"。用另一种方式解释正能量就是富有影响力的一种能量，可以影响周围的人及自己，是一种可以感受到的积极能量场，受正能量影响的人也会变得更加积极向上。正能量是一种对心理的影响，就像一个人做出积极的行为影响着积极的心态，积极的心态又反馈给那个人使其心理变得更加积极，从而在行为上变得更加积极，因此正能量是可以不断良性循环的。热点的正能量就是对人的思想、行为、道德、心理影响具有积极作用。最后，热点具有的代表性。代表性是抽样的基本要求。热点的代表性就是选取出来的热点要符合讨论教学的基本要求，符合社会价值判断的基本要求，符合社会发展的主流价值。选取热点的基本原则有，政治正确原则，这是判断政治热点的最基本要求。党和国家的重大会议，一般是当年的政治热点，依据这一最基本原则，其他的政治活动作为热点就不应该走进讨论教学，比如美国的总统大选就不适合放在思政课小班讨论中。有些热点既有符合一般热点的特征，还有独有的容易让人产生歧义的地方，也就是说这类热点既有代表性的一面，也有非代表性的一面，选取这类题材时要严格控制非代表性的影响范围，为了保险起见，最好不用此类热点。具有标志性的经济热点也应该成为学生关注的学习对象，其他的如医疗、教育等牵涉国计民生的热点在适当的时候也可以在思政课小班讨论解读；娱乐热点等其他社会问题尽量不要走进课堂，任何削弱思政课课程严肃性的热点都需要慎重选择。

第二，坚决反对假热点、制造噱头、博取关注和流量的人造热点。在人类社会中，当人们开始学会说谎，各类寻找真相就成为人们的任务，特别是在信息时代，真假更是难以辨别。网络谣言和假新闻漫天飞，选择网上热点时一定要严肃慎重，不能被一些错误的认识带偏。我们的任务是选择合适的热点进行课堂教学，反假打假不是我们的主要任务，那么，如何在选择合适热点的过程中避开虚假热点的陷阱呢？首先，所有取材来源要确定是来自正规网站，特别是权威媒体，即便是权威媒体，也需要三个以上的同级别媒体都有报道的材料才可以进入课堂参考使用，自媒体的信息尽量不做参考，即便是高流量自媒体推介的消息也不要使用。近年来，不断有高流量自媒体人因为说错话而道歉的现象出现。个人流量高不等于真相就真，网上有很多达人为了博取眼球制造噱头，最终遭到网民抛弃的结局。其次，热点材料要经得起推敲。官网发布的消息也存在假的成分，比如当年火爆的"青年汽车"事件，打着高科技的幌子，看似很有科技感，后来被揭示是科技骗子，类似的还有"立体交通轨道车"等。有些热点迷惑性非常大，貌似昨天还是成功企业家的人设，第二天就人设崩塌成为跑路党。近年来，这一类热点较多，有全国范围的，也有地区局部的，为了课堂不出现此类问题，不建议把热点人物作为讨论教学材料，特别是经济人物，娱乐人设。最后，在各种热点面前保护好学生。高校学生还处于成长期，甄别是非的能力还有待提高，当热点介入讨论材料的视野时，辅导教师一定要仔细甄别，严禁假科学伪科学的内容进入课堂，严肃课堂氛围。严禁热点材料进入课堂是不现实的，作为讨论主题内容，教师可以把关筛选，但是学生发言时以论据形式出现在讨论中，教师就要时时留意学生的发言，很多没有权威结论的热点材料还是慎用，建议教师在学生就类似热点发言之后，稍加引导，引导是点到为止，而不是大书特书，制造紧张氛围。

第三，坚决反对挑战社会底线、法律红线的言行，以及违反公序良俗的恶俗。随着自媒体的崛起，特别是短视频自媒体的出现，各类热点层出不穷，天天有网红出现，时时有网红人设崩塌。在发掘热点材料作为讨论教学内容时，学生要进行大量的搜索和准备网络材料，在这个过程中如何正确使用新媒体是非常关键的一个环节，这个环节不会在小班讨论教学现场出场，但是在小班讨论的准备环节，却高频率地出现在学生的网络生活之中。首先，教师态度要端正。这个不出现教学中的环节，往往会酿成大的失误。有观点说，学生不上思政课讨论教学也会使用网络，难道这也是思政课教师的职责吗？这种观点如果出自其他课程任课教师之口，都不能被理解，更何况出自思政课教师之口，更是不能容忍，思政课教育学生，难道只教育学生上课时那短短的几十分钟是好人，下课后就可以胡作非为，网上就可以肆意妄为了吗？加强网络思政教育，不是为课堂服务的，而是为学生服务的，最终在于提高学生素质。其次，要加强纪律教育。教育学生不要在网上观看、点击非法网络，不做消极评论，不制作低劣作品，特别是短视频经济兴起的今天，任何赚钱的方法都不能突破社会底线，社会底线不仅存在现实社会，也存在网络的虚拟空间。最后，要具有法律意识。网络不是法外之地，网络违法照样受到法律的制裁。不要在网上参加任何的非法活动，不管是政治活动还是经济活动，或者其他社会活动，都要保持高度警惕。值得学生们注意的是，大学生故意做明显违法的事情很少，但是有些网络活动具有隐蔽性，往往打着合法的旗号引诱学生干一些违法的勾当。2023 年 10 月 24 日，《中华人民共和国爱国主义教育法》颁布实施，为青年学生网上生活提出新的要求，学生们要知法守法，合理使用网络工具，因此，我们要坚决反对挑战社会底线、法律红线、违反公序良俗的言行。希望学生们成为新时代具有高尚追求的新青年。

二、选取热点作为小班讨论素材的参考建议

热点年年有，每年不一样。是不是经过甄别之后的热点就可以作为讨论教学的主题材料呢？显然不是，假设一个教学周期，小班讨论课的主题内容全是舆论热点问题，会给人们一种错觉，那就是小班讨论教学是什么性质的课程，聚焦热点是思政课关照现实的要求，一直关注热点那是新闻传媒课程的核心要求。因此，并不是说学生喜欢热点问题，就迎合学生天天讨论热点问题，在有限的教学时间内，热点问题出现在小班讨论教学环节是有限的，如何在有限的资源中把热点问题置于更加闪亮的位置，是我们在思政课小班讨论教学实践和研究中关注的一个关键问题。关于这个问题我们初步给出如下建议。

第一，容易引起争论的热点。热点一般都伴随争议，争议越大，热度越高，直播间的黑粉也是粉，流量数据不分黑粉红粉，是粉就贡献流量和关注度。所以热点与争议就像孪生姐妹一样，热点伴随争议是正常现象。如何在小班讨论教学时处理热点与争议呢？实践经验告诉我们，从争议的结果反向判断热点材料是否可以作为讨论材料。首先，争议有鲜明正向结果的热点材料可以入选讨论教学。所谓正向结果就是积极向上的，鼓励人健康阳光的结果。比如围绕"老人倒了扶不扶"的问题，在社会道德遭遇讹人争议时，社会道德显然是占据优势的正向能量，学生讨论的结果依然是义不容辞地坚守社会道德阵地，坚守的方法更加灵活多样，在践行社会道德要求的同时保护好自己。其次，对争议暂时没有结果的热点材料要持有谨慎态度。新发展会出现新问题，新问题的解决办法不会从老办法中寻找，只能是在发展中逐渐探索，但发展是需要时间的，一时半会找不到解决的办法，非要在课堂上争个你死我活，没有任何现实意义。邓小平在处理国际争端时说，搁置争议。讨论教学要注意到这一点，不能把没有结论的材料冠以辩证的名义搬到课堂教学，讨论教学的目的是越辩越明，而不是越辩越糊涂。这里不是轻视学生解决问题的能力，只是不建议作为课堂教学材料公开讨论，如果个别学生对某一类问题感兴趣，并有长期关注和思考的积累，建议学生作为个人爱好。最后，对于经过争议产生不良结果的热点或者本身就缺乏健康元素的热点，

严禁进入课堂教学。网络热点有相当一部分包含低俗成分，更有恶俗搞笑以假丑恶为标榜的现象。这类现象的热点，特别是那些别有用心的人带节奏的热点，无论多么热，都不能进入课堂教学阵地。思政课教学除了传授知识、培养能力、塑造信仰，还具有批判功能，如果不批判假丑恶，怎么弘扬真善美呢？在这里必须强调一下，严格禁止进入课堂的不是有争议的热点，而是经过争议产生不良结果的热点。在实践中，我们讨论过这样一个材料。2021年2月19日，公安机关接群众举报，网民"辣笔小球"在新浪微博发布恶意歪曲事实真相、诋毁贬损5名卫国戍边英雄官兵的违法言论，造成极其恶劣的社会影响。南京市公安局高度重视，立即开展调查，于2月19日晚将发布违法言论的仇某某（男，38岁，南京人，网名"辣笔小球"）抓获。目前，南京警方已对仇某某以涉嫌寻衅滋事罪刑事拘留。针对网民"辣笔小球"恶意诋毁5名卫国戍边英雄官兵一事，《人民日报》、新华社相继发表评论，《人民日报》评论："他们是为我牺牲"，岂容亵渎？我们针对这个热点，依据主流媒体的观点，批判"蜡笔小球"的错误言论，组织学生讨论，学生经过精心准备，了解了这个热点的真相，学习了英雄事迹，纷纷发言，"决不把领土守小了，决不把主权守丢了"的豪言犹在耳畔，"脚下的每一寸土地，都是祖国的领土"的壮语激动人心，"对峙时干部站前头、战士站后头"的作风让人肃然起敬。"他们是为我牺牲"，一句话道出了学生的心声。一个英雄的集体，一个生死与共的故事，一段以身许国的壮举，写满了军人的勇毅、担当、忠诚与荣耀，岂容随意诋毁、任意歪曲、恣意抹黑？崇尚英雄才会英雄辈出，诋毁英雄只能自毁前程。通过讨论学习，澄清真相、以正视听，让学生看清其中的是非曲直，让误导国际舆论、污蔑中国边防部队官兵的行为不能得逞。历史不容篡改，英雄不能遗忘。在事实面前，怎能放任信口乱说？在铁证面前，怎能容忍污蔑诽谤？无论情与理，还是法与规，都不能容忍这种对英雄功绩、气节和荣誉的亵渎。学生认为，"别让那些别有用心之人钻空子"，有人利用热点想出名，"出名是出名了，但是臭名远扬"。正义自在人心，英雄赞歌嘹亮。

　　第二，不同时期观点相左的热点。有些热点如昙花一现，有的热点具有持续性。这种持续性有的持续好几年，但是每一年主导的观点都不一致，如何处理这类具有前后观点不一致的热点呢？首先，要正确看待观点前后不一致的热点。所谓"正确看待"，就是要尊重事实，一个热点能够持续数年，持续的原因可能就是观点的前后差异。没有观点的差异怎么会持续吸引人的关注，所以对这类热点来说，观点前后差异是常态，观点始终一致才不正常。观点是否一致不是讨论课教学设计者关注的焦点，应该关注的是前后观点差异的原因，只有弄清楚原因才能明白热点之所以是热点的真相。主导热点观点差异的原因，一是同一热点不同时期关注点不一样，比如高考考研的热门专业，热门专业一直存在，但是哪一个专业是热门不固定；正如每年都有流行歌曲，但哪一首流行是未知的；二是部分热点随着人们认识的深入，出现前后观点不一致，类似于从地心说到日心说再到银河系再到更大的星系组织，人们的认识越深入，观点越不一致，也更接近真相。三是不同时期人们的价值观发生了改变，人们需要什么，什么就会成为热点的中心，所以在设计此类题材时，要经过充分论证，采取科学的论证结果作为讨论教学材料。其次，要辩证地看待观点前后不一致的热点。任何事物都有两方面，并不存在非此即彼的情况，有时候一个方面表现得强劲一些，另一面弱化一些，有时反之亦然。一是二选一的热点。比如考研或就业，一直是学生讨论的热点问题，到底是选择考研还是就业，不同的年份关注点不一样，不同的学生关注的重点也存在差异。二是具有两面性的热点。比如大学生退学创业问题是否可行问题。如期完成学业有利，退学创业也不是全是弊。最后，要整体看待前后观点不一致的热点。有些热点形成的原因是逐渐展开的，开始并不是一下子都呈现在人们面前的。前后观点不一致不是相反的不一致，而是逻辑上渐进层次的区别，前后观点都只是整体观点的一个组成部分，部分与部分之间有差异，但是部分与部分组成整体就很和谐。我们考察热点的立场不一致问题，一定要采取科学的方法，辩证地分析。

第三，容易引起共鸣的热点。热点之所以成为热点，是因为得到普通大众的关注和共鸣。让普通大众有"设身处地""就是自己"的感觉，激起了大众的同理心和同情情绪，催生出相同或类似的价值判断及情绪结论。这类热点又分为榜样型热点和批判型热点。我们先研究榜样型热点，榜样型热点的榜样有人为设立的榜样，也有自然生成的榜样。人类社会一直存在着人为设立榜样的现象，关羽、岳飞等是社会道德形象的具体化，今天的道德模范同样如此。这些榜样具有高尚的品质，类似的品质与普通大众在道德层面形成同频共振，道德是以善恶为标准，调节人们之间和个人与社会之间关系的行为规范。道德总是扬善抑恶的。道德依据社会舆论、传统文化和生活习惯来判断一个人的品质，主要依靠人们自觉的内心观念来维持。人们都愿意用美好的向往充实自己的内心，而不是相反。

目前，我国的道德状况还不能令人满意，普通大众如何把善行义举体现在自身的日常生活中。每个公民只要愿意提升自己的道德素质和道德品性，将一般的道德要求化为切实的具体行动，经过不断的道德努力，都可以成为一个有道德的人。对普通公民来说，学习道德模范、崇尚道德模范、争当道德模范，积极参与道德建设，关键是如何在日常生活和工作中主动地实践道德的要求、自觉地培育公民美德。还有批判型热点。生活中并不总是榜样在召唤我们，有时是人们不愿意看到的坏典型也影响着我们，公民的道德水平体现着一个民族的基本素质，反映着一个社会的文明程度。道德模范是时代的道德标杆，引领着公民道德建设的价值观导向，而坚持和提倡什么样的价值观，直接影响着公民道德建设的进程和成效。好的榜样激励人们，坏的典型则破坏人们对美好的追求。除恶扬善是中华民族的美德，批判必须批判的是当代大学生义不容辞的责任，在处理这类热点时，不能回避，也不能无视，只有正确地处理这类容易带给人消极影响的热点，才能最终成熟地把握热点，掌握社会发展规律，进而实现追求真理的科学探索。

三、热点与教材等其他要素相结合

社会热点问题随着社会的不断发展而持续地客观存在着，在一定时期和范围内影响着人们的生活，引起全社会普遍关注。实践证明，越是社会变革、社会转型期，社会热点问题越突出。如何在思政课堂引导大学生正确认识社会热点问题，是当前思政课小班讨论教学的一项重要任务。前面在选取教材作为讨论主题时我们探讨了理论热点问题，现在这部分热点指的是社会舆论热点，从大众关注度来讲，理论热点没有舆论热点的受关注度高。舆论热点具有大众化、流行性、更替速度快等特点。在以舆论热点作为讨论主题内容时，要避免就热点讨论热点，要结合其他要素，赋予热点理性和具体化。

第一，热点与马克思主义基本原理相结合。马克思主义基本原理与热点相结合，目的在于用热点论证马克思主义基本原理，而热点放在前面是用马克思主义基本原理分析热点。当前的热点话题包括人工智能、环境污染、医疗改革、社交媒体等。这些话题的出现引起社会的广泛关注，并对人们产生深远的影响。如何实现热点问题和马克思主义基本原理结合呢？首先，立足于理论是解决现实问题的需要。热点问题是现实发展中出现的问题，把热点问题与马克思主义基本原理相结合，不是教条般结合，而是基于解决实际问题的结合，理论发展是实践的需要，实践需要理论是用来解决问题的，而不是装点门面的。特别是随着科技的发展，以科学技术问题为核心的生产力引发一系列社会问题，如何解决这些问题，需要用马克思主义基本原理来指导，马克思主义不是解决人类社会现实问题的唯一方法，但绝对是最科学的方法，有些问题不是只能选择马克思主义来解决，而是只有用马克思主义才能解释清楚，解决彻底。当前，世界上有两种不同的社会制度、两种不同意识形态的共存，实践证明社会主义制度已经赢得发展的比较优势，这是客观事实，中国式现代化的发展道路为世界上其他发展中国家提供了中国的智慧和方案。中国发展过程中会不断涌现新的热点，中国人不怕热点，就怕热点不够多，最大的热点就是实现中华民族伟大复兴的中国梦。其次，站在马克思主义基本立场分析热点问题。马克思主义基本立场就是人民立场，分析热点问题就需要坚持人民立场，坚持人民至上。热点问题大部分是百姓关心的问题，与人民群众的利害关系密切，课堂教学剖析热点问题，虽然是理论上探讨，不属于解决问题的现实方案，也要严格坚持人民立场，只有做到这一点，才能获得正确的解决方案，任何偏离人民立场的观点和看法都是错误的，如果把这种错误的认识执行到工作中，错误的认识指导下产生的只有错误的实践。最后，要坚持用马克思主义阶级分析法处理热点问题。关于阶级斗争问题在社会主义初级阶段的存在范围，那一段教科书式的表述我们不再重复，生活中的大部分热点问题一般很少直接显露阶级问题的成分。不直接显露不等于不间接包藏，当前意识形态阵地的斗争丝毫不轻松，热点问题背后往往裹挟一些不可告人的邪恶目的。青年大学生一定要警惕线上带节奏的热点，"带节奏"一词最开始是游戏术语，出自电子竞技圈，常被用于游戏解说。其意思是经验丰富的玩家，或者有优势的英雄能够起到一定的领导带头作用，组织自己的队友做一些有意义的进攻或防守，打出属于本队的井井有条攻守得当的气势和节奏感来，被称为"带起一波节奏"。但是随着越来越多人的使用，该词的使用范围也在逐步扩大，也不只是游戏里面的专用术语了，其引申含义为，针对某个事件话题的时候，会有人故意发表一些比较具有煽动性和争议性的言论，来挑起一些无知群众的跟风或者争端，带点看热闹不嫌事大的煽风点火的性质，被称为"带节奏"。2020年以来，"带节奏"被赋予了一定程度的严肃意义，在外交场合用来描述一些域外大国制造议题，无中生有，煽动惑乱，倒行逆施的行为。在抖音直播间常见一些带节奏的大神，他们会说一些与众不同的话题，让直播间的气氛变好或变坏。这些带节奏的大师可能是主播请来的"托儿"，也可能是竞争对手请来的黑粉。只要被带起来一个话题，现在的网友们也特别容易被带节奏，本着看热闹不嫌事大的心态，纷纷刷起了屏。直播间可能一度失控，网上舆论热点也不时出现类似情景。

第二，热点与学生大众熟悉的具体内容相结合。热点再热，如果脱离学生生活，与学生的学习、生活和未来的就业交集很小，就不建议把此类热点列为小班讨论教学内容。首先，热点问题要属于学生学习的范围，不一定是思政课覆盖的内容，但是要属于学生应该学习的知识范围。让学生盲目地讨论一个陌生领域的陌生话题，结果可想而知。明知讨论教学会产生一个不好的结果还一意孤行，既违背了讨论教学目的又不符合思政课教学的要求。在"热带雨林保护"与"在线学习将成为主流"两个热点，哪一个更适合思政课小班讨论教学呢？"热带雨林保护"是一个生态热点，生态问题本属于学生熟悉的范围，但具体到"热带雨林保护"就是中国大部分学生陌生的话题了；相比较而言，"在线学习将成为主流"对于刚刚经历过新冠病毒感染的学生来说更具有个人体会。学生更容易根据自己的实践经验提炼出深化后的认识，而不是仅停留在字面的文字游戏。其次，热点问题要属于学生生活的范围。学生的生活有家庭生活、社会生活、校园生活，还有网络生活，相对于传统学生来说，今天的青年学生网络生活占据生活中的大部分比例。在网络生活的冲击下，原本丰富多彩的校园生活的丰富打折了，多彩逊色了。传统上，学生在校园里过校园生活，在校园外过社会生活。如今，网络的普及把校园生活积压到一个狭小的空间，网络生活是大部分学生的世界，没有网络时学生的孤独是真孤独；有了网络，学生的孤独不再是孤独，但是更加具有孤单感，一个人逛网上商店购物、一个人看电影等。对面宿舍发生了什么不知道，却知道远在天边的另外一所学校发生的事情。这就是今天大学生的日常生活，不懂得这个实际，很难在讨论教学中抵达学生的内心世界。最后，热点要与学生未来的发展方向相一致。网络是虚拟的，但不是虚构的，学生不关注或少关注现实世界，不等于学生不关心未来的发展方向，网络是关注未来更便捷的途径，网络也是未来需要重点关注的对象。每一个时代有每一个时代的时尚和发展的焦点，思政课小班讨论教学本身就是时代教育的发展要求，那么，思政课小班讨论既然顺应这个时代的要求而生，就要顺应这个时代的要求而发展。如果用一个老套的陈旧的观念设计小班讨论教学，大概率是要失败的。选取的热点就是其中的内容之一，热点内容要与学生未来的发展方向相一致，这不是迎合学生，这是符合时代的要求。

第三，热点与社会发展趋势相结合。分析热点问题，要紧密结合社会发展趋势，随着社会的不断进步和发展，许多热点话题反映了当前社会的思潮和价值观念，深刻地影响着我们的生活和未来。首先，热点问题要代表新科技发展方向。热点问题代表的新技术的快速发展正在改变人们的生活。新能源、新媒体在人们的生活中不断出现，人们的物质生活和精神生活发生重大变迁，讨论教学要具有前瞻性眼光，不失时机地关注到新科技的发展趋势，讨论教学还要具有批判性眼光，新技术在新领域发挥重要作用，同时也存在一些负面影响，比如自动化可能导致部分职业的消失，网购对实体经济的冲击，等等。其次，热点问题要事关人民群众根本利益。比如环境污染已成为每个人都必须面对的严重问题。气候变化、空气污染、水污染等问题导致健康问题和经济损失。政府、企业和个人都需要采取行动来应对环境污染问题。随着人口老龄化的加剧，养老问题成为一个重要的社会问题。政府和社会需要采取措施来保障老年人的生活质量和健康。医疗改革也是当前的热点话题之一。医疗资源不足、医疗服务质量不高、医保体系不健全等问题导致了国民健康水平的下降。最后，热点问题要深入人的本质认识的哲学层次。一方面，生产关系变化了，马克思主义哲学认为，生产力的变化引起生产关系的变化，网络经济改变了传统意义上人们的经济交往方式，也就是生产关系的具体方式发生重大变化。另一方面，人的本质变化了，"人的本质是现实意义上一切社会关系的总和"①。社交媒体的快速发展和普及也带来了深远的影响。人与人之间的关系增添很多网络元素，社交媒体为人们提供了更广泛、更便利的交流平台，社交媒体已经成为许多人日常生活的一部分，人们从中获取信息、交流和娱乐。在未来，社交媒体可能继续改变人们的生活方式，但也存在网络暴力、信息的真实性、信息泄露等问题。人们对这些问题的关注也在不断演变和深化。小班讨论教学不但注意到鲜活的现实生活，更要能够深入认识的哲学层面，随着技术的不断发展和应用，互联网的形态和功能也在不断变化，人工智能是当前互联网发展的重要趋势，其可以实现更高效、更智能、更人性化的服务，

———————————

① 马克思恩格斯选集［M］．北京：人民出版社，1995．

人工智能技术将逐步实现感知、认知、决策、执行等环节的自动化和智能化。总之，当前社会热点话题的影响和趋势值得我们重视和思考。我们只有不断深入分析和研究这些问题，才能通过思政课小班讨论教学，培养学生更好地应对未来的挑战和机遇。

第七章　思政课小班讨论的实践价值与意义

在思政课教学改革中，小班讨论教学在各个高校已经不同程度地开展起来，实际运作却是参差不齐，各有优劣。在教育教学研究方面，类似题材的论文数量众多，研究水平不一，作者大多是从教的一线教师，很少有重量级的专家发表权威性意见。根据知网统计，当前这些关于思政课小班讨论（研讨）教学公开的实践和理论研究，已经充分证明这种新型的教学模式改革取得初步成效。关键是，未来这种探索是继续深化，还是停留在初步成效的阶段，或是把初步成效无奈地当作最终成效呢？如果不是这样，那么我们对思政课小班讨论教学的最终期待是什么？当前的初步成效与最终期待还有多大的差距等问题，都是关于思政课小班讨论教学亟待解决的问题，只有解决了这些问题，思政课小班讨论教学才会更加规范、更加科学。

第一节　促进思政课教学改革

思政课小班讨论教学的出现绝不是偶然的现象，也不是昙花一现的好奇之作。作为思政课教学改革的一项重要环节，思政课小班讨论教学是时代的需要，是教育的需要，是学生的需要，归根到底是人民的需要。思政课小班讨论教学符合教育规律，促进思政课教学改革，在探索人才培养规律方面做出大量有益的探索。其原因在于思政课小班讨论教学模式抓住了信息时代的主动权，抓住了新时代青年能力成长的机遇期，抓住了思政课教学的核心规律性。时势造的不只是英雄，还有新的教学模式。

一、抓住信息时代的主动权

在人类社会发展过程中，不同的社会阶段具有不同的阶段性特征，这是由生产力的发展状况所决定的，人们对社会发展的规律的认识总是基于生产力的发展水平。在信息时代，信息技术颠覆了传统上人们对知识的追求和掌握方式，传统时代需要多年积累才能掌握的知识如今只需要简单地搜索就能替代，这对于那些需要大量记忆的知识来说是一把双刃剑，知识的获得不仅是记忆，记忆基础知识，电子信息储存是否能够代替及如何科学地代替人脑力的储存不是我们研究的重点，但是这种替代的趋势已经出现且不可逆转。我们研究的重点是在这种趋势的基础上，人们怎么进一步提高理解性知识的学习和能力的培养，因为这方面的任务是当前电子技术不能替代的。在这个问题的导向下，思政课小班讨论教学模式抓住信息时代的主动权，为新时代高校人才培养做出积极的探索。

信息时代知识获得方式的变化对新的教学模式提出新的要求。在传统教育时代，知识就是信息，知识就是有用的信息，人们先学习知识，然后根据实际需要再做出选择或取舍。在信息时代，信息大量充斥人们的生活空间，不管是主动获取或被动接受，人们对信息就是知识的认识产生怀疑，得到的信息不一定就是知识，不一定就是有用的知识，伪科学、毒鸡汤就是信息时代的不良产品。人们不得不先选择，再学习。首先，信息检索是学习方式，选择信息成为学习能力。信息检索是用户进行信息查询和获取的主要方式，是查找信息的方法和手段。狭义的信息检索仅指信息查询，即用户根据需要，采用一定的方法，借助检索工具，从信息集合中找出所需要信息的查找过程。广义的信息检索是信息按一定的方式进行加工、整理、组织并存储起来，再根据信息用户特定的需要将相关信息准确地查找出来的过程，又称信息的存储与检索。一般情况下，信息检索指的就是广义的信息检索。随着信息技术为人们提供便利的检索，搜索信息和筛选信息就成为人们的常态技能。相比大量简单的重复性记忆，信息技术为人们节省大量的简单化学习时间和其他资源。这就为小班讨论教学提供扎实的客观条件，学生可以在课前通过新技术进行充分的准备，这一点在网络技术普及前根本是不可能实现的。其次，信息传播的多渠道，压缩了传统课堂教学的知识传授空间，需要教学方式进行新的改变。随着互联网的普及和电子商务的发展，企业和个人可获取、需处理的信息量呈爆发式增长，信息渠道的多样化，使学生在课堂对新知识的接收出现疲劳，常规的讲解式教学遇到巨大的挑战，知识的权威和教师的权威都面临崩塌的风险，传统的知识传授空间遭到积压，到课率、抬头率成为传统课堂教学的大敌，课堂教学出现实践中的冷幽默，或学生相传的笑话。这急需新的教学模式扩张教学空间，重塑知识和教师的权威，因此小班讨论教学应运而生，这种新模式将改变"教师教的学生都知道"的尴尬状况，小班讨论教学将要解决的问题是：把学生知道的变成学生掌握的，把学生掌握的变成学生能够讲出来的，把学生能够讲出来的变成学生拥有的。最后，讨论教学符合信息时代的学习要求。在信息时代，单方向的信息传递已经被淘汰，传统的报纸、电视等媒介江河日下的趋势充分说明这一点，新趋势中人们由过去的被动接受信息到今天的主动参与信息的制作和传播。小班讨论教学是双向信息交流的必然产物，学生渴望通过课堂交流实现主动参与，而不是被动地学习。在当前这个高速发展的信息时代，如何将信息化技术嵌入教育过程，提高学生的学习效能水平，已经成为高校教学、教育部门、社会各界普遍关注和讨论的问题。教育信息化时代要求我们从推进信息化建设、探索新型教学模式、优化教学资源等方面加强对智能化、个性化信息化教育应用的探究和分析，旨在提高教学质量、推进教育事业的可持续发展。总之，时代在发展，教育方式也在悄无声息地发生改变，这种改变貌似是当前人们的积极主动探索，其实，这种主动性总是历史必然性的要求，总是生产力发展的要求，如果没有互联网技术，人们大概率不会沿着互动参与的方向探索教学改革，当然探索结果也不会是思政课小班讨论这个模式。所以，思政课小班讨论教学是顺应新技术发展的需要，顺应新社会发展阶段的需要。

二、满足新时代新青年能力提高的需要

新时代是一个充满挑战和机遇的时代，青年学生是这个时代及未来的领军者和建设者。站在新的历史起点，新时代青年肩负着中华民族伟大复兴的历史使命，他们怀揣着梦想，展现出无比的活力和创造力。学生需要成长，特别是能力的成长。学校培养学生的目标是学生的能力成长，包括自学能力、研究能力、思维能力、表达能力和组织管理能力。能力，就是指顺利完成某一活动所必需的主观条件。能力总是和人完成一定的活动相联系在一起的。离开了具体活动既不能表现人的能力，也不能发展人的能力。能力是直接影响活动效率，并使活动顺利完成的个性心理特征。

根据这个目标，结合我们的研究结果，现在表述如下：第一，自学能力。自学能力是一个人最优秀的品质。能力与知识、经验、个性特质共同构成人的素质，成为胜任某项任务的条件。自学能力是指在没有教师和其他人帮助的情况下

自我学习的能力，自学能力包括阅读理解能力、检索能力、写作能力、实践能力等。其中，自学能力的基础技能是阅读理解能力。检索能力是建立在相当熟练的阅读能力之上的。写作能力在自学能力中占据着重要的地位。实践能力是自学能力最终能够转化为真正价值的根本。思政课小班讨论教学在提高学生能力方面是一个非常具有操作意义的环节。提高自学能力，掌握正确的学习方法很重要。人类教育发展的理论和实践证明，以"问题"为中心的学习方法历来是人们学习的良方。这与讨论教学的主题设计不谋而合，中国古代教育家孔子就提出在学习中要"不耻下问"，敢于和善于提出问题。所谓以"问题"为中心的学习方法，就是在学习过程中把学习知识的过程化解为提出问题，分析问题、解决问题的过程。思政课小班讨论教学需要学生带着问题组织材料，把要学习的知识分解为具体问题进行学习、领会和掌握。第二，研究能力。在这里研究能力指的是学术研究能力。学术研究能力是指一个人在学术领域进行研究的能力。具体表现为以下几个方面：问题意识、文献综述、研究设计、数据分析和解释、批评性思维、沟通和表达能力、学术道德和诚信。问题意识：具备敏锐的问题意识，能够从复杂的现象和现实问题中发现研究的问题，并提出独立思考和探索的思路。文献综述：能够熟练地使用图书馆和互联网等资源，进行文献检索和综述，了解和掌握已有研究的进展和成果。研究设计：具备设计研究的能力，包括清晰地定义研究目的和问题，选择适当的研究方法和实施方案，准确收集和处理研究所需的数据。数据分析和解释：能够熟练地运用统计学和其他分析方法对研究数据进行分析，并从中提取有效和可靠的结论，能够将研究结果与理论联系起来，进行合理解释和讨论。批判性思维：具备批判性思维的能力，能够对研究中的假设、方法和结论进行评估和分析，能够发现其中的问题和不足并提出合理建议。沟通和表达能力：能够清晰地表达研究的目的和问题，并能用恰当的语言和方式向同行和公众传达研究的结果和意义。学术道德和诚信：遵守学术道德规范，包括尊重他人的知识产权和学术成果，正确引述和参考他人的研究成果，不进行学术不端行为。学术研究能力的培养需要系统地学习和实践，包括参与科研项目和课题的研究和实践活动，积极参与学术交流和讨论，持续学习和提升自身的专业知识和研究方法等。第三，思维能力。思维能力指人们在工作、学习、生活中每逢遇到问题通过分析、综合、概括、抽象、比较、具体化和系统化等一系列过程，对感性材料进行加工并转化为理性认识来解决问题。人们常说的概念、判断和推理是思维的基本形式。无论是学生的学习活动，还是人类的一切发明创造活动，都离不开思维，思维能力是学习能力的核心。思政课小班讨论教学是思维能力培养的科学依据。思维能力的训练是一种有目的、有计划、有系统的教育活动。人的天性对思维能力具有影响力，但后天的教育与训练对思维能力的影响更大、更深。许多研究成果表明，后天环境能在很大程度上造就一个新人。我们在思政课小班讨论教学的研究中证实了这一点。思维能力的训练主要目的是改善思维品质，提高学生的思维能力，只要能在实际训练中把握住思维品质，进行有的放矢地努力，就能达到预期的目的。思维并非神秘之物，尽管看不见、摸不着、来无影、去无踪，但它是实实在在的、有特点、有品质的普遍心理现象。第四，表达能力。表达能力又叫做表现能力或显示能力，它是指一个人把自己的思想、情感、想法和意图等，用语言、文字、图形、表情和动作等清晰明确地表达出来，并善于让他人理解、体会和掌握。表达能力包括口头表达能力、文字表达能力、数字表达能力、图示表达能力等形式。数字表达能力、图示表达能力属于专业范围内修炼的基本技能。这里我们主要强调口头表达能力和文字表达能力。其中口头表达能力在小班讨论教学中得到集中提升。出色的口头表达能力其实是由多种内在素质综合决定的，它需要冷静的头脑、敏捷的思维、超人的智慧、渊博的知识及一定的文化修养。为此，提高口头表达能力需要努力学习和积累有关理论、知识和经验。培养文字表达能力的基本方法为多阅读，积累素材；多接触社会，感受生活；多思考，升华思想。第五，组织管理能力。组织管理能力是指为了有效地实现目标，灵活地运用各种方法，把各种力量合理地组织和有效地协调起来的能力，包括协调关系的能力和善于用人的能力等。组织管理能力是一个人的知识、素质等基础条件的外在综合表现。现代社会是一个庞大的、错综复杂的系统，绝大多数工作往往需要多个人的协作才能完成，从某种角度讲，每一个人都是组织管理者，承担着一定的组织管理任务。而思政课小班讨论教学是组织管理能力成长的新空间。

在这个日新月异的时代，科技与创新成为驱动社会前进的核心力量。新时代青年在数字化、网络化、智能化的环境中成长，他们敏感于技术变革，勇于探索和创新。思政课小班讨论教学要紧跟时代的发展，契合青年人的发展需要，青年需要在诸多领域展现出卓越的才华和创造力，为国家的创新驱动发展战略作出了积极贡献。

三、抓住思政课教学的核心规律性

在学校思想政治理论课教师座谈会上，习近平总书记提出"八个统一"的具体要求，为思政课的改革创新指明了方向。办好思政课，需要与时俱进，向改革创新要动力，坚持政治性和学理性相统一、价值性和知识性相统一、建设性和批判性相统一、理论性和实践性相统一、统一性和多样性相统一、主导性和主体性相统一、灌输性和启发性相统一、显性教育和隐性教育相统一。在"八个统一"的指导下，我们历经数年的实践反思，更加明确了思想政治理论课的课程定性，初步探讨了思政课教学的核心规律性。"八个统一"是思想政治理论课创新发展的内在规律。习近平总书记提出的"八个统一"，深化了对思政课改革创新的规律性认识。思政课作为思想政治工作的主渠道主阵地，有其自身的规律，思政课的课程设置、教材建设、教学内容、教学方法等受自身规律的支配。"八个统一"立足思政课建设的基本规律，紧紧围绕新时代思政课建设要解决好的主要矛盾和问题，深刻回答了新时代思政课改革创新的重点和难点问题，是推动新时代思政课改革创新的重要原则，是不断增强思政课思想性、理论性和亲和力、针对性的关键所在。

第一，"八个统一"科学回答了解决好"培养什么人、怎样培养人、为谁培养人"这个根本问题的有效路径。思政课是学校思想政治工作的重要组成部分，更是学校思想政治工作的主渠道主阵地。习近平总书记用"八个统一"深刻阐释了办好思政课的基本原则和目标要求，战略性回答了解决好培养什么人、怎样培养人、为谁培养人这个根本问题。思政课是落实立德树人根本任务的关键课程，其作用是不可替代的。"八个统一"从思政课的政治属性、建设原则和教学方法三个层面进行了充分的阐述，深刻指出了思政课如何才能走进学生内心的基本原则与方法，为科学回答"怎样培养人"这个根本问题提供了解决方略。

第二，"八个统一"揭示了思政课建设的规律性要求。思政课要坚持在改革中发展，只有用改革的办法解决前进中的困难，才能提升思想政治教育的亲和力和针对性，才能满足学生成长成才的内在需求和发展期待。"八个统一"深刻揭示了思政课建设的系统性，它既要遵循思想政治教育规律、教书育人规律和学生成长规律，又要不断完善教学内容、改进教学方法、创新教学载体，不断提高思政课教学的科学性和实效性；既要坚持马克思主义思想的一元指导和哲学社会科学体系建设要求，又要树立"大思政"理念，推动其他课程与思政课的同向同行，不断增强育人协同效应；既要不断深化课程改革，又要不断加强教师队伍建设，不断加强对学生的思想引导和价值引领，在教学过程中切实增强学生的"四个自信"，有效培养全面发展的新时代中国特色社会主义新人。

第三，"八个统一"提供了新时代思政课改革创新的基本遵循。"八个统一"直面思政课建设过程中的重大问题和广大教师关心的热点问题，从理论与实践相结合上作出了深刻回答，它不仅是思政课建设长期以来形成的一系列规律性认识和成功经验的科学概括，而且是推动思政课改革创新的重要原则。这"八个统一"，每一个都是思想深刻、内涵丰富，只有结合思政课的教学实际、创新方式方法，才能让思政课有亲和力、吸引力、感染力，让学生喜闻乐见、受益无穷。比如，坚持政治性和学理性相统一，就是要以严密的逻辑和透彻的学理分析回答学生的疑问，以彻底的思想理论说服学生，用真理的强大力量引导学生，真正把马克思主义理论说透彻说明白，产生思想共鸣，从而让学生真学真信、真懂真行；坚持灌输性和启发性相统一，就是要坚持理论灌输的同时，更要注重对学生的启发性教育，引导学生发现问题、分析问题、思考问题，在不断启发中让学生水到渠成得出结论，才能让科学理论春风化雨、滋润心灵，提高学生掌握和运用科学理论的能力。

思政课的最终目的是培养学生运用马克思主义基本原理、立场和方法分析与解决问题的能力，培养能担当民族复兴大任的时代新人的综合素质，而要实现这些教学计划光靠理论教学是远远不够的，需要结合有效的实践教学、小班讨论教学才能完成，才能真正将理论内化于心、外化于行。因此，思政课教学既要立足课堂，也要走出课堂；既要注重理论教学，又要注重讨论教学、实践教育，要把理论教学和实践教学有机结合起来，课堂教学作为培养人的重要渠道，其知识体系、价值体系的建立健全是一个长期动态的过程，需要更为持久更为深入的改革创新。

第二节　塑造学生

思政课小班讨论教学，最终的目的是全方面塑造学生。所谓全方面，从功能方面讲，思政课既塑造学生的理想信念，又训练学生的思维方式，还开阔学生的视野。从教育过程来看，思政课既有理论教学，又注重能力培养，更注重综合素质提升。当前的研究大多从思政课的政治属性强调思政课的重要性，政治属性当然是思政课的重要属性，在政治属性之外，思政课还具有真理性和启发性。因此，思政课在塑造学生方面主要体现为树立理想信仰、加强思维训练、开阔视野等方面。

一、塑造理想信仰

所谓理想，就是对未来事物的美好想象和希望，也比喻对某事物臻于最完善境界的观念。它是人们在实践过程中形成的、有实现可能性的、对未来社会和自身发展的向往和追求，是人们的世界观、人生观和价值观在奋斗目标上的集中体现。理想分短期和长期的。短期的一般指在近期要完成的目标。长期的一般称远大理想，奋斗时间长，甚至不止一代。有观点指出，理想是指符合理性思考的目标想象，也是对自己理性对待目标的想法。所谓信仰，就是指某人自发对某种思想或宗教及对某人某物的信奉敬仰。说到信仰，我们还要注意另一个词，就是信念，信念是指信任，是指坚定不移的想法，是指对某人或某事信任、有信心或信赖的一种思想状态，是情感、认知和意志的有机统一体，是人们在一定的认知基础上确立的对某种思想或事物坚信不疑并身体力行的态度。理想、信念和信仰的区别在于主体的不同，理想是个人对自己未来发展目标的想法，信念是集体对自己未来发展目标的想法，信仰是整个社会对自己未来发展目标的想法。下面我们就从思政课小班讨论教学的视角考察小班讨论教学是如何塑造学生的理想信念，小班讨论教学虽然是思政课教学，但是它能以亲历者的氛围唤醒学生日常慵懒的思维，当生活中的同学把课本上枯燥的表述现身说法展现出来时，就会对学生形成较强的冲击力，这种冲击力是如何形成的，又产生什么样的效果呢？

第一，科学规划个人理想。理想是一个人生活中的重要组成部分，古今中外，有远大志向的人都会令人肃然起敬，而浑浑噩噩胸无大志的人则会受人鄙视。当然个人的理想与抱负和其所处的时代有很大关系，生不逢时总会成为生活中的遗憾。中国特色社会主义进入新时代，中华民族迎来伟大复兴的光辉时代，新时代为人们追寻自己的梦想提供了坚实的物质基础和精神基础，这是一个人人有机会实现梦想的好时代。随着互联网科技的发展，诸多资讯带来多元化价值观的冲击，青年一代知道理想对于人生的重要，但是对于如何科学地树立个人理想，还存在着一定的误区。如何通过思政课小班讨论教学帮助学生认清误区，在错综复杂的各类观点中走出适合自己的人生道路，是我们研究思政课小班讨论教学的初衷和目的。首先，科学认识人类社会发展的大趋势。人类社会从低级到高级的发展趋势没有改变，但是现存的不同社会制度之间的竞争和进化还向世人呈现感性的混乱，终将被淘汰的资本主义制度还有挣扎的空间，特别是在科技发展的某些局部领域还保持小部分优势。这就给部分青年学生造成认识方面的干扰，在判断人类社会的发展趋势方面缺乏清醒的认识。在思政课教学过程中，特别是通过思政课小班讨论，让学生从科学发展的角度认识社会，认识人类历史，而不至于在暂时的对比中迷失方向的选择。在现实生活之中，部分青年在资产阶级价值观的蛊惑中，只看到一小部分发达国家的先进，看不到这些国家存在的另一面，特别是牵涉国计民生的社会层面，我们不夸大资本主义社会的任何局部，只要科学地认识人类社会发展的整体，就能产生科学的结论，真正决定人们对一种社会制度赞美和否定不是主观的看法，而是客观实际。其次，结合社会发展的需要。马克思主义哲学告诉我们，这个世界是普遍联系的，也是永恒发展的。不同的社会发展阶段有不同的社会发展需要，青年人立志要结合社会发展的需要，个人是社会的人，任何人不能脱离社会，马克思主义告诉我们，人的本质不是单个人所固有的抽象物，在其现实性上，它是一切社会关系的总和。人既然是社会的人，就要融入社会，考虑社会的存在与发展，结合社会的需要来设计个人的发展。决定人生的不是浮光掠影的想象，更不是个人的主观臆断，而是客观现实的实践，实践是不断发展的，社会需要也是不断发展的，在树立个人理想时，不但要结合社会需要，还要结合不断发展的社会需要，理想的方向是不变的，中国古人说要立长志，不能常立志。理想树立了，就不要轻易改变，但是理想的具体内容要随着时代的发展，随着时间的前进和实践的发展，理想的内容要不断调节，原因在于，现实的实践总会实现理想的一部分内容，未实践的部分也要结合实践的具体情况进行修正。修正理想不是改变理想，更不是常立志，而是随着实践的发展调整理想。最后，脚踏实地结合自己的实际。在实践和时间面前，一切空想都是纸老虎，所以，树立理想一定要脚踏实地结合自己的实际。实际不是固定不变的，结合自己的实际不但要结合树立理想当时的实际，还要结合不断发展的实际，不要用过去的实际要求今天的理想，也不能用今天的实际苛求过去的理想，但是可以用今天的实际调整过去的理想中还未实现的部分。理想与实现理想的具体实际不可能是完全同步的，有时候现实超越理想，有时候现实落后于理想。思政课小班讨论教学就是帮助学生科学树立个人理想，不管是长期远大理想，还是短期的阶段性理想，都要考虑到个人的具体实际。同时，思政课小班讨论教学本身也有一个实际，不同的思政学科有不同的实际，在研究中我们发展"德法"注重学生个体的较多，"纲要"侧重爱国情感，"原理"偏好思维训练，"概论"的重心是现实指导思想。这种各有侧重的实践是否科学，从学科的内容来看有一定的道理，但是从讨论教学的整体性来看，缺乏系统性和全局性。

第二，树立远大社会理想。传统文化中，国人就有"齐家治国平天下"的愿望，作为时代新人，在树立个人理想的同时，还要有远大的社会理想，把个人理想融入社会理想。首先是社会发展进化的需要。人类社会是一个从低级到高级的发展过程，这个过程不是自动实现的，而是在人类克服种种困难中实现的。克服什么样的困难，怎么克服困难，需要经过人们的努力和探索。因此树立社会理想是社会发展的需要，这是不以人的意志为转移的，我们常说的不能阻挡"历史车轮"前进指的就是这个意思。但是人的意志可以加速和减缓车轮前进的速度，在同一问题面前，不同人采用的不同方案会有不同的结果。社会理想的功能就是通过树立社会理想，把不同的个性化方案统一起来，用最优化的理想统一大家，这一点只有在社会主义国家才能实现，而思政课小班讨论就是统一社会理想的重要课题教育。社会建设实际中有党和国家的顶层设计，但是普通的社会层面也有集中的讨论和优化过程，小班讨论在一定意义上就是这种统一思想和认识的预演。其次是个人成长的需要。人是社会的人，这就要求人不但有个人理想，还要有社会理想。个人理想与社会理想不是矛盾的，而是统一的，人不能只有个人理想没有社会理想，也不能只有社会理想没有个人理想，要把个人理想融入社会理想，这是个人成长的需要。只有把个人理想统一到社会理想，才是正向的，个人的发展才会更加圆满，那种违背社会发展意愿的个人理想，即便是获得一定的成功，最终将被社会所抛弃。在社会发生巨变期间，个人与社会在理想方向一致性方面更加明显，例如在清朝末年，以洋务派为代表的封建官僚，他们个人有足够明鉴的眼光判断这个世界的现状，但是他们把自身的理想局限于封建社会的桎梏之中，没有看到人类社会发展的大趋势，没有根据历史的趋势把个人理想与社会理想归于统一。因此，青年学生要顺应历史的发展，把个人理想融入社会理想，这不是高大上的口号，是最现实的个人发展需要。最后是无产阶级的先进性要求。

无产阶级是最先进的阶级，无产阶级的历史使命就是实现共产主义，这是无产阶级的远大理想。青年学生树立远大社会理想是先进阶级的政治要求。先进性要求是具体的，不是空洞的口号，如何把政治要求落到具体是一个复杂的过程，思政课小班讨论教学是这个复杂过程中的关键环节。因此，在思政课小班讨论环节，加强政治要求、专业要求、意识形态要求就显得非常重要，把先进性要求浸润在讨论教学的每一个细节。先进生产力和先进文化是先进性要求的具体体现，青年学生要在掌握先进生产力和掌握先进文化的具体实践中落实先进性要求。

第三，坚定共产主义信仰。信仰是人们的一种高级的精神活动；有了信仰，人们就有了精神的寄托，有了行动的指南。共产党人就是把共产主义作为自己的信仰。共产主义信仰即对共产主义学说和理论的信服、尊敬和崇拜。首先，科学认识共产主义和共产主义信仰。共产主义包括两个范畴：共产主义制度和共产主义思想。共产主义学说是由马克思和恩格斯创立的无产阶级的思想体系，是人类历史最进步、最革命、最合理的科学学说。共产主义学说不是脱离实际的空想，而是经过一百多年无产阶级革命实践检验的科学真理。而共产主义信仰是一种科学信仰，确立了共产主义信仰，就要把在全人类实现共产主义作为自己终生奋斗的理想，共产主义信仰是无产阶级革命者行动的指南。共产主义理论在正确认识自然界、人类社会和思维发展客观规律的基础上，揭示了资本主义生产方式的固有矛盾，证明了资本主义必然灭亡，社会主义必然胜利这一不可逆转的历史发展趋势。其次，坚定"四个自信"。坚信中国特色社会主义道路是实现社会主义现代化的必由之路，是创造人民美好生活的必由之路；坚信中国特色社会主义理论体系是指导党和人民沿着中国特色社会主义道路实现中华民族伟大复兴的正确理论，是立于时代前沿、与时俱进的科学理论；坚信中国特色社会主义制度是当代中国发展进步的根本制度保障，是具有鲜明中国特色、明显制度优势、强大自我完善能力的先进制度；坚定文化自信就是要激发党和人民对中华优秀传统文化的历史自豪感，在全社会形成对社会主义核心价值观的普遍共识和价值认同。2023年3月5日，习近平总书记在参加江苏代表团审议时强调，我们的教育要善于从五千年中华传统文化中汲取优秀的东西，同时也不摒弃西方文明成果，真正把青少年培养成为拥有"四个自信"的孩子。最后，把先进性要求和自信转化为实践。中国工人、农民、军人、知识分子和其他社会阶层的先进分子是中国共产党员的主要来源，青年学生要把先进性品质自觉锤炼于实际学习生活之中，积极加入中国共产党。经过思政课的学习，加强了学生对党的认识，明白自己入党的动机，也就是为什么要入党。这是从学生自己的思想实际提炼和总结的，在学生的思想演变过程，思政课小班讨论要起到关键性作用。研究中，我们发现，经过讨论发言，当学生把习惯对待的枯燥理论转化为自己的语言时，发生奇妙的变化，这种变化不是简单地复述和模仿，而是一种经过融合碰撞产生的新思辨。

二、进行思维训练提高综合能力

思维训练是一种头脑智能开发和训练技术，其核心理念是相信"人脑可以像肌肉一样通过后天的训练强化"。经过长期的探索实践，人们掌握了有效开发头脑智能的方法，在中国，思维训练这一智力开发技术已经开始受到广泛的重视，在教育领域被应用于学生思维技能素质提升。那么，思政课小班讨论教学是如何进行思维训练和提升学生综合能力的呢？

第一，思政课小班讨论的目标是智慧的训练。思政课小班讨论在一定程度上来说是一场智慧的演练，贝斯特在《教育的荒地》中指出："真正的教育就是智慧的训练。""学校的存在总要教些什么东西，这个东西就是思维的能力。"小班讨论时如何进行智慧训练呢？首先，坚持科学的智慧观。智慧是生命所具有的基于生理和心理器官的一种高级创造思维能力，包含对自然与人文的感知、记忆、理解、分析、判断、升华等所有能力。在我们的日常生活中，智慧体现为更好地解决问题的能力。智慧包括遗传智慧与获得智慧、生理机能与心理机能、直观与思维、意向与认识、情感与理性、道德与美感、智力与非智力、显意识与潜意识、已具有的智慧与智慧潜能等众多要素。有观点直言，智慧是不可把握的，是虚无缥缈的。这是把智慧置于唯心主义视野的看法，真正的智慧来自实践。实践能把握，智慧就可以训练。有人认为聪明就是等于智慧，聪明是对人客观的判断，聪明人不一定有智慧，笨鸟也有先飞的智慧。聪明是智慧的基础，但不等于智慧，智慧是后天习得，不聪明的人也照样拥有智慧。其次，智者也善辩。有句古语说，智者寡言，愚者善辩。持有这种观点的人认为，智者深知沉默的力量。沉默则如同长河，流淌着深厚的智慧和力量。愚者只有通过言语才能证明自己的存在和价值，他们喜欢在人群中发表自己的观点，追求口若悬河的宣泄快感。愚者的言语如同一阵风，吹过便无影无踪。智者是不是不能善辩呢？显然不是，古语又说了，言语压君子，衣着镇小人。智者不是不善辩，是没有遇到合适的场合。在信息时代的快节奏中，人们必须学会怎么说、说什么，这是思政课小班讨论要解决的问题。其实，今天的大学生多是通过高考选拔出来的，不再是智不智的判断，一流高校有辩论高手，高职高专中也有木讷不善言辞者。我们的目标是让会说的说得更好，让不会说的开口能说。最后，智慧的集中体现就是辩证唯物论与唯物辩证法。辩证唯物论是关于世界的物质性学说、关于物质和意识的辩证关系学说，它采用辩证法的观点研究世界的本质，所要说明的是世界的本质"是什么"的问题。唯物辩证法是关于自然界、人类社会及人类思维领域发展最一般规律的科学，它在坚持唯物论观点的基础上，研究世界的运行状况、形态和发展规律，进一步回答客观世界究竟"怎么样"的问题。思政课小班讨论教学就是基于辩证唯物论与唯物辩证法并培养学生相关思维能力的教学训练。

　　第二，小班讨论的内容是运用基本原则。罗素在《教育的目的》中指出："真正有用的训练，是理解若干一般原则，对于这些原则在各种具体情况下的应用基础训练。"首先，准确理解"一般原则"的科学内涵。在这里，"一般原则"不是特指，而是泛指，不同的教学训练有不同的"一般原则"；市场营销的"一般原则"是销售和回款，翻译的"一般原则"是准确和快捷；思政课小班讨论教学的"一般原则"是"坚持马克思主义指导"，"理论联系实际"；等等。"一般原则"大多是隐形的，在具体讨论教学中起到润物细无声的作用，如果在讨论的发言中过多渲染这些原则，就很容易滑入教条的倾向。其次，"一般原则"的科学应用。思政课小班讨论每次教学的具体内容不尽相同，但是每一次讨论教学的一般原则必须一致，这是小班讨论教学的基本要求。除了基本要求，还有具体要求，一般要求是把一般原则贯彻到课堂教学，具体要求是解决如何把一般原则在课堂教学中贯彻到位。这就需要处理好一般要求与具体要求的关系，一般要求通过具体要求来体现，具体要求受到一般要求的约束和制约。最后，辩证处理"一般原则"与实践的关系。实践是鲜活的，"一般原则"不能也不应该是固定不变的。固守"一般原则"不能变化的立场是对"一般原则"的违背而不是坚守，从来没有一成不变的原则，即便是"一般原则"相对于"具体原则"具有足够的稳定性，稳定性是相对的，没有绝对的稳定性。如果一定要说有绝对的稳定，那么这个绝对的稳定就是理论与实践之间的辩证关系。坚持这个绝对的前提下，"一般原则"就不是绝对的了，必然随着实践的变化而发展。那种固守"一般原则"不能改变的观念是缺乏辩证性的，毕竟"一般"不等于"绝对"，在思政课讨论教学过程中要辩证处理理论与实践的关系。

第三，思政课小班讨论课的根本任务是立德树人。立德树人是教育的根本任务，而思政课教学是立德树人的重要途径之一。思政课小班讨论教学的根本任务同样是立德树人。斯宾塞在《教育论》指出："科学不只在智慧训练上是最好的，在道德训练上也是一样。"思政课小班讨论如何把立德树人的道德训练落到实处的呢？首先，坚持社会主义核心价值体系，用社会主义道德准则规范学生的言行。社会主义核心价值体系的内容体现在社会成员的具体行为中，体现在现实生活里，包括马克思主义指导思想、中国特色社会主义共同理想、以爱国主义为核心的民族精神和以改革创新为核心的时代精神、社会主义荣辱观等基本内容。社会主义道德以马克思主义的世界观为指导，以为人民服务为核心，以集体主义为原则，以诚实守信为重点，以社会主义公民基本道德规范和社会主义荣辱观为主要内容，以代表无产阶级和广大劳动人民根本利益和长远利益的先进道德体系。其次，选取典型案例，用饱满的现实说法感染学生。在社会主义建设的鲜活实践中，涌现一批又一批道德模范，先进人物和事迹。公民的道德水平体现着一个民族的基本素质，反映着一个社会的文明程度。道德模范是时代的道德标杆，引领着公民道德建设的价值观导向，而坚持和提倡什么样的价值观直接影响着公民道德建设的进程和成效。我国公民道德建设的实践证明，发挥道德典范、道德榜样的引领和示范作用是提高公民道德水平的一个有效途径。目前，我国的道德状况还不能令人满意，针对这个局面，利用一批来自群众身边看得见、摸得着、学得到的先进典型，用他们的实际行动告诉我们，善行义举就体现在人们的日常生活中。每个青年学生只要愿意提升自己的道德素质和道德品性，将一般的道德要求化为切实的具体行动，都可以成为一个有道德的人。最后，在教学评价中加强德育考核。思政课小班讨论教学的评价不同理论教学，虽然小班讨论教学只有短短的几十分钟，学生个人发言讨论的时间更加短暂，很难通过简短的几分钟全面评价一个人的道德教育效果。管中窥豹，可见一斑，只看事物的一部分基本就能推测全貌。围绕学生的短暂表现做出的德育考核虽然不具有全面性，但是可以作为一个参考。通过加强德育考核引导学生规范自己的言行、筑起道德底线，将其培育成高品质的道德新人。

第四，思政课小班讨论课注重语言训练。在思政课小班讨论课上，语言训练非常重要。首先，规范学术语言。思政课是一门理论性很强的学科，专门术语和规范性表述具有限制性，学生在课堂学习时听得多、说得少，课下复习的时间非常有限。通过小班讨论，促进学生积极准备相关材料，熟悉专业术语，并能够熟练说出来。研究发现，有部分学生不能准确地把应知应会的内容表述出来，我们曾经取样部分考试试卷，考察的结果是一小部分同学不能把一些基本概念表述出来。这就需要我们在教学实践中加强学术语言表述的要求，只有这样才能让学生准确理解其中的精神实质。如果表述都不清晰，谈何理解精神本质呢？其次，学会发言技巧。在日常生活交往中，人们更多的是使用口头语言。口头发言包括即兴发言、凭记忆讲、脱稿演讲、照稿宣读等。不管哪种方式都需要一定的技巧，要注意观察周围事物的变化，善于逻辑归纳综合，能旁征博引，举一反三，语言活泼，内容生动。当前学生活动虽然多，但是面对大多数学生的针对性训练比较匮乏，思政课小班讨论教学为学生学习发言技巧提供了训练机会。最后，提高口头表达的综合能力。口头表达能力是指用口头语言来表达自己的思想、情感，以达到与人交流的目的的一种能力。口头语言比书面语言起着更直接的、更广泛的交际作用。现代社会的发展，对人的口头表达能力提出了越来越高的要求。面对的考试复试、工作面试等需要学生具备较强的口头表达能力，即便是日常工作，流畅的语言表达也是一个加分项。口头表达能力包括完整的形体语言表达能力，这些能力的获得不是短时突击就能形成的，需要日常的积累和训练，思政课小班讨论教学无疑是一项解决这个问题的科学安排。

三、开阔学生视野

我们经常教育学生说，要认识世界和改造世界，如果连世界是什么都认识不了，谈何改造呢？要真正认识世界，光有智慧不行，还要有广阔的视野。所谓视野，就是观察或认识的领域所扩大的见识。思政课小班讨论教学在客观上就起到开阔学生视野的作用。这个作用是如何形成的呢？

第一，思政课小班讨论教学促使学生扩大材料准备的范围。思政课小班讨论的内容以思政课教材为基础，但是不仅限于教材，学生要想取得理想的讨论效果，需要扩大材料准备范围，开阔视野。首先，要阅读马克思主义经典著作。思政课作为公共课，学生平时是否阅读马克思主义经典著作，教学大纲并没有硬性要求，只是在教学中建议学生阅读相关篇目，实际教学中，学生是否真的研读经典著作，教师很难掌握。我们就此话题曾经设计过问卷，在"教师是否在课堂布置过阅读马克思主义经典文献"问题的回答中，90%的答案是肯定的；在回答"你是否在课下阅读过马克思主义经典著作"问题时，60%的回答是否定的；剩下的40%是否真实还有待于考证。但是有30%的学生表示搜过相关著作的电子版，浏览过，没有深入精读。在开展思政课小班讨论教学过程中，讨论大纲会强调马克思主义经典著作，这样就促进学生在准备材料时根据讨论主题去阅读相关篇目，在课堂讨论发言时，学生会把自己选取的经典著作文本表达出来。其次，扩大阅读相关问题专业性文本。思政课小班讨论教学主题内容非常丰富，涉及经济、政治、文化、社会、生态等方面。在某一项讨论主题项下的讨论大纲，会要求学生准备一些基本的专业材料，比如，国企改革，传统文化等话题。围绕这些话题要求学生查阅该领域的资料。研读这些资料的深度一定不是很专业、很深奥，但是从学生发言内容覆盖范围的广泛来看，的确开阔了学生的专业阅读面，虽然这些准备只是泛泛的层次，但对于学生认识该领域的问题还是有所帮助的。研究中，学生在访谈中表示，原本对某些领域不感兴趣，由于在讨论教学中涉及相关问题，之后就开始留意或关注这些话题了。最后，扩大学生对本专业的认识。思政课是公共课，面对所有专业的学生，在设计讨论主题时，有部分选题会向学生的专业有所倾斜，这样学生在准备材料更具有近水楼台的便利。我们相关问卷中得到的数据显示，90%以上的学生希望"思政课小班讨论的主题最好与本专业具有相关性"，继续回答原因时得到78%的回答表示"准备材料便利"。在自主性回答中，有学生表示"促进本专业学习"，有回答则是"实现思政课与专业课双赢"。研究发现，即便是与学生专业联系松散的选题，学生也多愿意从本专业的角度切入。

第二，思政课小班讨论教学鼓励学生关注现实问题。在当代社会最突出的问题有：人口问题、环境污染问题、就业问题、养老问题。当代大学生不是两耳不闻窗外事的，而是事事关心的时代新人。思政课小班讨论教学是如何实现鼓励学生关注现实问题的呢？首先，鼓励学生关注现实问题是思政课理论与实际相结合的教学要求。思政课是一门实践性很强的学科，理论是否联系实际、能否联系实际，需要我们完整准确地理解"理论联系实际"，一方面，强调"理论要联系实际"，拒绝空谈和教条，真正科学的理论必然反映实际，满足实际的需要；另一方面，理论与实际相结合也内在包含"实际要联系理论"的要求。面对新形势、新任务，应当及时总结新的实践经验，找出规律性认识，使之升华为理论，为进一步工作提供科学的理论指导。学生要上好讨论课，必须联系实际，从鲜活的现实中寻找相关主题的论证材料。其次，鼓励学生关注现实问题是人才成长规律的必然要求。人才的培养、开发和使用是一门科学，就是人才成长过程中带有普遍性的客观必然要求。厚德育人规律、竞争成才规律、师承传承规律、成才黄金期规律、量才施用规律、团队成才规律等，其中"实践出真知，实践出人才"是人才成长最根本、最管用的规律。马克思主义认识论告诉我们，经过实践—认识—再实践—再认识的循环反复，去粗取精、去伪存真、由此及彼、由表及里，上升为带有普遍规律性的认识。要坚持在创新实践中识别人才、培育人才。思政课小班讨论教学引导学生深入现实生活，关注现实问题。最后，鼓励学生关注现实问题是社会发展的需要。学生终将走向社会，通过服务社会解决社会现实存在的问题。人类社会的发展不是简单机械地重复，而是不断向前发展，发展不是自动，而是在不断出现问题、不断解决问题中实现的。不论是自然问题还是社会问题，或者人类自身存在的问题，都需要解决问题的主体，青年学生作为人类社会中的中坚力量，也是解决社会问题的关键角色。社会发展中出现的问题能否得以圆满解决，取决于青年人的素质能力。思政课小班讨论教学致力于培养学生关注现实问题、发现现实问题、解决现实问题的基本能力。研究发现，相对于理论问题，学生更愿意讨论现实问题，可学生毕竟是学生，他们关注现实问题的热情背后是解决问题的青涩和不成熟，这需要在教学中加以引导和多加训练。

第三，思政课小班讨论教学促进学生观察世界问题。当今世界，随着以信息技术为代表的生产力的迅速发展，人们的交往日益紧密，信息、贸易和服务的全球化，促使人们必须从整体上思考问题。任何民族都不能游离于世界之外，世界上也没有世外桃源，所有的桃源都是纳入世界发展范围的，因此，青年一代必须具有世界眼光，观察世界问题。首先，必须清楚构建人类命运共同体是人类社会发展的必然趋势。构建人类命运共同体是人类社会发展的必然趋势。人类为了生存发展，总要结成各种各样的共同体。历史地看，共同体由血缘向地缘拓展，呈现由单一向复杂、由近及远、由小到大的基本趋势，共同体的覆盖范围越来越大、内涵越来越丰富。在人类历史上，国家曾一度被认为是人类社会最高层级的共同体，然而人类社会发展的趋势表明，国家并非共同体发展的最高级形式。在经济全球化的大背景下，应该从更高层次上认识人类命运共同体问题。当今世界，没有哪个国家可以置身事外、独善其身，需要从世界的全局性构建新的发展趋势。当代大学生作为未来的建设主体，必须认清楚这个发展趋势。其次，关注世界问题是马克思主义认识论的科学要求。人们对世界的认识是一个不断发展的过程，从有限到无限，人们对世界的认识无论是自然地理方面还是社会活动方面，都遵循这个理论规律。几百年前的环球航行解决的是认识世界的地理问题，马克思主义的"世界历史"解决的是认识世界的理论问题，当前，人们对世界问题的关注和解决是认识世界的现实问题。从认识论的角度来看，人们正处于认识全球视野内世界问题的过程之中，这是认识论的科学要求。认识世界不是人类认识任务的终点，人类的认识终将走向更大的范围。关注世界问题是人类认识的一个不可逾越也不可省略的阶段，思政课小班讨论教学需要把世界问题置于科学认识论的视域下，开阔学生的视野。最后，关注世界问题是构建知识体系的客观要求。世界是普遍联系的，知识就是探究普遍联系的科学规律。不同范围的联系体现的规律性有很大差异，从地心说到日心说，再到银河系，每一个认识在这个认识产生的时代都是当时认识的规律性反映，这是一个相对真理走向绝对真理的过程。在各个民族的历史走向世界历史的过程中，人类的各种知识都在经历这样一个过程，政治、经济、文化、社会、生态等，都需要人们从世界的整体性角度重构知识体系。政治多元化、经济一体化、文化交融等问题都需要人们从世界的角度重新思考，思政课小班讨论教学要充分考虑到这一客观事实，加强对学生此类培养。

第三节　结语与反思

随着思政课教学受到重视程度的不断加大，思政课教学改革成为思政课教学能否取得预期成效的关键因素。而思政课小班讨论教学是关键环节，作为教学中出现的新事物，思政课小班讨论教学已经初步取得相关卓有成效的宝贵经验，这些宝贵经验是思政课教学改革的成功探索；同样，作为新事物，思政课小班讨论教学还有许多需要完善的地方，正如分析成功的经验一样，存在的失误更需要科学对待，只有努力改进存在的偏差，小班讨论教学才会越来越完善。

一、存在的问题

作为新生事物的思政课小班讨论教学，在吸引学生关注度、活跃课堂气氛、深化学生知识结构、提高学生综合能力等方面具有强大优势。但是，由于各种原因，思政课小班讨论还存在一系列问题，有些问题是操作中的细节，有些问题是教学设计中的缺陷，如何把这些问题梳理出来并找到优化的解决办法是当前思政课小班讨论教学改革继续关注的焦点和急需完成的任务。根据讨论教学实践的情况和研究结果，我们把思政课小班讨论教学当前存在的问题进行了科学梳理、归纳和分类。

　　第一，小班讨论教学课程设计方面存在的问题。一般认为，教学设计主要是运用系统方法，将学习理论与教学理论的原理转换成对教学目标、教学内容、教学方法、教学策略、教学评价等环节进行具体计划、创设教与学的系统以促进学习者的学习。思政课小班讨论教学设计存在哪些主要问题呢？首先是教学设计本身存在的问题。按照一般撰写教学设计的规律，模仿和借鉴是最常用的办法，研究发现，相当一部分思政课小班讨论教学的课程设计都是简单套用理论教学现成的设计，讨论教学和理论教学都是思政课，在教学设计方面存在共同因素这是必然的，但是如果完全照搬理论课的教学设计难免会出现问题，因为讨论教学与理论教学是完全不同的两种教学方式，怎么能使用同样的教学设计呢？还有部分教学设计走向另一个极端，丝毫不顾小班讨论的思政课程性质，盲目跟风外来讨论教学模式。在教学设计中存在教学设计缺乏科学认识教学主体等其他问题。其次是缺乏学习者特征分析。为了能设计出对学者最合适的教学，应尽可能了解学习者各方面的特征，学习者特征分析是对教学设计产生直接、重要影响的因素，一般包括学习者的认知特点，学习起点水平，学习兴趣、学习风格、个性特征等。在思政课小班讨论教学中，对学习者特征分析有三种情况，第一种情况是简单地按照常规学情分析，指出学生的特征也是理论教学中的常态化认识，没有结合小班讨论教学的实际做出新的认识，但看学情分析，分辨不出小班讨论和理论授课的差异。第二种情况是有关讨论教学的学情分析，但是结论很笼统，缺乏针对性。第三种情况是根本就没有对学习者分析，通篇教学设计只强调教学模式的重要性等。最后，教学活动设计不具有代表性。小班讨论教学的最基本特征是讨论，教学活动要充分体现讨论性质。研究发现，教学活动中"论"的成分较高，"讨"的比重较少。原因无外乎世俗中的面子或者简单应付等，这里我们只提出问题，不再具体探讨解决办法。讨论结果没有科学评价环节，讨论课结束就结束了，效果如何缺乏科学的评价机制。有的教学者认为评价不就是给学生一个成绩，成绩是评价的一部分，但那个代表成绩的分数并不是评价本身。而分数怎么来的，是否经得起推敲又是一个问题。科学的评价机制应该包括评价标准、过程监控、结果评定等。

第二，小班讨论课堂氛围把控方面存在的问题。小班讨论现场把控至关重要，这个环节是最容易、也最常出现问题的地方，其他的文字工作可以不限制地修改，直到满意为止，现场教学充满了未知，理论授课教师可以对着空教室练习，小班讨论课的主体是学生，学生说什么，有什么举止是无法提前预知的。因此这是容易出问题的环节，从教学实践来看，有问题是很正常的，没有问题才不正常。在这里，我们讨论的"问题"是教学中遇到的困难。首先，参与讨论者存在被动应付的情况。思政课小班讨论教学改革无论是学术研究还是实践落实，都进行得热火朝天。但是研究发现，被动应付的情况会不时出现。必须指出的是，被动参与不仅是学生，教师也存在这种情况，原因在于正常的理论授课并没有因为增加小班讨论而减少，可以说小班讨论是在理论授课任务量没有减少的情况下而新增的任务。对于教师来说，需要付出更多的时间和精力，难免存在疲于应付的情况。而学生更多的是完成任务，小班讨论的评价注重参与，学生只要参与发言就会得到基础的及格分，至于发言的积极性和主动性在分值方面体现较少，学生大多不会为了微小的得分花费太多时间准备发言材料。其次，发言质量堪忧。小班讨论教学的发言质量是中心环节，前期准备得再充分，如果发言讨论环节质量上不去，小班讨论的质量就上不去。很遗憾的是，研究发现，整个小班讨论教学前期教学设计一般都很完美，基本无可挑剔，过程和文本都很规范，后期的教学字面总结等齐全而严谨。但是这些都不能完整地把小班讨论的真实情况反映出来，即便是有图像材料，也不等于有真相，痕迹化的图片是严重的造假，实际上没有实践环节的造假是欺骗教育主管部门，但虚假的实践环节真的是危害学生。一次不严肃的小班讨论给学生带来的伤害远远大于根本就没有上小班讨论而教学记录中无中生有的讨论教学。发言质量不能局限于学生对着手机热搜，那真的是热搜，热锅上蚂蚁般地搜，据说还发生过教师点名某学生发言时，该学生才匆忙使用手机搜索。最后，没有出现预期的热烈场面。小班讨论精彩发言一定会营造热烈的场面，这是教学设计理想的预期。很遗憾的是，在我们数百次的访谈和追求研究中，热烈的场面只出现一半，只有"场面"，没有热烈。一般是什么样的场面呢？被动地点名发言，发言顺序是按学号进行，发言的形式是读网络资料，听众的反应是"下一个是不是我""从不关心发言者的内容"。出现骚动的概率很小，即使有也是某位发言者激动地联系现实，被联系的现实部分因为存在争议，被教师当场制止。因为教师的制止听众才去关注"刚才他说的什么"。听众并不关心发言者的发言内容，而是好奇发言者为什么被当场制止。综上所述，在小班讨论教学中，我们要坚决把教学设计的文字内容落实到实际教学当中，把现场把控落到实处。

第三，小班讨论教学理论与实际的脱节问题。思政课小班讨论教学作为教学改革的新鲜事物，还有很多需要改善和提高的环节，其中理论与实际相结合方面就存在一定范围的脱节问题。在这里，理论有两层含义，一层含义是思政课小班讨论教学的理论，另一层是讨论内容的理论方面。首先，理论很完善，现实有缺陷。无论是教学理论，还是教学的理论内容，都无可挑剔，但是教学实际有缺陷。先说与教学理论相对应的教学实际，有研究者指出，只要把教学理论上的设计落实一半，思政课小班讨论就很精彩了。这个观点说得也许有点夸张，但确实说明小班讨论的实际与理论的设计存在较大脱节现象。再说教学内容的理论与实际的问题，在实际讨论教学中，学生联系实际存在空洞现象，大多只是从理论到理论，联系实际的成分较少。即便是联系实际，也存在结构松散的现象。其次，另一个缺陷是理论的来源只是理论，没有实践经验的升华。小班讨论教学是一个实践性很强的课堂，总结经验教训显得非常重要。我们研究中分析了数份同一单位不同年份的小班讨论教学设计版本，连续两年的两份方案，除了年份数字不一样，其他的文字表述完全雷同，虽然教学任务有连续性的要求，但作为新兴的教改任务，新鲜经验的总结和提炼是必不可少的，教学理论要及时地吸收新鲜实践的经验和教训，即便这种实践是失败的，是粗糙的。有观点说，实践既然是失败的，还有总结的必要吗？这里要反问一句，指导小班讨论教学实践的理论设计难道不该反思失败的原因吗？最后，理论联系实际缺乏强有力执行的"联系者"。小班讨论教学的主体是学生和教师，这个主体也是理论联系实际的执行者，当前，小班讨论教学从不缺乏教学主体，但强有力的联系者是缺席的。教学主体不会自动成为理论联系实际的执行者，需要教学主体发挥主动性和创造性，主动把讨论教学的每一个环节因地因时灵活落实下去，创造性把学生的新思路和课堂教学的新现象归纳总结。

二、后续研究与实践展望

思政课小班讨论教学作为教学改革中出现的一个新事物，给思政课教学带来一股活力和动力，如何把思政课小班讨论课开展好、打造成学生喜闻乐见的课堂教学形式还有很大的提升空间。在后续研究和实际教学中，我们进行了乐观的展望和探索。未来需要改进的方面很多，我们在这里只集中在如下几个方面做出展望。

第一，出台权威标准。思政课是有全国统一要求的，这就能保证思政课教学的权威性。思政课小班讨论教学目前还处于试验探索阶段，缺乏全国统一的权威要求和标准流程。讨论什么、怎么讨论都在探索之中，研究中我们发现，有统一标准要好于没有标准，自由发挥并不是思政课讨论教学的必然，有具体要求才更能体现思政课讨论教学的课程性质。从这一点来讲，思政课小班讨论教学迫切需要权威标准来规范。首先是师资方面。谁来主导思政课小班讨论教学，理论课教师当然是讨论教学的主力军，但是实践经验告诉我们，单依靠理论课教师完成讨论教学是存在很大困难的，教师的时间和精力是难以保障的，讨论教学的质量要求在师资方面增加新的力量。这些新的力量从何而来？在不增加学校原有人员的前提下，建议从德育队伍和研究生助理角度入手，形成以理论教师为主，其他人员为辅的师资结构。这在理论上是可行的，因为讨论课要求的专业性不是很强，参与的教师只要根据教学大纲灵活主导就可以胜任；在实践中，研究生在时间和学业方面需要参与具体的教学活动来历练。其次是操作流程。在研究中，我们考察了足够多样本的讨论教学，同时结合公开发表的相关文献，发现讨论教学缺乏标准的操作流程。虽然小班讨论不是流水线，但作为思政课教学，有必要体现出一致性要求。过程可以百花齐放，环节必须严格统一，标准环节包括文字准备、政治引领、观点管理、差异化管理、情绪认同等。要求操作流程标准的最终目的是什么呢？那就是不管哪位教师临时来上课，都能根据教学大纲顺利开展教学。有观点指出，这是流水线式的机械流程。这是该观点对标准流程的误解，讨论标准不是生产标准，二者有相同之处，那就是有章可循，区别是讨论教学的标准鼓励百发齐放，生产标准是整齐划一。如果没有教学标准来规范和要求，只会是过程泥沙俱下，结果良莠不齐。最后是评价标准。一次讨论教学效果良好的讨论课从何评判呢？当前较有影响的形成性评价理论。在实际中，人们倾向于结果评判，却不愿意以过程为评判对象，因为过程评判比结果评判复杂得多、困难得多。一个评判不能因为复杂和困难就会停止使用，越复杂越困难说明越有探索的必要，因为教育评价已经深化到综合素质能力提升阶段，原有的知识习得评价已经满足不了当前教育教学的需求。是不是评判复杂和难度大，制定的标准相应的也要复杂呢？显然不是，教学改革的目的是用简单的方法达到复杂的目的，而不是把事情复杂化。正因为小班讨论教学形成性评价的复杂和存在较大困难，所以才迫切需要统一简化的评价标准。

第二，提高实践性。思政课小班讨论教学具有很强的实践性，甚至有观点把小班讨论教学归为实践教学。其实，思政课小班讨论教学与思政课实践教学有很大区别，小班讨论教学归根到底是理论层面的讨论，那么它的实践性体现在哪些方面呢？首先是可操作性。小班讨论课不是艺术表演，虽然讨论也讲艺术，既然是课，那必然要求可操作性。对于参与者来说，只要符合教学要求就可以进行，对于教学内容来说，难度和广度都不能超越该阶段的教学要求。如果存在操作难度，需要重新理解小班讨论教学的性质。一般来说，操作性定义指根据可观察、可测量、可操作的特征来界定变量的含义，即从具体的行为、特征、指标上对变量的操作进行描述，将抽象的概念转换成可观测、可检验的项目。对于小班讨论教学来说，需要把教学过程细化为不同环节，针对具体环节设计可操作性流程。其次是重复性。重复性是教学的基本规律，当然这种重复性不是简单化的机械重复，而是不断提高的重复，用马克思主义认识论的观点来说就是螺旋式上升。这里的重复一个方面是教学程序和教学形式的重复，一个学期有数次讨论教学，每次的讨论的内容不一样，但讨论的过程是一致的。正是在一次又一次的一致性重复要求中，教学质量不断提高，每学期的第一次课和最后一次课，存在数次重复后质的飞跃。重复的另一个方面是内容的重复，同一个讨论主题，特别是经典主题，不同的年份不同学期可以重复讨论，主题不变，但是学生在变。如果说前一个重复是学生和教师双方面经验同时积累，后面一个重复则对教师经验的提升更多一些。最后是连续性。在教育领域，课程水平组织是指按照一定的顺序和层次，合理地组织和安排教学内容，保障学生在学习过程中能够获得系统、连贯的知识和技能。制定明确的讨论教学课程标准，明确各个学段的教学目标和内容要求，确保教学内容的衔接性和延续性。连续性还体现为顺序性。顺序性是指课程内容按照一定的逻辑顺序和学习次序进行组织和安排。它能够帮助学生建立正确的学科认知和学科模型，形成系统的知识体系。通过合理的课程顺序安排，可以逐步引导学生由浅入深、由易到难地学习知识，提高学生的学习效果和学习兴趣。

第三，提高科学性。科学性是判断事物是否符合在时间和空间中存在的现象和过程中的标准，富有科学依据而不是凭空想象的。科学性是以科学思想为指导，以事实为依据。提高思政课小班讨论的科学性，主要体现在两个方面。一个方面是深化理论学习，提高思政课小班讨论教学的真理性认识。真理是越辩越明，小班讨论教学的最终目的是让学生明白道理，深化理论学习。中国古人一直强调通过辩论加强学习。辩者不以胜败为功过，胜负皆以理之。特别是面对一些普通问题，我们总会惊喜地发现学生另辟蹊径找到一个大家从来没有想到的切入点时，而旁观者会发现自己的思维局限性。问题的两面性和它背后的深度并没有那么容易被人察觉，有时候学生的很多论点一出就让人不由自主地鼓掌叫好，有观点说，讨论就是把自己的世界观打碎了再重组。在讨论双方的针锋相对中找到对一件事物两个方面的立体化解答，从不同维度不同方面更全面地看待事物，认识真理。另一个方面是优化事实案例，提高思政课小班讨论教学的科学实践性。实践性是小班讨论教学的主要特征之一，如何减少错误的实践，少走弯路，提高教学实践的科学性是当前小班讨论教学面临的主要任务。小班讨论重在讨论，讨论的重点除了观点便是支持观点的事实案例，高质量的案例支撑是讨论成功与否的关键，松散的案例是小班讨论教学失去吸引力的罪魁祸首。优化案例是小班讨论教学改进的重要方面，在这里，优化案例包括典型性、普遍性、合法性和合规范性等。只有不断提高案例的科学性，才能不断提升小班讨论教学的质量。

参 考 文 献

［1］马克思恩格斯文集（1—10卷）［M］．北京：人民出版社，2009．

［2］毛泽东选集（1—4卷）［M］．2版．北京：人民出版社，1991．

［3］邓小平文选（1—2卷）［M］．2版．北京：人民出版社，1994．

［4］邓小平文选（第3卷）［M］．北京：人民出版社，1993．

［5］习近平谈治国理政［M］．北京：外文出版社，2014．

［6］习近平谈治国理政：第2卷［M］．北京：外文出版社，2017．

［7］习近平谈治国理政：第3卷［M］．北京：外文出版社，2020．

［8］习近平谈治国理政：第4卷［M］．北京：外文出版社，2022．

［9］习近平著作选读（1—2卷）［M］．北京：人民出版社，2023．

［10］论中国共产党历史［M］．北京：中央文献出版社，2021．

［11］刘世锦．中速平台与高质量发展［M］．北京：中信出版社，2018．

［12］陈先达．马克思和马克思主义［M］．北京：中国人民大学出版社，2016．

［13］青木．拼搏到无能为力，努力到感动自己［M］．长春：吉林出版社，
2019．

［14］教育部社会科学司．普通高校思想政治理论课文献选编：1949—2008
［M］．北京：中国人民大学出版社，2008．

［15］史小宁，郑相赟．马克思主义基本原理热点问题研究［M］．北京：中国社
会科学出版社，2018．

［16］张智强．高校思想政治理论课讨论式教学研究［M］．上海：上海人民出版
社，2012．

［17］何正斌．讨论式教学法：思想政治理论教学的一种新形式［M］．长沙：国

防科技大学出版社，2012.

[18] 谢伟光．高校思政课对话式教学法研究［M］．北京：社会科学文献出版社，2023.

[19] 赵庆寺，向益忠，李秀娟．讨论式教学与大学生社会主义核心价值观认同［M］．上海：上海人民出版社，2016.

[20] 李安峰．三重维度：高校思想政治理论课教学改革探索［M］．北京：经济管理出版社，2023.

[21] 程浩．中国高校思想政治教育史论［M］．北京：社会文献出版社，2016.

[22] 勃兰特，罗斯基．伟大的中国经济转型［M］．上海：上海人民出版社，2009.

[23] 彼得·诺兰．认识中国［M］．北京：中信出版社，2017.

[24] 张海宁．"大班授课、小班讨论"教学模式浅析：以民办高校毛泽东思想和中国特色社会主义理论体系、概论课堂为例［J］．黑龙江教育（理论与实践），2020（9）：71-72.

[25] 刘献君．"大班授课+小班研讨"教学模式改革［J］．中国大学教育，2017（2）：19-24.

[26] 李茜，陈东琼．"中班上课、小班讨论"在"概论"课教学中的运用探析：以"建设中国特色社会主义总布局"专题为例［J］．思想理论教育导刊，2017（1）：97-99.

[27] 牛田盛．高校思想政治理论课教学法创新模式比较分析及启示［J］．思想政治教育研究，2019，35（1）：91-95.

[28] 田重，郭绍芳．高校思想政治理论课教学法路径优化探析［J］．教育教学论坛，2020（13）：49-50.

[29] 秦宣．新中国成立60年来高校思想政治理论课沿革及其启示［J］．思想理论教育导刊，2009（10）：23-32.

[30] 顾海良．高校思想政治理论课程体系的演化及其基本特点［J］．思想理论教育，2007（7）：95.

［31］江芳俊. 高校思想政治理论课调整的历史考察［J］. 中国青年政治学院学报，2007（4）：76-80.

［32］周良书. 从北师大马克思主义教学看新中国成立初期党的思想理论教育［J］. 北京党史，2011（3）：31-34.